广告

重庆通用工业(集团)有限责任公司
CHONGQING GENERAL INDUSTRY (GROUP) CO., LTD.

板管蒸发冷却式空调机组

单级高速离心式鼓风机

大型工业离心式压缩机

绿色节能双级高效离心式冷水机组

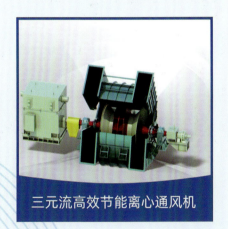
三元流高效节能离心通风机

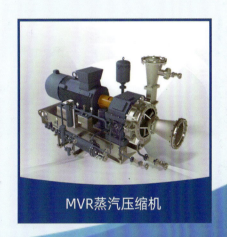
MVR蒸汽压缩机

U0406672

公司简介
Company Profile

重庆通用工业（集团）有限责任公司是以透平机械技术及产品为核心，具有行业一流的技术创新能力和独立自主知识产权的国有高端装备制造企业。公司拥有国家认定企业技术中心，是国家技术创新示范企业、国家知识产权示范企业、国家工业产品绿色设计示范企业、全国工业品牌培育示范企业、国家专精特新"小巨人"企业。

公司主要设计、制造、销售离心式制冷机组及系统、板管蒸发冷却式空调机组、离心式压缩机、鼓风机、离心通风机、环保成套设备及工程、D1/D2级压力容器，为客户提供大气污染治理、噪声与振动控制服务。

电话：023-67661176　　网址：http://www.cqgic.com
地址：重庆市南岸区机电路18号　　邮箱：scyxb@cqgic.com

江苏如通石油机械股份有限公司
JIANGSU RUTONG PETRO-MACHINERY CO.,LTD.

　　如通股份是一家具有 60 多年历史，专注于石油钻采井口设备与工具研发、制造、销售的全产业链企业。中国石油石化装备制造行业 50 强企业、国家高新技术企业和江苏省专精特新"小巨人"企业。产品除覆盖国内市场外，二十多年来一直销往美洲、中东、中亚、俄罗斯、东南亚和北非等市场。公司 2016 年在上交所主板挂牌上市！

　　公司厂区占地面积约 20 万 m²，拥有各类先进的加工、检测设备 800 余台，具有较强的铸造、热处理和机械加工实力。公司坚持以科技创新为先导，打造了行业领先的科技研发创新能力，形成了钻修井悬吊、旋扣、夹持工具设备和作业自动化装备等 9 大类 8000 多种规格的系列化产品格局，正在从传统的手动作业向自动化、智能化、信息化转型。

钻修井自动化设备　　　　　　下套管设备

广告

股票代码：603036

修井自动化设备

小修自动化作业装置

作业自动化过程集中开展，作业人数由4～5人减至2人，井口操作无人化；
绿色环保，井液集中收集与油污防喷溅；
油管的自动扶正与对中，提高作业安全性；
油管自动上卸扣，减轻工人劳动强度；
模块化拆装、运输方便快捷。

修井自动排管系统

滑动式动力猫道

DM0.3/3.5-J21型滑车式动力猫道，是根据国内外修井作业而研发的一种管杆自动输送装置。设备采用PLC控制液压系统，可自动完成油管、抽油杆在井口与排管架之间的输送，极大地提高了生产效率，减轻了工人的劳动强度。

电　话：0513-84512580
传　真：0513-84523102
地　址：江苏如东经济开发新区淮河路33号
公司网站：https://www.rutong.com

中国石油石化流程动力设备
挠性传动技术和产品优质服务商

专业的挠性联轴器产品和服务

可以为各种可能的工业应用提供挠性传动解决方案，产品包括膜片联轴器、膜盘联轴器、风电联轴器。

拥有自主知识产权，引领核心技术发展

持续四十年专业研发，建有各类研发实验设施；获得授权专利74项，其中发明专利10项（数据截至2022年）。

优良的产品和广泛的应用领域

累计交付膜片联轴器、膜盘联轴器超过100万套；最高传递功率110MW，最大公称转矩10500kN·m，最大外径φ3330mm，最高转速60000r/min，最长达12m；已交付产品广泛应用于石油、天然气、化工、冶金、建材、火电、核电、风电、舰船、航空、轨道交通等领域及各类试验研发设施。

稳定的供应链和丰富的专业制造经验

标准产品批量生产和工程产品大规模定制相结合，年产各型膜片、膜盘联轴器20万套左右。

地址：江苏省无锡市新吴区华友二路8号　电话：4008978838　传真：0510-85706330　邮箱：trumy@trumy.com

企业荣誉
ENTERPRISE HONOR

公益广告

推进新型工业化
加快制造强国建设

◎ 坚持创新启动发展
◎ 加快数字技术赋能
◎ 强化绿色低碳发展
◎ 推进产业融合互促
◎ 加速培育新业态新模式

中国机械工业年鉴系列

中国石油石化设备工业年鉴

2023

中国石油和石油化工设备工业协会
中国机械工业年鉴编辑委员会 编

本书设置了行业概况、大事记、产业政策与规划、行业活动、行业重点工程、装备与产品应用、重大成果与技术、智能制造与绿色环保、标准化工作、企业动态、专题报告、检测机构概况、产业基地概况13个栏目，集中反映了2022年度我国石油和石油化工设备行业的发展情况，介绍了行业发展概况、产业发展规划、行业重点工程、重大成果与重大事件、产业基地发展概况、企业重要活动等，反映了我国石油石化设备行业的年度发展概况、产品与技术成果及行业重要成就。

本书主要读者对象为政府决策机构、行业管理机构、石油石化设备相关企业管理人员和从事市场分析、企业规划的中高层管理人员，以及国内外投资、贸易、证券、咨询机构和相关研究机构的项目管理人员等。

图书在版编目（CIP）数据

中国石油石化设备工业年鉴. 2023 / 中国石油和石油化工设备工业协会，中国机械工业年鉴编辑委员会编. —北京：机械工业出版社，2024.1

（中国机械工业年鉴系列）

ISBN 978-7-111-75054-3

Ⅰ. ①中… Ⅱ. ①中… ②中… Ⅲ. ①石油化学工业 – 化工设备 – 经济发展 – 中国 –2023– 年鉴　Ⅳ. ① F426.22-54

中国国家版本馆 CIP 数据核字（2024）第 041454 号

机械工业出版社（北京市百万庄大街22号　邮政编码100037）

策划编辑：刘世博　　　　　责任编辑：刘世博
责任校对：梁　园　陈　越　封面设计：韩　靓
责任印制：李　昂

河北宝昌佳彩印刷有限公司印制

2024年3月第1版第1次印刷

210mm×285mm·11.75印张·9插页·446千字

标准书号：ISBN 978-7-111-75054-3

定价：320.00元

电话服务	网络服务
客服电话：010-88361066	机　工　官　网：www.cmpbook.com
010-88379838	机　工　官　博：weibo.com/cmp1952
010-68326294	金　书　网：www.golden-book.com
封底无防伪标均为盗版	机工教育服务网：www.cmpedu.com

中国机械工业年鉴编辑委员会

名誉主任 于 珍　何光远　王瑞祥

主 任 徐念沙　中国机械工业联合会党委书记、会长

副主任 薛一平　中国机械工业联合会党委副书记、监事长
　　　　　罗俊杰　中国机械工业联合会党委常委、执行副会长
　　　　　宋晓刚　中国机械工业联合会党委常委、秘书长
　　　　　李 奇　中国机械工业联合会副会长
　　　　　郭 锐　机械工业信息研究院党委书记、机械工业出版社社长

委 员（按姓氏笔画排列）
　　　　　于清笈　中国机械工业联合会党委常委
　　　　　才 华　中国航天科技集团有限公司集团办公室党组工作处处长
　　　　　杨学桐　中国机械工业联合会党委常委
　　　　　张卫华　国家统计局工业统计司原副司长
　　　　　张克林　中国机械工业联合会党委常委
　　　　　陈 斌　中国机械工业联合会党委常委
　　　　　周卫东　中国国际贸易促进委员会机械行业分会会长
　　　　　周宝东　机械工业信息研究院党委副书记
　　　　　赵 驰　中国机械工业联合会党委常委
　　　　　洪方智　中国船舶集团有限公司政策法规部政策研究处处长
　　　　　姚 平　中国航空工业集团有限公司航史办主任
　　　　　蔡惟慈　中国机械工业联合会专家委员会专务委员

中国石油石化设备工业年鉴执行编辑委员会

主　　任	刘宏斌	中国石油和石油化工设备工业协会会长、专家委员会主任委员
副 主 任	孙树帧	中国石油和石油化工设备工业协会高级副会长
		中国石油天然气集团有限公司工程和物装管理部总经理
	沈　琛	中国石油和石油化工设备工业协会高级副会长
		国家石油天然气管网集团有限公司总经理助理、工程部总经理
	王　玲	中国石油和石油化工设备工业协会高级副会长
		中国石油化工集团有限公司物资装备部副总经理
	张雨豹	中国石油和石油化工设备工业协会常务副会长
	张冠军	中国石油和石油化工设备工业协会秘书长、专家委员会秘书长
委　　员	（排名不分先后）	
	忽宝民	中国石油和石油化工设备工业协会钻井装备与工具分会理事长
		宝鸡石油机械有限责任公司董事长、党委书记
	谢永金	中石化石油机械股份有限公司党委书记、董事长
	舒高新	宝鸡石油钢管有限责任公司党委书记、执行董事
	阮　英	兰州兰石集团有限公司党委书记、董事长
	康建忠	中国化工装备有限公司党委副书记、副总经理
	张国成	中国石油技术开发有限公司副总经理、安全总监
	张亚昌	贵州高峰石油机械股份有限公司党委书记、董事长
	尹汉军	中海油研究总院有限责任公司总工程师
	范志超	合肥通用机械研究院有限公司党委副书记、总经理
	刘亚旭	中国石油集团工程材料研究院有限公司党委书记、执行董事
	杨汉立	南阳二机石油装备（集团）有限公司党委书记、董事长
	张玉福	甘肃蓝科石化高新装备股份有限公司总经理
	蒋　林	大连金州重型机器集团有限公司副总经理
	王敬平	大庆石油管理局有限公司装备制造分公司副总经理
	谭多鸿	中石油江汉机械研究所有限公司总经理、所长
	曹　刚	中国石油勘探开发研究院智能控制与装备研究所所长
	陈广斌	秦皇岛市泰德管业科技有限公司董事长
	李显义	中国石油和石油化工设备工业协会监事长

中国石油石化设备工业年鉴编写人员

（排名不分先后）

张冠军　邹连阳　宋志龙　王　波　贺会群

中国石油石化设备工业年鉴编辑出版工作人员

总 编 辑　周宝东
主　　编　田付新
副 主 编　刘世博　周晟宇
责 任 编 辑　刘世博
市 场 编 辑　徐艳艳　万鲁信
地　　址　北京市西城区百万庄大街22号（邮编100037）
编 辑 部　电话（010）88379866　88379828
发 行 部　电话（010）88379054　88379838
电 子 邮 箱　cmiy_cmp@163.com

前 言

2022年，是"十四五"规划落地实施的关键之年。这一年，我们迎来了中国共产党的二十大胜利召开；这一年，我们认真学习和践行习近平总书记关于"把装备制造牢牢抓在自己手里"的重要指示，砥砺奋进，笃行不息，取得了一批科技创新成果，打造了一批大国重器，为实现能源保供做出了重要贡献。

2022年，石油石化设备行业稳定发展，行业的总产值达到了新的高峰，为行业发展注入了强大的动力。2022年，石油石化设备行业不断加大技术创新，智能化、自动化和数字化技术得到进一步应用，新技术的应用提高了设备效率和性能，降低了生产成本，为行业带来了更多的发展机遇。2022年，绿色环保成为我国石油石化设备行业发展的重要方向之一，设备制造中清洁能源和先进污染治理技术逐步应用，降低设备能耗，减少对环境的影响。

石油石化设备行业的高质量发展，离不开全行业科技创新的努力奋斗和取得的丰硕成果。在陆上，一系列国际先进水平新装备的相继推出，使我国油气资源勘探开发装备行业形成了一批以超深井自动化钻机、大功率电动压裂装备、高效能井下工具、高效钻头等为代表的工程利器。在海上，我国海洋油气钻采装备与工具正在昂首挺进世界先进行列。在油气集输储运领域，关键设备的国产化率达到95%以上，国产设备性能整体达到国际先进水平，LNG液化、储运、气化成套技术装备基本实现国产化。在炼化领域，装备制造业持续加大重大技术装备国产化攻关力度，提高了重大炼油化工装备的国产化与自主化程度，为炼化行业的安全发展做出了重要贡献。

在新的发展阶段，石油石化设备行业牢固树立新发展理念，围绕新发展格局，聚焦高质量发展目标，加快推进新型工业化，推进石油石化设备行业迈向更高水平，为国家能源安全和经济发展做出更大的贡献。

恢复出版的《中国石油石化设备工业年鉴》致力于全面真实记载石油石化设备行业的发展变化，记录石油石化设备行业从规模扩张到质量提升、实现高质量发展的重要发展历程。作为行业重要发展史料，《中国石油石化设备工业年鉴》将继续发挥其独特的作用，引导企业加快转型升级，实现高质量发展，与广大企业、用户和关心我国石油石化设备行业的读者一起推动我国石油石化设备行业在强国道路上不断前行。

中国石油和石油化工设备工业协会会长　刘宏斌

2023年9月

编辑说明

中国机械工业年鉴系列

《中国机械工业年鉴》
《中国电器工业年鉴》
《中国工程机械工业年鉴》
《中国机床工具工业年鉴》
《中国通用机械工业年鉴》
《中国机械通用零部件工业年鉴》
《中国模具工业年鉴》
《中国液压气动密封工业年鉴》
《中国重型机械工业年鉴》
《中国农业机械工业年鉴》
《中国石油石化设备工业年鉴》
《中国塑料机械工业年鉴》
《中国齿轮工业年鉴》
《中国磨料磨具工业年鉴》
《中国机电产品市场年鉴》
《中国热处理行业年鉴》
《中国电池工业年鉴》
《中国工业车辆年鉴》
《中国机器人工业年鉴》
《中国机械工业集团有限公司年鉴》

一、《中国机械工业年鉴》是由中国机械工业联合会主管、机械工业信息研究院主办、机械工业出版社出版的大型资料性、工具性年刊，创刊于1984年。

二、根据行业需要，中国机械工业年鉴编辑委员会自1998年开始出版分行业年鉴，逐步形成了"中国机械工业年鉴系列"。该系列现已出版了《中国电器工业年鉴》《中国工程机械工业年鉴》《中国机床工具工业年鉴》《中国通用机械工业年鉴》《中国机械通用零部件工业年鉴》《中国模具工业年鉴》《中国液压气动密封工业年鉴》《中国重型机械工业年鉴》《中国农业机械工业年鉴》《中国石油石化设备工业年鉴》《中国塑料机械工业年鉴》《中国齿轮工业年鉴》《中国磨料磨具工业年鉴》《中国机电产品市场年鉴》《中国热处理行业年鉴》《中国电池工业年鉴》《中国工业车辆年鉴》《中国机器人工业年鉴》和《中国机械工业集团有限公司年鉴》。

三、《中国石油石化设备工业年鉴》于2007年首次出版。2007年至2016年，《中国石油石化设备工业年鉴》出版了10卷，集中反映了石油石化设备工业的行业发展情况，全面系统地提供了石油石化设备工业的主要经济技术指标。该年鉴于2023年恢复出版，记录了2022年度我国石油和石油化工设备行业的发展情况，介绍了行业发展概况、产业发展规划、行业重点工程、重大成果与重大事件、产业基地发展概况、企业重要活动等，反映了我国石油石化设备行业的年度发展概况、产品与技术成果及行业重要成就。

四、本年鉴中记录的行业情况截至时间为2022年12月31日，为将事件交代清楚，有些内容适当向前追溯。相关内容和数据由中国石油和石油化工设备工业协会提供。

五、在年鉴编纂过程中得到了中国石油和石油化工设备工业协会、行业专家和企业的大力支持和帮助，在此深表感谢。

六、未经中国机械工业年鉴编辑部的书面许可，本书内容不允许以任何形式转载。

七、由于编者水平有限，书中难免出现疏漏及错误，敬请读者批评指正。

中国机械工业年鉴编辑部
2023年11月

综合索引

精鉴石油石化设备工业 服务能源供给

总结2022年机械工业运行情况、石油石化设备行业运行情况、出口情况、发展现状及主要问题
P3—10

行业概况

记录2022年石油石化设备行业的重大事件
P13—20

大事记

公布2022年石油石化设备行业相关的政策和规划
P23—42

产业政策与规划

记录2022年石油石化设备行业的主要活动
P45—54

行业活动

介绍2022年石油石化设备行业重点工程情况
P57—76

行业重点工程

记载2022年石油石化设备行业主要装备与产品应用情况
P79—108

装备与产品应用

介绍2022年石油石化设备行业重大技术成果情况
P111—132

重大成果与技术

记载2022年石油石化设备行业智能制造发展及环保成果
P135—138

智能制造与绿色环保

介绍2022年石油石化设备行业标准化工作情况
P141—146

标准化工作

记载2022年石油石化设备行业主要企业动态
P149—162

企业动态

对石油石化设备行业发展情况的专题研究
P165—168

专题报告

介绍石油石化设备行业主要检测机构概况
P171—176

检测机构概况

介绍石油石化设备行业主要产业基地概况
P179—183

产业基地概况

广告索引

序号	单位名称	页码
1	中国石油和石油化工设备工业协会	封面
2	南阳二机石油装备集团股份有限公司	封二
3	重庆通用工业（集团）有限责任公司	扉页
4	江苏如通石油机械股份有限公司	前特联版
5	无锡创明传动工程有限公司	前特联版
6	推进新型工业化加快制造强国建设	前特页
7	北京振威展览有限公司	前特页
8	贵州高峰石油机械股份有限公司	封三联版
9	中国石油石化设备工业年鉴	封底

精鉴石油石化设备工业 服务能源供给

广告

cippe
第二十四届中国国际石油石化技术装备展览会
2024年3月25日-27日 北京·中国国际展览中心（新馆）

油气勘探开发技术与装备	物探、测井、钻井技术与设备	完井技术与装备
海洋工程技术与装备	天然气技术与装备	自动化技术装备、仪器仪表
油气田地面工程技术及装备	石油石化设备与制造	工业防爆产品
油气管道建设工程技术与设备	管道非开挖技术与装备	发电机组、动力设备
油气储运技术与设备	油田特种车辆	电工电气设备、电线电缆产品
石油炼制工艺与技术	石化工艺与技术	设备检修、维护与管理
流体机械设备与技术	压力容器	燃油与润滑油技术与设备
石化产品和先进材料	加油加气站设备	环保、节能技术设备
消防、预警技术设备及安全防护产品	工业清洗及防腐技术材料与设备	包装、密封、垫圈、紧固件、轴承
油气数字化解决方案	通信与信息技术	其他配件
氢能技术与装备	认证、咨询服务	石油石化科研及实验室技术设备

振威国际会展集团　北京振威展览有限公司
地　址：北京市通州区经海五路1号院国际企业大道III
　　　　13号楼振威展览大厦，(邮编：101111)
电　话：010-5617 6968 / 6923
传　真：010-5617 6998
E-mail：cippe@zhenweiexpo.com

ZHENWEI　ufi Member
股票代码：834316

官方网站

官方公众号

官方小程序

目　录

行业概况

全球油气市场情况 …………………………3
我国机械工业运行情况 ……………………3
我国油气生产形势 …………………………5
我国石油石化设备行业经济运行情况 ……6
我国石油石化设备行业出口情况 …………7
石油化工装备行业的现状与发展 …………8
我国石油石化设备行业遇到的主要问题……9

大事记

2022年度中国石油石化行业重大新闻 …………13
2022年度中国石油和石油化工产业十大新闻 …14
2022年度中国探矿工程重大新闻 ………16
2022年度全球石油行业十大事件 …………18

产业政策与规划

工信部等十九部门发布《关于印发"十四五"
　促进中小企业发展规划的通知》…………23
国家标准化管委会等十七部门联合印发《关于
　促进团体标准规范优质发展的意见》……24
《"十四五"现代能源体系规划》明确油气改
　革与智能发展方向 ……………………25
国家能源局发布《2022年能源工作指导意见》…27

国家能源局等发布《"十四五"能源领域科技
　创新规划》 ………………………………27
工信部等六部门发布《关于"十四五"推动石化
　化工行业高质量发展的指导意见》………28
压力容器管道元件等特种设备行政许可发生
　新变化 ……………………………………30
科学技术部等九部门印发《科技支撑碳达峰碳中
　和实施方案（2022—2030年）》…………32
鼓励社会资本进入油气勘探开采领域………33
市场监管总局等十八部委印发《进一步
　提高产品、工程和服务质量行动方案
　（2022—2025年）》……………………40

行业活动

2022国际能源发展高峰论坛召开 …………45
2023年世界地热大会组委会举行第一次全体
　会议 ………………………………………46
石化设备维修工程师能力提升公益讲座举办……47
大型金属零部件增材制造及特种表面工程培训
　讲座举办 …………………………………48
2022年度钢板钢管业务对接会举办 …………49
新产品新技术新材料创新成果评选活动举办……49
CIPPE 2022石油石化展成功举办 …………50
国内首个测井装备联盟成立 ………………50
2022年中国工矿消防水系统技术高峰论坛举办……51

三一石油开展服务万里行活动……52
三一集团发布石油装备 App……52
宝石机械拓展营销服务新空间……53
中石化工程院大陆架公司检测中心通过 CNAS 国家实验室认可……53

中国石化油气产量登上新台阶……74
中国海油油气产量再创新高……74
延长石油油气产量首次突破 1 700 万 t……75

行业重点工程

2021 年度能源领域首台（套）重大技术装备……57
国家能源局加快推进可再生能源重大工程重大项目建设……58
国家能源局组织召开页岩油勘探开发技术交流会……58
国家能源局组织召开加快储气能力建设专题推进会……59
国务院国资委召开油气领域企业数字化转型方案研讨会……59
国家油气资源开发利用权威数据发布……59
三大石油集团 2022 年重点工作……60
长庆油田进行重大转型进军地热领域……61
中石油中海油积极推进天然气发电项目……62
中石油企业布局新能源项目……63
西南油气田将成为 6 000 万吨级大油气田……65
全国最大煤层气田在山西建成……66
国内十大炼化一体化项目进展情况……67
中石化九大在建乙烯工程……68
千万吨级炼化一体化项目的历史与未来发展……69
油气管网建设突破 3 000km……71
南海东部油田产原油累计产量超 3 亿 t……72
中国石油油气产量创历史新高……72

装备与产品应用

随钻仪器与旋转导向系统……79
海洋油气工程装备……81
炼化、储气库、制氢与 CCUS 装备……90
油气钻采作业装备……97
油气工程材料……102
储运与管道……104
其他装备与产品……106

重大成果与技术

石油工程十大核心技术和十大特色产品……111
2022 年十大油气勘探发现成果……111
2022 年十大勘探关键技术……112
海油工程十大装备与十大技术……113
石油石化装备行业新产品新技术新材料创新成果发布……114
2022 年全国油气勘探开发十大标志性成果……118
机械工业重大技术装备推广应用导向目录……124
船舶与海洋工程重大技术装备推广应用导向目录……127

智能制造与绿色环保

5G 赋能铸造生产现场操作……135

采油设备再制造中心落户华北荣盛……135
国内首例远程控制压裂作业获成功……136
中国石油工程作业智能支持中心上线运行……136
国内首套智能综合录井仪启用……137
四机赛瓦公司打造升级智能制造示范标杆……137
中油技服数字化转型智能化发展……138

标准化工作

工程材料研究院成功发布一项产品国际标准……141
钻机配套标准化工作会议举行……141
石油钻采装备材料技术委员会成立……142
炼化设备管理标准化技术委员会召开团体标准
　立项审查会……142
压裂设备配套标准化工作会议召开……143
2022年第一批团体标准项目计划印发……143
石油工业标准化技术委员会与美国石油学会
　签署谅解备忘录……144
中国石油学会标准化工作委员会与美国石油
　学会签署谅解备忘录……145
团体标准化能力提升高级研修班举办……145

企业动态

沈鼓集团混改工作取得重大突破……149
中国海油庆祝成立40周年……150
中国海油拟在A股上市……150
中国石化加快建设氢能装备制造基地……151
中国海油成立新能源分公司……151

中国海油在上交所主板上市……152
中国石油发力新能源装备制造……152
中集来福士海洋科技集团有限公司成立……154
宝石机械氢能技术与装备研究中心揭牌……154
济柴动力有限公司设立三个中心……155
国内多所石油高校成立新能源学院……155
中海油物装采购中心揭牌……156
东方电气集团控股宏华集团有限公司……157
中国石化发布实施氢能中长期发展战略……157
沈鼓集团举行建厂70周年重大装备成果
　发布会……158
中石化石油机械股份有限公司管理规格调整……159
兰石集团全力打造钻采装备新增长点……160
中油绿电新能源有限公司成立……160
斯伦贝谢更名为SLB　开启重大转型……161

专题报告

我国石油石化装备行业发展现状、问题及
　对策……165

检测机构概况

国家石油钻采炼化设备质量监督检验中心
　（上海科创）……171
国家油气钻采设备质量检验检测中心
　（世纪派创）……172
国家油气田井口设备质量检验检测中心
　（江汉所）……172

国家石油机械产品质量检验检测中心
（江苏）……………………………………173
国家石油管材质量检验检测中心
（工程材料院）……………………………173
四川科特检测技术有限公司………………174
北京康布尔石油技术发展有限公司………174
国家石油装备产品质量检验检测中心
（山东）……………………………………175

产业基地概况

宝鸡市石油装备产业基地…………………179
大庆石油石化装备制造基地………………179
东营市石油装备制造基地…………………180
建湖县石油装备产业基地…………………181
荆州市石油石化装备产业基地……………182
牡丹江石油装备产业基地…………………183

中国石油石化设备工业年鉴 2023

行业概况

总结2022年机械工业运行情况、石油石化设备行业运行情况、出口情况、发展现状及主要问题

中国石油石化设备工业年鉴2023

行业概况

- 全球油气市场情况
- 我国机械工业运行情况
- 我国油气生产形势
- 我国石油石化设备行业经济运行情况
- 我国石油石化设备行业出口情况
- 石油化工装备行业的现状与发展
- 我国石油石化设备行业遇到的主要问题

全球油气市场情况

2022年，全球油气市场以及国际政治经济格局跌宕起伏，让人眼花缭乱、应接不暇。

新年伊始，中亚地区哈萨克斯坦这一全球油气重点国家发生了"一月惨惨事件"；2月24日，俄罗斯宣布对乌克兰采取"特别军事行动"，成为二战以来欧亚大陆最为严重的地缘政治危机和冷战以来最大规模的大国对抗；3月7日，受地缘政治冲突和供应中断等恐慌性因素影响，国际油价和气价创出近14年来的新高，布伦特原油期货价格一度接近140美元/桶，欧洲TTF天然气价格在8月一度超过90美元/mmBtu（相当于22元/m^3），当月，英国石油公司（BP）、壳牌石油公司等诸多跨国石油公司宣布退出俄罗斯市场；4月，欧洲多国竞相寻找天然气替代来源；5月，欧委会提交第六轮对俄罗斯制裁措施提案，包括当年年底前全面禁止进口俄罗斯石油；6月1日，俄罗斯天然气工业股份公司（Gazprom）宣布暂停向荷兰公司供气，暂停向丹麦公司供气；9月27日，"北溪-1"和"北溪-2"天然气管道发生海底爆炸，俄、乌、欧、美之间的矛盾由此进一步升级；10月初，石油输出国组织"OPEC+"宣布减产200万桶/日，引起美国和沙特的双边关系变得微妙，土耳其和俄罗斯当月宣布将共同在土耳其的色雷斯地区建设一个天然气枢纽；11月，欧盟和七国集团（G7）讨论把俄罗斯石油价格上限设立为65～70美元/桶；12月5日，欧盟、七国集团和澳大利亚对俄石油的"限价令"正式生效。按照这一价格上限，如果石油售价超过60美元/桶，欧盟等国家将禁止相关实体为俄罗斯的石油运输提供保险和金融等服务。12月27日，俄罗斯总统普京签署总统令，针对西方对俄罗斯石油和石油产品实施价格上限采取特别经济措施。作为能源转型的"排头兵"，欧洲重启煤电项目。

乌克兰危机带来的博弈与对抗，已经引发了全球能源格局深层次变化。这种变化表现在五个方面：一是美国在全球能源格局中的实力和影响力在显著增强，因为其通过向欧洲出售高价油气变相"绑架"了欧洲，同时强化了与中东产油国的盟友关系；二是欧盟的地位在急速滑落，能源转型进程受阻，能源安全得不到保障，既丢掉了引领全球绿色低碳发展的"面子"，又输掉了国家安全的"里子"；三是俄罗斯的地位显著下降，被欧美各国制裁和限制，俄罗斯和欧盟之间1 500亿美元规模的能源贸易将重新规划和分配；四是以沙特为首的中东阿拉伯国家的地位在上升，域外大国更加重视中东，纷纷来中东"寻油找气"，中东国家议价能力和战略自主显著增强，下一步"OPEC+"将按照自身利益最大化的原则来决定增减产及增减产幅度；五是我国在全球能源格局中的地位总体保持稳健，但外部风险和挑战在上升。

我国机械工业运行情况

2022年，面对风高浪急的国际环境与复杂多变的外部形势，机械工业认真贯彻落实党中央、国务院的决策部署，坚持稳中求进工作总基调，贯彻落实疫情要防住、经济要稳住、发展要安全的要求，行业运行保持稳定，产业结构持续优化，发展韧性不断增强，全年主要经济指标运行在合理区间，对稳定经济大盘、提振工业经济、提升外贸质量发挥了积极作用。展望2023年，机械工业内需市场逐步改善、发展环境优化，但外需市场挑战加剧。全行业要坚定信心、踔厉奋发，努力推动行业经济平稳运行，不断提升发展质量。

2022年机械工业经济运行虽经历起伏，但运行态势总体向好，全年机械工业主要经济指标实现平稳增长。第一季度开局良好；第二季度受局地疫情及其引发的交通物流不畅影响，下行压力陡然增加，全行业迅速振作起来，主要指标在短时间实现由负转正；第三季度稳中向好；第四季度由于疫情反复与外需市场下滑，增速有所放缓。

一、行业经济运行特点

1. 产业规模持续扩大

国家统计局数据显示，截至2022年年末，机械工业共有规模以上企业11.1万家，较上年增加1.2万家，占全国工业规模以上企业数量的24.7%，较上年提高0.5个百分点；资产总计32.5万亿元，同比增长13.1%，占全国工业资产总计的20.8%，较上年提高0.9个百分点。

2. 增加值增速高于全国工业

2022年，机械工业增加值同比增长4%，高于全国工业增加值增速0.4个百分点，高于制造业增加值增速1个百分点。机械工业主要涉及的5个国民经济行业大类中4个实现增加值增长，其中专用设备、汽车、电气机械及器材、仪器仪表制造业增加值同比分别增长3.6%、6.3%、11.9%、4.6%，通用设备制造业增加值同比下降1.2%。

3. 产品产销形势分化

机械工业主要监测的30种产品，全年累计产量同比增长的产品有13种，占比43.3%；产量下降的产品有17种，占比56.7%。年内主要产品产销形势分化，实现增长的产品数量在半数左右波动。

产品产销特点主要表现为：一是有效应对冲击，汽车产销实现增长，全年产销量分别完成2 702.1万辆和2 686.4万辆，同比增长分别为3.4%和2.1%，产销量连续14年稳居全球第一；二是能源领域建设加速，带动发电设备、输变电设备和能源存储相关产品高速增长，发电机组产量增长17.3%，太阳能电池产量增长47.8%；三是服务于原材料行业的装备产量增速较上年放缓，金属冶炼设备、水泥专用设备产量分别增长0.7%和6.7%；四是加工制造类装备产量下降，金属切削机床、金属成形机床产量分别下降13.1%和15.7%；五是前期产销高速增长的产品产量回落，金属集装箱、包装专用设备、挖掘机产量分别下降36.9%、17%、21.7%。

4. 效益指标增长稳定

技术进步与产品结构升级有效带动行业效益增长。国家统计局数据显示，2022年，机械工业累计实现营业收入28.9万亿元，同比增长9.6%；实现利润总额1.8万亿元，同比增长12.1%。与全国工业相比，机械工业营业收入与利润总额的增速分别高于全国工业3.7个和16.1个百分点。在全国工业营业收入和利润总额中的比重分别为21%、21.6%；拉动全国工业营业收入增长1.9个百分点，拉动利润总额增长2.2个百分点。

5. 固定资产投资向好

在投资意愿改善与低基数因素的共同作用下，2022年，机械工业固定资产投资呈现较快增长，主要涉及的国民经济行业大类通用设备、专用设备、汽车、电气机械及器材、仪器仪表制造业的固定资产投资同比分别增长14.8%、12.1%、12.6%、42.6%、37.8%。其中，电气机械及器材制造业民间投资全年保持高增长，是拉动电气机械及器材制造业投资增速超过40%的重要力量；汽车制造业固定资产投资由2020年、2021年的负增长转为2022年的正增长。

6. 行业运行处于景气区间

机械工业景气指数的编制涵盖生产、投资、外贸、经济效益等多个维度，综合反映机械工业的运行情况。2022年机械工业景气指数2月份高开，在新冠疫情冲击的综合影响下5月为年内低点，此后逐步回升，年末两月虽有所回落，但全年总体保持在景气区间，12月机械工业景气指数为105.98。

二、运行中的主要问题

1. 成本上升压力延续

2022年，机械工业所需原材料价格虽有一定波动，但总体处于高位。国家统计局数据显示，全年原材料生产资料工业生产者出厂价格同比上涨10.3%。部分产品制造领域的关键原材料价格上涨迅猛。此外，用工成本延续上涨趋势，重点联系企业用工人员工资总额同比增长6.6%。全年机械工业营业成本同比增长10.1%，高于同期营业收入增幅；每百元营业收入中的成本比上年增加0.4元。

2. 货款回收难度上升

数据显示，截至2022年年末，机械工业应收账款同比增长17.7%，占全国工业应收账款总额的32%，高于机械工业营业收入、利润总额等指标在全国工业中的比重10余个百分点；应收账款平均回收期是全国工业的1.5倍。专项调查显示，2022年，53%的企业应收账款总额增加，其中，16%的企业涨幅达到两位数，企业资金周转压力较大。年末机械工业流动资产周转率仅为1.36次，低于全国工业平均水平0.35次。

3. 国内市场需求总体偏弱

数据显示，2022年，与机械产品市场需求密切相关的全国设备工器具投资同比增幅为3.5%，低于同期全国固定资产投资增速1.6个百分点。重点联系企业数据显示，全年机械企业累计订货金额持续处于负增长，下半年降幅有收窄趋势，年末同比仍下降2%。专项调查显示，截至2022年年末，50%的被调查企业在手订单同比增长，70%的被调查企业在手订单仅满足2023年第一季度的生产；外贸市场订单增长乏力、生产满足时间短的问题更为明显，在手订单以短单居多。

三、行业发展中的亮点

机械工业深入推进结构调整与转型升级，有效应对风险挑战，新兴产业加速发展，新动能加速凝聚，科技创新成果涌现，行业发展韧性进一步增强。

1. 强链补链有序开展，高端化智能化发展提速

为有效应对超预期因素冲击，产业链供应链韧性增强。大型矿山和冶金装备、大型石化装备供给能力升级，为国家能源资源开发利用与生态文明建设提供保障。机械工业高端化、智能化发展提速。

2. 深化创新驱动，重大装备制造取得突破

机械行业创新体系建设加快推进，截至2022年年末，挂牌运行和批准建设的机械工业重点实验室、工程研究中心和创新中心共计253家。其中，重点实验室121家，挂牌运行96家；工程研究中心131家，挂牌运行109家；挂牌运行创新中心1家。企业积极投入研发创新，重大装备自主创新亮点频现。

3. 践行绿色发展，推动传统产业转型升级

"双碳"目标引领下，机械工业全力助推传统产业转

型升级。2022年，机械工业能源装备制造业营业收入与利润总额同比分别增长20.4%和33.9%，拉动机械工业营业收入增长3.9个百分点、利润总额增长5.1个百分点。绿色低碳装备不断涌现，有力推动传统产业减碳发展。油气钻采及工程机械电动化发展提速，产品体系日趋完善，将推动工程建设领域绿色发展。

4. 新兴产业引领行业提质增效

2022年，机械工业主要经济指标增速明显高于生产指标，其中新兴产业的带动引领作用不可小觑。全年机械工业战略性新兴产业相关行业同比增长13%，拉动机械工业营业收入增长10.1个百分点；实现利润同比增长15.5%，拉动机械工业利润总额增长11.7个百分点。特别是能源存储与光伏设备行业，两者合计对机械工业营业收入和利润总额增长的贡献率分别为62.9%和55.1%。

5. 对外贸易量增质升

2022年，机械工业外贸进出口总额同比增长3%，连续第二年超过万亿美元大关。其中，出口总额为7 400亿美元，实现贸易顺差4 104亿美元，均创历史新高。从贸易结构看，全年机械工业一般贸易出口金额增长12.5%，高于出口平均增速3.1个百分点，占出口总额的71.4%，是带动机械工业出口总额创新高的主要力量。

四、行业发展中的问题

机械工业运行面临的内外部环境依然复杂严峻，但机械工业发展韧性强、活力足、潜力大，有望延续平稳向好走势，实现量的增长与质的提升。

2023年，世界经济衰退风险上升、通胀预期延续，地缘政治冲突升级威胁着全球贸易复苏，发达经济体对产业链安全诉求提升，大国间在关键领域的博弈加剧，机械工业外贸市场面临下行压力。国内经济依然面临需求收缩、供给冲击、预期转弱三重压力，机械工业平稳运行、转型发展任务繁重。

2022年，中央经济工作会议明确了"坚持稳字当头、稳中求进"的总基调，实施积极的财政政策、稳健的货币政策，宏观政策调控力度增强，各类政策协调配合提升，从宏观层面为机械工业的平稳发展提供坚实支撑。存量政策与增量政策叠加发力，重点投资与重大工程项目建设相继开工，形成实物工作量，从市场层面为机械工业稳增长提供有力保障。优化疫情防控政策以来，国内经济进一步呈现加快回升的态势，企业恢复生产、抢抓订单状态积极，反映出市场信心的显著提升。

我国油气生产形势

2022年，我国油气生产在时隔6年之后，国内原油产量重新回到2亿t以上，保住了我国能源的"安全红线"。在实现新一轮国内油气增储上产实现重大突破之外，在油气发现、各个油田表现等方面都有亮眼表现。

一、原油产量重回2亿t

2023年新年前夕，国家能源局发布了2022年能源工作"成绩单"，总结回顾了能源领域的工作。2022年，国家能源局全力推动油气增储上产，国内原油产量重回2亿t，天然气产量超过2 170亿 m³。

继2016年原油产量跌破2亿t后，2017年到2021年我国的原油产量分别为1.9亿t、1.9亿t、1.9亿t、1.95亿t、1.99亿t。因此，2022年是时隔6年之后，原油产量重回2亿t的"里程碑"。

我国原油生产有此成绩，和2022年年初定下的目标和全年加大油气勘探开发力度关系密切。2022年3月份，国家能源局制定了《2022年能源工作指导意见》，要求持续提升油气勘探开发力度，坚决完成2022年原油产量重回2亿t、天然气产量持续稳步上产（天然气产量2 140亿 m³左右）的既定目标。

到2022年7月份，国家能源局又组织召开2022年大力提升油气勘探开发力度工作推进视频会，要求大力推动油气相关规划落地实施，以更大力度增加上游投资，助力保障经济运行和民生需求；大力推动海洋油气勘探开发取得新的突破性进展，提高海洋油气资源探明水平；大力推动页岩油、页岩气成为战略接替领域，坚定非常规油气发展方向，加快非常规资源开发。在国家能源局的大力推动下，国内油气企业开足马力增储上产，实现了"重回2亿t"的成绩。

二、三大石油集团加速勘探开发

2022年，三大石油集团（中国石油、中国石化、中国海油，简称"三桶油"）延续了增储上产的战略目标，用于勘探开发的资本支出持续攀升，合力推动国内油气产量稳增长。

从成果上来看，2022年前三季度，中国石油、中国石化、中国海油分别实现油气当量产量11.26亿桶、3.63亿桶和4.62亿桶，分别同比增长3.9%、2.3%和9.3%。

在产量成就之外，"三桶油"在2022年更是取得了不少新的油气大发现，进一步提升了我国油气资源的开发潜能。

中国石油方面，2022年10月，隶属于塔里木油田公司的富满油田富东1井在地下8 000m超深层试获高产油气流，在富满油田主力产层之下，开辟出全新油气接替领域。该油田是我国能源保障重点工程，油区面积1.7万 km^2，油气资源储量超10亿t，是我国目前发现埋藏最深、规模最大的超深原油产区。

中国石化方面，2022年8月，胜利济阳页岩油国家级示范区正式揭牌，成为我国首个第三系陆相断陷盆地页岩油国家级示范区。在相关区域的14口钻探水平井试获百吨以上高产油流，7口井累计产油突破万吨，落实有利区页岩油资源量32亿t，新增"控制+预测"储量11.5亿t。

中国海油方面，2022年10月，在海南岛东南部海域琼东南盆地勘探再获重大突破，发现了我国首个深水深层大气田宝岛21-1，探明地质储量超过500亿 m^3，实现了松南—宝岛凹陷半个多世纪来的最大突破。

三、我国十大油田排名情况

据华夏能源网统计，2022年，油气产量当量排名依次为长庆油田、渤海油田、大庆油田、塔里木油田、西南油气田、胜利油田、南海东部油田、延长石油、新疆油田、辽河油田，分别为6 500万t、3 450万t、3 438万t、3 310万t、3 000万t、2 386万t、2 000万t、1 765万t、1 748万t、1 000万t。2022年我国十大油田排名情况如图1所示。

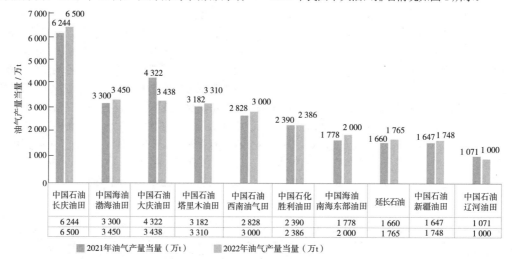

图1 2022年我国十大油田排名情况

总体来看，2022年十大油田的总油气产量当量达到2.86亿t，较2021年增加175万t。具体来看，与2021年相比，该排名主要有三大特点：

第一，长庆油田延续了2021年的优秀表现，继续排名第一位。2022年产油气产量当量首次突破6 500万t，天然气年产量突破500亿 m^3，不但刷新了国内新纪录，更创造了非常规油气藏开发的中国奇迹，稳居我国第一大油气田。截至2022年年底，长庆油田排名全球第13位，累计探明油气储量约占全国的1/3，成为21世纪以来为国家贡献最大、增长最快的油气生产基地。预计到"十四五"末，油气产量当量将达到6 800万t。

第二，中国海油渤海油田超越了中国石油大庆油田。在2021年，大庆油田油气产量当量为4 322万t，比渤海油田多出了1 022万t。而到2022年，渤海油田油气产量创造历史新高，全年完成原油产量约3 450万t、天然气产量近35亿 m^3，使得渤海油田产量超过大庆油田的油气产量当量，升为国内第二大油气田。

第三，2021年排在第十位的中国海油南海西部油田被中国石油辽河油田取代。2021年，南海西部油田的油气产量当量是1 137万t，辽河油田则为1 071万t。究其原因，由于中国海油海南分公司从中国海油南海西部油田中划出，故而中国海油南海西部油田暂不计入此次排名中。到2022年，取而代之的辽河油田油气产量当量虽然下降为1 000万t，但仍登上了榜单。辽河油田的原油产量连续37年实现千万吨规模稳产，储气库日注气能力跃居全国第一，采气能力再创新高，调峰能力近两年实现翻一番。

我国石油石化设备行业经济运行情况

一、营业收入持续增长

统计数据显示，2022年，石油石化设备全行业累计营业收入为4 160.1亿元，同比增长9.77%。全行业涉及的五个分行业中，石油钻采设备分行业同比增长8.97%，深海石油钻采设备分行业同比下降3.1%，海洋工程装备分行业同比增长15.82%，炼油化工设备分行业同比增长8.58%，金属压力容器分行业同比增长9.36%。这五个分行业的营业收入同比增幅相比较，海洋工程装备增幅最多，金属压力容器次之，深海石油钻探设备最少。

二、利润指标大幅增加

统计数据显示，2022年，石油石化设备行业累计实现利润210.3亿元，同比增长245.94%。从五个分行业来看，石油钻采设备行业利润同比增长52.67%，深海石油钻探设备行业利润同比下降23.3%，海洋工程装备行业利润同比下降67.58%，炼油化工设备行业利润同比增加14.01%，金属压力容器行业利润同比增长37.97%。五个分行业的利润同比增幅相比较，石油钻采设备增幅最大，金属压力容器设备次之，海洋方面的两个分行业利润同比都是大幅减少的。

三、资产总额保持稳定增长

2022年，石油石化设备行业规模以上企业有2 006家，资产总额为6 595.56亿元，资产总额同比增长12.76%。石油石化设备行业涉及的五个分行业中，石油钻采设备行业资产总额同比增长13.37%，深海石油钻探行业资产总额同比增长16.72%，海洋工程装备行业资产总额同比增长5.98%，炼油化工设备行业资产总额同比增长14.47%，金属压力容器行业资产总额同比增长16.06%。五个分行业的资产总额与增幅相比较，深海石油钻采增幅最大，金属压力容器次之。

四、对外贸易实现两位数增长

2022年全球油价大幅高涨，带动石油石化设备行业对外贸易持续高速增长，累计实现出口总额440.86亿元，同比增长19.33%。其中，石油钻采设备行业出口额比上年同期增长40.81%，深海石油钻采设备行业出口交货值比上年同期增长75.29%，海洋工程装备行业出口交货值比上年同期下降3.07%，炼油化工设备行业出口交货值比上年同期增长26.72%，金属压力容器设备行业出口交货值比上年同期增长18.89%。从上述五个行业出口交货值同比增长幅度排序来看，深海石油钻探设备排名第一，陆上石油钻采设备行业排名第二，海洋工程装备行业落在了最后。从五个行业出口交货值占全行业比重来看，石油钻采设备行业排名第一，海洋工程装备行业排名第二，深海石油钻采设备行业排在最后。

五、石油钻井设备产品产量增长态势高于炼油化工设备

石油石化设备行业主要监测石油钻井设备和炼油化工生产专用设备两类产品产量。2022年12月，石油钻井设备产量是76 532台（套），月度同比增长129.44%，2022年产量为350 940台（套），累计同比增长2.02%。2022年12月，炼油化工生产专用设备产量为135 045.01t，月度同比下降22.42%，2022年产量为1 526 857.66t，累计同比增长0.07%。这说明石油钻井设备的月度产量增幅和累计产量增幅同时好于炼油化工设备。

六、经济运行质量情况喜忧参半

应收账款、资产负债率、流动资产周转率、成本费用利润率和总资产利润率是反映经济运行质量的5个主要指标。统计数据显示，2022年，石油和石油化工设备行业应收账款为1 313.9亿元，同比增长12.25%，说明企业的货款回收难度加大；资产负债率为63.51%，同比增长1.03%，说明企业的债务负担有所加重；流动资产周转率为1.04，同比下降6.1%，说明企业资产的流动性变差；成本费用利润率为6.01%，同比增长215.29%，说明企业的创效能力大幅改善；总资产利润率为3.19%，同比增长206.8%，说明企业资产的盈利能力改善较大。这5个指标当中，有3个指标是变差的，分别是应收账款、资产负债率和流动资产周转率。有两个指标是变好的，分别是成本费用利润率和总资产利润率。说明全行业经济运行的整体运行质量喜忧参半，国际油价持续高位运行并没有给石油装备制造行业带来可持续发展的优势。

我国石油石化设备行业出口情况

根据海关进出口可比统计口径数据，石油石化设备行业三大类10种重点产品：石油钻采设备类4种产品：钻探深度大于6 000m的自推进石油及天然气钻机、未列名自推进石油及天然气钻机、石油及天然气钻机零部件和其他自推进采油机械；海上石油钻探平台类有1种产品：浮动或潜水式钻探或生产平台；石油化工设备类5种产品：未列名干燥器、提净塔、精馏塔、热交换装置和加氢反应器。2022年出口情况如下。

重点产品出口形势良好。2022年10种主要产品出口额累计同比增长64.57%。其中，石油钻采设备重点产品出口额同比增长68%，海上石油钻探平台出口额同比增长83.19%，石油化工设备重点产品出口额同比增长40.2%。这三大类重点商品出口同比大幅增加，说明全行业重点产品出口形势良好。这三大类产品出口额增幅排序来看，海上石油钻采平台产品出口额增幅最大，石油钻采设备产品出口额增幅次之，炼油化工设备产品出口额排在最后。

重点出口产品具有较强竞争力。在10种重点出口产品中，出口额排名前5位的产品是：浮动或潜水式钻探或生产平台、热交换装置、石油及天然气钻机零部件、未列名干燥器和加氢反应器。排名前5位产品的出口额同比都有两位数以上的增长，说明行业重点产品在国际市场上具有很强的竞争力。出口额同比增加的有7种产品，它们是：浮动或潜水式钻探或生产平台、热交换装置、石油及天然气零部件、未列名干燥器、加氢反应器、未列名自推进石油及天然气钻机和其他自推进采油机械，平均增幅为153.11%；出口额同比减少的有3种产品：精馏塔、钻探深度大于6 000m的自推进石油及天然气钻机和提净塔，平均降幅为33.61%。出口额同比增幅比降幅多了119.5个百分点，说明龙头产品的竞争力是很强的。

重点产品出口额过亿元的国家数量不断增加。石油石化设备行业三大类重点产品出口额超过亿元的国家数量在不断增加。石油钻采设备重点出口商品2022年出口额超过亿元的国家由上年的13个增加到17个，净增加4个国家和地区，排在前5位的国家分别是美国、俄罗斯、新加坡、沙特阿拉伯和墨西哥。海上石油钻探平台2022年出口额超过亿元的国家和地区由上年的4个增加到8个，净增加4个国家和地区，排在前5位的国家和地区分别是新加坡、挪威、印度尼西亚、中国香港和巴林。石油化工设备重点出口产品2022年出口额超过亿元的国家由上年的27个增加到今年的30个，净增加3个国家，排在前5位的国家和地区分别是美国、加拿大、印度尼西亚、墨西哥和日本。石油石化设备行业三大类主要商品出口额超过亿元的国家数量同比增加，可以看出，俄乌冲突对于石油石化设备行业出口并没有造成大的不利影响，而油价带来的影响是主要的和正向的。

石油化工装备行业的现状与发展

石油化工装备行业是为国民经济和人民生活提供能源和原材料的基础行业，较之电力、钢铁等行业，其特点是工艺流程复杂、产业链长、产品多样繁杂。为提高我国石化产业集约化、规模化和一体化水平，改变乙烯、芳烃产品对外依存度高，且高端石化产品发展滞后的现象，进一步推动石化产业集聚发展，国家于2015年正式颁布了《石化产业规划布局方案》，重点建设大连长兴岛、河北曹妃甸、江苏连云港、上海漕泾、浙江宁波、广东惠州和福建古雷七大石化产业基地；接着又放开了地炼进口原油使用权和原油进口权，在"大炼油""一体化"发展基调推动和地炼原油进口权放开政策鼓舞下，全国石油化工行业进入了爆发式的增长期。大连恒力、浙江石化等一批民营大炼油项目以及中外合资项目和地方项目相继开工建设，使炼油能力和烯烃、芳烃化工产品产量快速增长，带来了石油化工装备行业的大爆发。

在发电、钢铁、煤炭等行业新上项目相对较少的情况下，炼化一体化项目的集中上马，无疑成为相关装备制造企业生产运营和发展的重要增长点。在经济下行和疫情持续双重压力下，承接石化工程的风机、压缩机、泵、阀门和空分设备等行业大多数企业仍保持较快的增长速度。特别是炼化装置的不断大型化，不仅带来市场总量的增长，而且给装备制造业的自主创新能力和技术进步提出了新的挑战，需要集中力量突破一批"卡脖子"核心技术，开发一批重大新产品，如，140万～150万t乙烯装置裂解三机，10万m^3特大型空分装置等世界级规模的国之重器，适应石化工艺严苛工况的高可靠性的压缩机、泵、阀门等关键通用产品。其中，沈鼓集团公司在中海油壳牌120万t乙烯裂解三机成功运行的基础上又陆续承接了140万t、150万t乙烯裂解三机任务；杭氧集团公司在神华宁煤6套10万m^3等级特大型空分装置一次投产成功后，已累计生产和承接了10万m^3等级特大型空分设备20余套等。

对于石化项目集中建设带来的旺盛市场需求，装备制造业行应有理性的研判。目前全国拥有千万吨级以上炼油厂超过30座，至2021年年末，全国形成的原油加工能力近10亿t，而当年实际原油加工量只有7.04亿t，产能利用率只有70%左右，远低于国外80%的平均水平。"十四五"期间，还将有一批千万吨级炼油、百万吨级乙烯装置和芳烃项目准备开工建设。可以预期，至"十四五"末，不仅炼油项目过剩产能难以化解，配套一体化发展的烯烃、芳烃及后续深加工化工项目也将基本完成产业布局，新建大型项目将会明显减少。通用机械行业，特别是影响比较大的风机、压缩机、泵、阀门和空分设备等制造企业，应建立行业预警机制，研究如何适应市场变化，科学决策，合理分配资源，研究精细化工发展需求，开拓新的服务领域。

对于一些重大装备、高端产品面临的国际化竞争，国内企业要研究竞争新动向、新策略。跨国公司利用全球配套优势和产品本地化制造策略，以低价竞争，使国内企业逐渐失去价格优势，所以国内企业在提高管理水平、降低成本、保持合理价格的同时，还要在技术创新、提高产品水平和服务质量上下功夫，提高企业的综合竞争力。对于投资大、成套性强的空分设备，跨国公司不再是单一卖设备，而是利用资金优势，在国内投资建设，并且由单一的供应氧气、氮气转向氢能的开发利用，以适应"双碳"目标下炼化企业低碳、降耗、绿色发展的需要，所以国内企业要研究国际化竞争新动向、新策略。

我国石油石化设备行业遇到的主要问题

一、新冠疫情影响持续

2022年的新冠疫情给石油石化设备行业的产业链供应链造成了很大冲击。部分企业的进口物资存在国际物流不畅、采购周期延长、价格上涨以及售后服务不及时等问题，已成为产业链供应链的"卡点""堵点"，直接影响产业链供应链的完整性和可控性。进口物资供货周期延长，严重影响一些企业的配套生产和合同履约率的完成。新技术产品和服务推广缓慢、产品交货缓慢。对于出口导向型制造企业，短期出现部分订单或服务延期，甚至被取消的情况，长期来看，美国等西方发达国家在新冠疫情发生之前就在推进制造业的回流，此次疫情促进美国、欧洲等国家和地区进一步强化其国内的制造业供应链，促使其更加重视本土供应链的配套能力。

二、原材料价格高位波动

2022年，原材料价格高位波动给石油石化设备行业造成较大成本压力。石油石化装备制造产品中，钢铁原材料为其生产的主要构成部分，原材料采购成本在产品总成本构成中占比为30%～50%。虽然2022年钢铁综合价格有小幅下降，但仍然处于高位运行，对石油石化装备制造业的经营成本产生了较大影响。以成套钻机为例，成套钻机主要由井架、底座、绞车、泥浆泵、游吊系统构成，这些部件主要使用钢板、型材、铸锻件，受原材料价格波动影响更大。对于海上平台建设的重资产企业和一些中小企业所造成的成本压力更大，因为他们很难在短期内把产品价格传导给终端用户。

三、货款回收难问题延续

近年来，货款回收难问题持续困扰石油石化设备制造行业企业，具体表现为应收账款与应收票据总量持续高位。企业欠款大幅增加，造成企业财务负担较重。许多企业反映，企业间拖欠货款严重，压得他们喘不过气来。2022年，石油和石油化工设备行业应收账款为1 313.9亿元，同比增长12.25%以上，增幅是近几年来最多的，这说明企业的财务成本较高、资金压力较大。

四、国产品牌有待提升

一些高端设备的关键零部件依赖进口。石油石化设备制造水平整体处于世界前列，价格是国际价格的70%～80%，产品在国际市场上具有很强的竞争力，但是高端设备中的一些关键零部件仍然依赖进口，主要原因是国外用户非常认可这些国外企业生产的零部件品牌，对国内企业品牌认可度低。这些进口关键零部件主要包括：高端柴油机和机组、电控系统变频器、钻井仪表系统、特殊顶驱、特定车底盘、特大功率燃气轮机轮盘等。

五、产学研用合作机制存在障碍

科技成果转化"最后一公里"仍未畅通。国产装备缺乏应用场景，自主技术难以更新迭代。产业链下游用户对首台（套）装备的应用支撑不足，自主技术无法实现快速验证与更新迭代，导致国产装备质量、性能等不具备竞争力。由于水下等特殊环境下无法实施性能测试，装备国产化应用推广难度大。

中国石油石化设备工业年鉴 2023

大事记

记录 2022 年石油石化设备行业的重大事件

2022年度中国石油石化行业重大新闻
2022年度中国石油和石油化工产业十大新闻
2022年度中国探矿工程重大新闻
2022年度全球石油行业十大事件

2022年度中国石油石化行业重大新闻

1. 我国油气勘探开发取得一批重大成果

2022年,我国油气勘探开发取得一批重大成果,原油产量超过2亿t,天然气储量、产量实现较大幅度增长。

油气勘探方面,中国石油发现四川盆地二叠系吴家坪组页岩气规模增储新层系,有利探区资源量达万亿立方米;中国石化提交綦江页岩气田首期探明地质储量1 459.68亿m^3,我国又一个超千亿立方米大型整装页岩气田诞生;中国海油发现我国首个深水深层大气田宝岛21-1。

油气开发方面,中国石油、中国石化向深地挺进,实现塔里木富满、顺北超深油气田规模开发,我国最大超深凝析气田博孜—大北百亿立方米产能全面投入建设;长庆油田、四川盆地常规气、致密气和页岩气产量持续增长;海上油田上产势头强劲,石油增产量占全国增量一半以上。

2. 我国油气管网保供能力日益增强

2022年,国家管网累计焊接管道里程突破3 000km。全长5 111km的中俄东线泰安至泰兴段已正式投产,实现俄气入沪,"北气南下"的东部能源通道全面贯通;西气东输四线开工建设,为"西气"再添东输通道;苏皖管道将江苏滨海LNG送至安徽;东北最大天然气枢纽压气站——沈阳联络压气站投运,管网系统调峰调压更加灵活。国家管网集团统筹运行全国"一张网",撬动形成"X+1+X"新格局。

3. 我国油气生产企业多能互补新格局已见雏形

中国石油、中国石化、中国海油等传统油气生产企业,在保障油气供给、维护国家能源安全的同时,战略布局新能源,加快重点项目建设。中国石油启动吉林油田风电项目,在玉门油田建设迄今国内最大的光伏发电及配套储能项目,地热开发形成多个大型集中供暖示范城区;中国石化已建成投用供氢中心9家,绿电发电量超2亿kW·h,镇海炼化国内首套年加工能力10万t生物航煤装置实现规模化生产;中国海油聚焦海上风电项目,其风电业务正逐渐在江苏、广东、福建等地开花结果。

4. 我国成功研发生产出一批高端石油化工新材料

2022年10月10日,我国首个万吨级48K大丝束碳纤维生产线在上海石化碳纤维产业基地投料开车,产出合格产品,标志着被喻为"新材料之王"的大丝束碳纤维在我国成功实现规模化生产和关键装备国产化。我国石油化工企业着眼高水平科技自立自强和高质量转型升级,全面布署全力推进新材料产业发展,围绕聚烯烃弹性体、高端聚烯烃材料、生物可降解材料、碳材料等新领域关键核心材料开展攻关,成功研发生产出一批高端石油化工新材料,填补多项国内空白。

5. 石油石化企业发力推进"双碳"目标实现

2022年8月25日,国内首个百万吨级CCUS项目——中国石化"齐鲁石化—胜利油田百万吨级CCUS项目"正式注气投产运行,标志着我国CCUS产业开始进入成熟的商业化运营。12月7日,中国海油装备有我国首套海上二氧化碳封存装置的恩平15-1油田群宣布投产,以此为基础开展的"岸碳入海"工程已在广东惠州启动我国首个千万吨级二氧化碳捕集与封存集群项目。12月11日,中国石油披露,其CCUS项目注气能力明显提升,二氧化碳注入量已突破100万t,产油30万t,规模保持国内领先。CCUS产业链的发展,将有力助推我国"双碳"目标的实现。

6. 中国石油油气产量当量创历史新高

2022年,中国石油落实党中央决策部署,全力以赴增储上产量,全力保障油气安全平稳供应。全年油气产量当量创历史新高,原油产量稳中有升。全年生产原油10 500万t,创"十三五"以来最大增幅;天然气加快上产量,全年实现天然气产量1 453亿m^3,在油气产量当量中占比达到52.4%,稳油增气基础进一步巩固;全年页岩油、页岩气总产量分别较2018年增长2.9倍和2.3倍。

7. 中国中化首次进入中国企业500强前十

2022年9月6日,中国企业联合会发布"2022中国企业500强"榜单,经过联合重组的中国中化首次进入榜单前十。2022中国企业500强中,万亿级企业首次突破10家,中国中化等4家企业成为万亿级企业新成员。中国中化业务范围覆盖生命科学、材料科学、石油化工、橡胶轮胎等八大领域,是全球规模领先的综合性化工企业。中国石化旗下拥有17家境内外上市公司,截至2021年年底,总资产超过1.5万亿元,全年营收超过1.1万亿元。

2022年度中国石油和石油化工产业十大新闻

1. 全球最大自贸区 RCEP 协定生效

2022年1月1日，区域全面经济伙伴关系协定（RCEP）对文莱、柬埔寨、中国、日本、新西兰等10国正式生效。这意味着全球最大自由贸易区正式启航。

历经8年谈判，RCEP 于2020年11月15日签署。RCEP 现有15个成员国，包括中国、日本、韩国、澳大利亚、新西兰5国以及东盟10国。从人口数量、经济体量、贸易总额3个方面看，RCEP 均占全球总量的30%。

RCEP 生效当天，大批产品关税立即降为零。中国与东盟、澳大利亚、新西兰之间的立即零关税比例超过65%，与韩国相互立即零关税比例达到39%和50%，与日本相互立即零关税比例分别达到25%和57%。

2. 国家发展改革委界定原料用能范畴

2022年10月27日，国家发展改革委、国家统计局联合印发的《关于进一步做好原料用能不纳入能源消费总量控制有关工作的通知》（简称《通知》）对原料用能的基本定义和具体范畴进行了界定。2021年年底，中央经济工作会议明确提出原料用能不纳入能源消费总量控制。

原料用能指用作原材料的能源消费，即能源产品不作为燃料、动力使用，而作为生产非能源产品的原料、材料使用。例如，用于生产非能源用途的烯烃、芳烃、炔烃、醇类、合成氨等产品的煤炭、石油、天然气及其制品等，属于原料用能范畴；若用作燃料、动力使用，不属于原料用能范畴。

《通知》还明确了在节能目标责任评价考核中扣除原料用能的具体操作办法。一是原料用能不纳入节能目标责任评价考核。在"十四五"省级人民政府节能目标责任评价考核中，将原料用能消费量从各地区能源消费总量中扣除，据此核算各地区能耗强度降低指标。二是科学核算能耗强度及下降率。在核算能耗强度时，原料用能消费量从各地区能源消费总量中扣除，地区生产总值不作调整。在核算能耗强度降低率时，原料用能消费量同步从基年和目标年度能源消费总量中扣除。三是有效衔接各地区节能目标任务。各省（自治区、直辖市）节能主管部门要根据"十四五"国家下达的能耗强度降低目标，综合考虑原料用能扣减等因素，科学确定本地区"十四五"节能目标任务并做好组织实施。

3. 巴斯夫湛江基地首套装置投产

2022年9月6日，巴斯夫湛江一体化基地首套装置——改性工程塑料装置正式投产。该首套装置于2020年在湛江打桩开建。投产后，中国市场每年将增产6万t改性工程塑料，该产品亚太区的总产能将从2023年起提升至42万t。

巴斯夫湛江一体化基地项目于2018年7月宣布建设，总投资约100亿欧元，是德国企业在华投资规模最大的单体项目。项目于2019年11月启动，主要包括年产100万t乙烯及下游产品加工装置。该装置采用100%可再生能源电力。项目目标是到2025年整个巴斯夫湛江一体化基地全部装置将采用100%可再生能源电力。项目建成后，广东湛江将成为巴斯夫股份公司（简称巴斯夫）全球第三大一体化生产基地。2022年7月，巴斯夫宣布全面推进湛江一体化基地建设，从而进一步支持巴斯夫在华开展持续业务。另一套生产热塑性聚氨酯（TPU）的装置将于2023年投入运营。

4. 我国海上油气"巨无霸"交付

2022年11月29日，由中国海洋石油工程股份有限公司为壳牌公司量身定制的海上油气"巨无霸"——企鹅圆筒形浮式生产储油卸油装置（FPSO）在山东青岛顺利交付。该装置整体高度为118m，总重约3.2万t，总运营重达8.8万t，是目前国内建造的最大圆筒形浮式生产储卸油装置。标志着我国全面掌握所有船型 FPSO 建造及集成总装技术。

浮式生产储油卸油装置集原油生产、存储、外输等功能于一体，相当于一座海上油气加工厂，是目前全球海洋油气开发的主流生产装置。由于集成化程度高、技术要求高、建造难度大，被誉为海洋工程领域"皇冠上的明珠"。其中，圆筒形 FPSO 具有抵御恶劣海况能力强、适应水深范围大、钢材用量少、经济适用性好等显著优点，代表着国际上 FPSO 技术的最新发展方向。企鹅 FPSO 储油量40万桶，原油处理能力1 275万桶/a，天然气处理能力12.4亿m^3/a，可满足330万户家庭1年的用气量。

企鹅 FPSO 整船由100余万个部件构成，在直径78m的圆形甲板上，集成了217台（套）大型机械设备和17 000多台（套）设备设施，各专业支架近5.5万个，密集程度为国内万吨级组块的4~6倍，电缆敷设总长度800km。建造质量和精度要求极高，在海况恶劣的英国北海，可实现20年不回坞。

5. 西方对俄罗斯能源实施制裁

2022年2月24日，俄乌冲突全面爆发。3月8日，美国总统拜登发表电视讲话，宣布对俄罗斯实施能源进口禁令，进口禁令包括俄罗斯石油、液化天然气等。同一天，英国宣布在2022年年底前停止进口俄罗斯石油和相应石油产品。4月7日，欧盟委员会宣布禁止从俄罗斯进口煤炭，并对俄罗斯船只关闭欧盟港口。当日，欧洲议会通过了一项象征性投票，要求全面禁止所有俄罗斯能源进口。从8月11日开始，欧盟对俄罗斯煤炭的禁运正式生效。对俄煤炭禁运是俄乌冲突发生以来欧盟首次针对俄罗斯能源实施制裁。

9月2日，七国集团的财政部长发表了一份联合声明，宣布对俄罗斯石油和石油产品实施价格上限。七国集团成员国包括美国、英国、法国、德国、日本、意大利和加拿大7个发达国家。12月1日，除波兰以外，欧盟各国已同意将欧盟进口俄罗斯海运石油的价格上限定为60美元/桶。同时欧盟制定了一套调整机制，在国际油价低于60美元/桶的情况下，将俄罗斯海运油价上限保持在低于市场价格5%的水平。

6. 我国二氧化碳制汽油装置成功开车

由中国科学院大连化学物理研究所与广东省珠海市福油能源科技有限公司联合开发的全球首套1 000t/a二氧化碳加氢制汽油中试装置在山东邹城工业园区开车成功，生产出符合国六标准的清洁汽油产品。2022年3月4日，该项目通过了由中国石油和化学工业联合会组织的科技成果评价。评价专家组专家一致认为：该技术成果属世界首创，整体技术处于国际领先水平，同意通过科技成果评价。

该技术可实现二氧化碳和氢的转化率达到95%，汽油在所有含碳产物中的选择性优于85%，显著降低了原料氢和二氧化碳的单耗，整体工艺能耗较低，生成的汽油产品环保清洁，经第三方检测，辛烷值超过90，馏程和组成均符合国六标准。该团队已形成具有自主知识产权的二氧化碳加氢制汽油生产成套技术，为后续万吨级工业装置的运行提供了有力支撑。

7. 欧洲天然气价格暴涨暴跌

2022年8月26日，荷兰TTF即月交付的天然气期货结算价达到339.2欧元/(MW·h)（约合人民币24元/m^3），刷新历史纪录。10月24日，欧洲荷兰TTF天然气期货主力合约跌破100欧元/(MW·h)关口至96.5欧元/(MW·h)，创4个月新低。主力合约价格较8月创下的346.5欧元/(MW·h)峰值回落70.8%。10月25日晚，美国二叠纪盆地Waha枢纽天然气价格跌至2美元/mmBtu左右的负值，这是自2020年以来首次出现的负值。

为缓解能源危机，2022年9月以来欧洲多管齐下，大力增加天然气采购量，大批液化天然气油轮涌向欧洲。在大批高价采购后，欧洲天然气库存接近存储上限。在欧洲经济放缓、减少天然气需求量等因素影响下，欧洲和美国天然气价格快速持续下跌。

8. 俄罗斯欧洲间北溪管道被炸

2022年9月26日，在俄罗斯和欧洲间的两条主要天然气管道"北溪-1"和"北溪-2"先后发生3次泄漏。当天瑞典测量站在"北溪-1"和"北溪-2"管道发生泄漏的同一水域探测到两次强烈的水下爆炸。瑞典检察院11月18日通报调查进展，调查人员在受损的北溪管道现场发现了爆炸物的痕迹，确认北溪天然气管道爆炸是蓄意破坏。

瑞典媒体2022年10月公开了无人潜航器拍摄的现场视频。视频画面显示，"北溪-1"管道泄漏部位缺失了一段至少50m长的管道，剩余处的金属管壁也出现变形。丹麦、瑞典、德国等都向波罗的海地区派出过调查船。丹麦方面10月中旬的初步调查结果也显示，管道损坏是由剧烈爆炸造成的。俄罗斯天然气工业股份公司获准参与现场调查。俄罗斯发现了两个深度分别为3m和5m的坑，爆炸扯掉了一段40m长的管道，与瑞典公布的调查结果相近。9月2日，俄罗斯天然气工业股份公司在其社交媒体账号发布消息说，由于发现多处设备故障，"北溪-1"天然气管道停止输气。检修3天后，俄罗斯宣布无限期关停。

9. 我国成为大规模煤制氢唯一国家

2022年11月16日，在埃及沙姆沙伊赫举行的《联合国气候变化框架公约》第二十七次缔约方大会现场，《中国耦合CCUS制氢机遇（报告）》（以下简称报告）正式对外发布。报告显示，2020年我国氢产量约为3 300万t，约占全球产量的30%，我国约有2/3的氢产自煤制氢工厂，制氢业共排放3.6亿t二氧化碳，我国成为目前世界上唯一大规模采用煤炭制取氢气的国家。

我国的能源资源禀赋是富煤、缺油、少气。在煤炭资源丰富、二氧化碳封存条件较好、可再生能源有限的地区，耦合CCUS的煤制氢技术将是一种低成本制取氢的选择，同时可带动二氧化碳运输和封存基础设施建设。根据中国氢能联盟预测，到2030年，中国氢能需求将增至3 700万t，2060年需求量将超过9 000万t。我国的很多煤制氢工厂将在近期建成，加装CCUS将对这些工厂的减排具有关键作用。

10. 我国液化气储罐创单罐容量之最

2022年9月20日，我国自主设计和建造的6座全球单罐容量最大的27万m^3液化天然气储罐升顶作业圆满收官。储罐项目位于江苏省盐城市滨海港区，总投资约70.25亿元，年接收液化天然气规模为300万t。一期工程批量建设10座储罐，包括4座22万m^3储罐和6座27万m^3储罐，总罐容250万m^3。项目由中国化学工程第十四建设有限公司承建。

施工中难度最大、工艺最复杂、风险最高的作业是罐顶的安装。每个罐顶重约1 200t，安装高度60m（相当于20层楼的高度），要采用气升顶技术将它"吹"上去，需要50多万m^3空气，相当于给7亿个足球打满气。

2022年度中国探矿工程重大新闻

1. 我国首艘超深水科考船——大洋钻探船实现主船体贯通

2022年2月18日，由我国自主设计建造的首艘面向深海万米钻探的超深水科考船——大洋钻探船在广州市南沙区实现主船体贯通，标志着我国深海探测领域重大装备建设迈出关键一步。

大洋钻探船隶属于自然资源部中国地质调查局，设计排水量达4.2万t，具备全球海域无限航区作业能力和海域超过10 000m的钻探能力，是我国首艘超深水科考钻探船。该船由中船集团第七〇八研究所设计，中船黄埔文冲船舶有限公司建造。

作为支撑海洋强国建设的"国之重器"，大洋钻探船的设计和建造，聚焦解决地球深部重大资源环境科学问题，形成了协同攻关、共同建设的大兵团作战局面和深海科技创新体系；经国内外150余家单位共同努力，通过集成创新和模块化设计，开展了56项关键技术攻关，突破了水动力性能综合优化、作业系统模块布置等10余项关键技术，创新集成了两大控制系统、岩心采集等8类作业系统及30余个子系统组成的钻采系统；具有油气钻探和大洋科学钻探两大作业模式，兼具隔水管和无隔水管钻探作业方式。该钻探船拟配置10大类93种先进的船载设备，形成涵盖海洋研究全领域的9大实验室，并首次配建国际一流标准的古地磁实验室和超净实验室，总体装备和综合作业能力处于国际领先水平。

大洋钻探船于2021年11月30日开工建造，历时1年完成主船体结构制作、搭载并实现贯通。后续将开展上建区域搭载、设备安装调试、码头试验等工作，预计于2024年全面建成。建成后主要承担国家重大科技项目和国际大科学计划中的大洋科学钻探任务，致力于打造国家深海战略科技力量的重要装备平台，推动深海科技再创高峰，全面提升认识、保护和开发海洋的能力，服务海洋强国建设。

2. 我国页岩气超长水平井钻取取得重大突破

2022年10月27日，中国石化江汉油田涪陵页岩气田焦页18-S12HF井顺利完井，完钻井深7 161m，其中水平段长4 286m，水平段"一趟钻"进尺4 225m，一举刷新我国页岩气井水平段最长、水平段"一趟钻"进尺最长两项纪录，标志着我国页岩气超长水平井钻取取得重大突破，将有力带动我国页岩气实现高效开发。

作为国家级页岩气示范区，涪陵页岩气田全力攻关页岩气超长水平井钻探技术。中国石化通过自主研发的三维可视化综合地质导向技术，成功给钻头装上了"眼睛"，利用存储的海量地质数据，随时调整钻头行驶轨迹，让钻头在地宫"直线加速""漂移过弯"，像"贪吃蛇"一样高速穿行在"薄饼"一样的优质储层中。

同时，创新形成超长水平井关键装备与工具配套、超长水平井降摩减阻、超长水平井钻井参数动态优化等技术，实现了由"打不成"到"打得快、打得准"的重大跨越。目前，涪陵页岩气平均钻井周期由最初的90多天缩短为40多天，最短钻井周期仅25.58天，优质储层钻遇率达96%以上。

涪陵页岩气田投入开发建设以来，创新页岩气勘探开发理论，形成6大核心技术，实现了3 500m浅气藏高效开发、3 500～4 000m气藏有效开发，首创我国页岩气立体开发技术，立体开发区采收率达到国际先进水平。截至目前，累计探明储量近9 000亿m^3，累计建成产能150亿m^3，累计产量突破470亿m^3，为长江经济带沿线6省2市70多个大中型城市送去了洁净的能源，惠及上千家企业、近2亿居民。

3. 东方宏华钻机创造最长油气井的新世界纪录

2022年10月21日，阿布扎比国家石油公司（ADNOC）宣布，由中国东方电气集团所属宏华集团有限公司（简称东方宏华）制造的3000HP人工岛快速移运丛式井钻机在Upper Zakum区域的4个人工岛之一Umm Al Anbar创造了最长油气井的新世界纪录。该水平井长50 000 ft（1 ft=0.304 8m），比2017年俄罗斯石油公司（Rosneft）创下的世界纪录长约800 ft。

2012年年初，东方宏华同ADNOC旗下钻井公司ADNOC Drilling Company签订了9套3000HP人工岛钻机，成为中东地区乃至全世界的标杆项目。2014年该批钻机投入使用。

3000HP钻机是东方宏华专为ADNOC Drilling Company研制的新型人工岛平移钻机，该钻机分为主机平移模块、泥浆平移模块、动力模块和固定模块4大模块，满足多人工岛排丛式井作业要求，是全球首批9 000m海洋人工岛超深井多排丛式井钻机。钻机不仅具有区域管理系统（ZMS）功能、离线作业功能，零排放收集系统、软泵、顶驱软扭矩和WPS等功能，更采用机电数字一体化设计，实现了自动化、智能化、信息化。钻机各部分的结构设计采用了国内外成熟的先进技术，工作可靠、运移方便、运行经济，全面满足HSE管理体系要求。

4. "深地工程"四川盆地打破直井最深纪录

2022年12月28日,中国石化"深地工程"再获突破,部署在四川盆地的风险探井——元深1井顺利完钻,完钻井深8 866 m,打破中国石化仁探1井保持的四川盆地直井最深纪录。中国石化"深地工程·川渝天然气基地"也于当日正式揭牌,这是中国石化推出的第三个以"深地工程"命名的基地。

元深1井最深到达目前四川盆地埋深最深的油气层——灯影组台缘丘滩气层。在钻探过程中发现,这个位于地下超8 700m的超深层碳酸盐岩中仍可以见到孔隙型储层和72m较好的油气显示。该井到达目前四川盆地埋深最深的油气层,进一步展示了川北深层古老碳酸盐岩良好的勘探潜力。

超8 000m钻探会遇到多项世界性难题,如上部大尺寸套管在空气中质量达到517t、钻机提升系统和安全下套管面临挑战,深地超高温对钻井液稳定性、抗污染能力要求高,超8 000m取岩心难度大且耗时长等。中国石化勘探分公司与钻井、测录井施工单位开展联合攻关,形成了超深钻井5项关键技术,有力支撑我国深层、超深层碳酸盐岩油气勘探开发实现突破发展。

5. 我国首条旋转导向钻井与随钻测井"璇玑"系统智能化生产线建成投产

我国首条旋转导向钻井与随钻测井"璇玑"系统智能化生产线2022年4月20日在广东佛山正式建成投产,标志着由我国自主研发的"璇玑"系统正式迈入大规模产业化新阶段。

旋转导向钻井与随钻测井技术被誉为石油钻井技术"皇冠上的明珠",中国海油"璇玑"系统研发成功是我国石油钻井、测井领域一项革命性、颠覆性的技术突破。该系统可以精准控制地下数千米深的钻头"瞄着"油层走、"闻着"油味钻,甚至可以遥控"驾驶"钻具在0.70m的薄油层中横向或斜向稳定穿行1 000m以上,同时可以实现对地层资料的实时分析,是大幅降低油气田开发成本、高效开发海洋油气资源的重要技术,代表着当今世界钻井、测井技术发展的最高水平。本次投产的"璇玑"系统智能化生产线,属国家重大装备国产化项目,是中国海油建设高端油气勘探装备"智造链"的核心内容之一。

旋转导向钻井与随钻测井技术自20世纪90年代诞生以来,因其横跨20多个学科、涉及1 000多道高端工艺,多达几百万行控制代码,被美国3家国际油田服务公司垄断达20余年。面对每年10亿元的高昂服务费用、完全加密的技术封锁和从不出售的产品垄断,中海油田服务有限公司经过7年的技术攻关,于2014年成功研发"璇玑"钻井、测井系统并实现海上作业,使我国成为世界上第二个拥有该项技术的国家。

截至2022年3月,"璇玑"系统已陆续在渤海、南海、东海和陆地主要油气田应用,并推广至伊拉克、印度尼西亚等国家。

6. 水平定向钻探技术支撑服务"引大济岷"工程建设

"引大济岷"工程建设中,中国地质调查局探矿工艺研究所(简称探矿工艺所)利用水平定向钻探技术及多参数全方位无缆测井技术,在国内水利行业首次替代平硐勘探,构建了长大深埋隧洞绿色-安全-快速勘查新模式。

"引大济岷"工程是国家重大引调水工程,为四川省2022年"一号工程"。该工程计划从大渡河引水入岷江,对根本上解决成都平原经济区缺水问题,支撑成渝地区双城经济圈建设,助推四川高质量发展具有重大意义。探矿工艺所承担了工程可行性研究阶段水平定向勘探与测试技术项目研究,旨在构建水平定向勘探替代平硐勘查新模式。通过钻探、地质、机械、数学等多专业团队联合攻关,3个阶段共完成10个水平孔钻探、编录和测井任务,进尺2 900余m,实现了6项技术创新:一是研制小口径多参数全方位无缆测井系统,攻克了水平孔内结构面成像计算方法,实现全景成像、声波、水压力等指标综合测试;二是创新水平孔三重半合管取心技术,平均采取率达98%;三是研制动力头全液压水平岩心钻机,多角度钻进能力显著提高;四是研发适用于坚硬钾长花岗岩的系列金刚石钻头,钻进效率与钻头寿命明显提高;五是创新水平绳索取心随钻轨迹控制技术,攻克了水平孔涌水地层钻进难题;六是工程勘查领域首次采用直升机运输。

"引大济岷"工程水平定向钻替代平硐勘查的成功实践,为长大深埋隧洞绿色-安全-快速勘查提供了借鉴和支撑。

7. 世界首套深海保温保压取样装备海试成功

2022年9月23日,由深圳大学与四川大学团队自主研制的深海沉积物(天然气水合物)保温保压取样装备海试成功,这也是国际上首次获得保温保压的深海沉积物(天然气水合物)原位保真样本。

国家重大科研仪器研制项目"深部岩石原位保真取芯与保真测试分析系统"历经数年攻关,成功自主研制了深海沉积物(天然气水合物)保温保压取样器。2022年9月23日,在海南省深海技术创新中心组织的"深海深渊科考与装备海试共享航次"中,深海沉积物(天然气水合物)保温保压取样器搭载我国4 500m级载人潜水器"深海勇士"号,在南海1 370 m水深区域完成既定作业任务,获得保持原位压力13.8 MPa、温度6.51 ℃的深海沉积物(天然气水合物)样品,突破了深海沉积物(天然气水合物)保压取样技术难题,攻克了深海沉积物(天然气水合物)保温取样技术世界空白,实现了全球保温保压沉积物(天然气水合物)样品获取零的突破。

自2018年以来,项目团队致力于深部原位保真取芯与保真测试技术装备研究,针对深海沉积物(天然气水合物)保真取芯技术"瓶颈"重点攻关,自主研发了具有独立知识产权的我国首套深海沉积物(天然气水合物)保温保压取样、原位保真移位、原位保真测试成套装备,形成了深海物质资源保真勘探全新原理技术体系，实现了深海探矿技术装备的国产化与自主化。此次深海原位保真取样成功标志着我国深海沉积物（天然气水合物）保温保压取芯技术达到了世界领先水平，为我国深海资源勘探开发与海洋科学探索提供了技术装备支撑。

8. 3 000m 科学钻探项目刷新全国小口径钻探钻孔钻进效率纪录

2022年6月4日，山东省地矿局第六地质大队承担的"山东省招远市大尹格庄金矿 3 000m 科学钻探"项目 80ZK2101 号钻孔突破 3 000 m 设计深度，达到 3 016.50 m。该项目历时 187 天，比设计工期提前了 149 天，台月效率 484 m，终孔孔径 78 mm，岩（矿）芯采取率达 99.6%，再次刷新了全国小口径钻探同类型钻孔钻进效率纪录，刷新了招平断裂带孔深纪录，为指导该地区金矿深部找矿勘查和深部资源开发利用提供了重要的实践依据，助推山东省深部金矿勘查研究和开发利用进入国际领先行列。

科研团队创新了钻探工艺：研发了坚硬地层高效长寿命金刚石钻头，大大缩减了提下钻更换钻头频率；发明了"不停车取芯法"，有效防止了投放打捞器时间过长、岩芯管卡死、无法打捞的现象发生；针对不同地层研制了多种钻井液，并结合使用固控设备，较好地平衡地层压力，减少了地层失稳风险；充分发挥了交流变频电驱动钻机的优势，提高了岩芯钻探技术的数字化和自动化水平，实现了从经验钻探向数字钻探的实质性转变；引进了涂层减阻内管，增加了回次进尺长度，大幅提升了破碎地层钻进效率；采用了基于"关键链技术"的项目进度管理体系，使整个项目处在动态可控的管理范围内，有效缩短了工期。

项目高质高效地完成设计任务，充分展现了第六地质大队超深、超难钻探施工的技术实力和攻坚克难、争创一流的良好精神风貌，再次彰显了在全国小口径钻探领域的领军地位。

9. 探矿工程专家张金昌入选中国地质学会首批会士

2022年10月24日，中国地质学会公布了首批会士名单，中国地质调查局勘探技术研究所正高级工程师（二级）张金昌入选，是首批 10 名会士中唯一的探矿工程专家。

张金昌同志长期从事地质岩芯钻探、科学钻探领域的科研工作，完成多项国家及省部级研究课题，取得多项创新性研究成果，发表论文 30 多篇，出版专著 7 部，参与编著 2 部。获国家科技进步奖二等奖 1 项，省部级科技进步奖一等奖 2 项、二等奖 3 项。2000 年以来，他带领科研团队完成了 2 项国家"863"重点项目，1 项行业公益性课题，多项地质调查项目，使地质岩芯钻探技术整体达到国际先进水平，部分达到国际领先水平，使我国钻深能力 300～5 000 m 全液压及电动顶驱岩芯钻机形成了完整系列，建立了我国 5 000 m 以内地质岩芯钻探技术体系，形成了一套 13 000 m 科学超深井钻探技术方案，为我国入地计划的实施打下了基础。

据悉，为完善中国地质学会会员体系，建立学术和专业认可制度，大力弘扬科学精神，鼓励会员不断攀登科学技术高峰，推动地质科技进步，促进我国地质事业发展，中国地质学会于 2022 年设立会士制度，每 2 年推选不多于 10 名专家作为会士。首批中国地质学会会士由个人或机构提名推荐，经会士遴选委员会遴选和中国地质学会第 40 届理事会第四十一次常务理事会审议通过，共选出了 10 名会士。

2022 年度全球石油行业十大事件

青岛中石云创信息技术有限公司的石油 Link 发布全球石油行业十大年度事件。

1. 国际油价飙升，石油公司大赚

油价暴涨，堪称石油行业最受瞩目的年度"头条"。2022 年 3 月 7 日，布伦特原油价格一度飙升至 139.13 美元/桶，创下了自 2008 年以来的最高值。

在石油需求扩大、供需偏紧、俄乌冲突、大国博弈等一系列复杂因素的共同作用下，2022 年原油价格持续高位运行，为石油公司带来了高额利润。国际五大石油巨头及我国"三桶油"均表现出惊人的赚钱能力，沙特阿美还在 2022 年成为全球市值最大公司。

2. 俄乌冲突爆发，石油公司退出在俄业务

2022 年 2 月 24 日，俄乌冲突全面爆发。其后，欧美国家对俄实施了一系列制裁措施，波及油气领域。壳牌、BP、埃克森美孚、挪威国油等多家石油公司纷纷退出在俄业务，掀起一阵"退群潮"。作为世界第三大产油国的俄罗斯陷入战争泥沼，对全球石油供应格局产生了全方位冲击。

3. 欧洲天然气危机愈演愈烈

俄乌冲突及对俄制裁的实施，让欧洲笼罩在"断供"危机之下。2022 年，欧洲天然气价格出现一路疯涨。8 月 26 日，荷兰 TTF 基准天然气期货收盘价格一度飙升至 339.195 欧元/（MW·h），创下了前所未有的历史性峰值。而在过去十年间，这一价格还只有 5～35 欧元/（MW·h）。

2022年，欧盟发布能源转型计划，力求扩大可再生能源发展规模，以期在未来实现"能源独立"的愿景。

4. 我国油气勘探开发走向深水、深层、非常规领域

2022年，我国原油产量重上2亿t，是2016年以来时隔6年再次超过2亿t。为应对增储上产压力，我国已全面进入"两深一非"领域，2022年度取得一系列新进展。

中国石油塔里木油田累计已打穿了58座超8 000m"地下珠峰"，作为我国最大超深油田的富满油田产量突破300万t大关。

中国石油首口设计超9 000m深井于2022年5月19日正式开钻。中国石化"深地一号"已获20口超深层"千吨井"，钻探垂直深度超过8 000m的井已有46口。

中国海油发现了我国首个深水深层大气田——宝岛21-1，"深海一号"大气田二期工程全面开工建设。

中国石油发现四川盆地页岩气规模增储新层系，资源量达万亿m^3；中国石化綦江页岩气田勘探获重大突破，标志着我国又一个超千亿m^3的大型整装页岩气田诞生；中国海油海上页岩油勘探获重大突破，首口探井获商业油流。

5. 石油巨头大举进军新能源产业

2022年，石油公司虽然在传统油气业务领域利润增长强劲，但并未放缓转型的脚步，反而是向新能源业务展开全方位进军。

国外五大石油巨头频频出手，大举收购可再生能源公司。壳牌完成对印度可再生能源平台Sprung的收购，雪佛龙成功收购可再生能源集团（REG），道达尔能源收购了美国可再生能源公司Clearway能源集团50%股份，埃克森美孚收购挪威生物燃料公司Biojet AS 49.9%的股份，BP收购亚洲可再生能源中心（AREH）40.5%的股份。

国外油服企业积极"变法图存"，进行业务结构调整。斯伦贝谢在2022年正式更名为SLB，从世界最大油服公司向全球技术公司转型；贝克休斯重新整合公司业务，将原本的4个部门整合为2个，以寻找新的增长点。

国内"三桶油"的新能源项目已全面落地开花。中国石油在玉门油田建设迄今国内最大的光伏发电项目；中国石化首个兆瓦级"绿电制绿氢"示范项目中交；中国海油开工建造国内全容量最大的海上风电升压站项目。

行业大变局势不可挡，石油公司发展综合能源已初具规模。

6. 油气运输全国"一张网"再添新版图

2022年，国家管网集团累计焊接管道里程已突破3 000km大关，较2021年同比增长14%，全国"一张网"进一步织牢织密。7月12日，浙江省天然气管网融入国家管网集团怀抱；9月28日，西气东输四线工程正式开工；12月7日，中俄东线天然气管道泰安至泰兴段宣布投产。

2022年，我国油气能源运输大动脉实现了进一步完善。

7. "石油人民币"获重要进展

2022年12月9日，首届中国—海湾阿拉伯国家合作委员会峰会在利雅得阿卜杜勒阿齐兹国王国际会议中心举行。中国提出，未来3到5年，愿同海合会国家构建能源立体合作新格局。中国将继续从海合会国家扩大进口原油、液化天然气，加强油气开发、清洁低碳能源技术合作，开展油气贸易人民币结算。随着我国石油贸易不断扩大，"石油人民币"正逐步走向世界金融体系，成为海内外关注的焦点。

8. 48K大丝束碳纤维首套国产线投产

2022年10月13日，我国首个万吨级48K大丝束碳纤维工程第一套国产线在中国石化上海石化碳纤维产业基地生产出合格产品，产品性能媲美国外同级别产品，中国石化成为国内第一家、全球第四家掌握大丝束碳纤维技术的企业。碳纤维被誉为世界新材料"皇冠上的明珠"，广泛应用于各类工商业场景。该项目建成投产，有力改变了我国大丝束碳纤维全部依赖进口、长期供不应求的局面，推动国产碳纤维产业高质量发展。

9. CCUS规模化工业应用加快推进

作为实现碳减排的关键技术手段，CCUS技术经过多年酝酿积累，在我国迎来产业化规模化发展阶段。2022年8月29日，中国石化国内首个百万吨级CCUS项目齐鲁石化—胜利油田项目正式注气运行。中国石油则提出，要启动300万吨级CCUS重大工程示范项目。

2022年，我国还迎来了两个极具标志性的大规模CCUS项目。6月27日，中国海油、壳牌、埃克森美孚与广东省发改委签署谅解备忘录，拟共同建设中国首个海上规模化碳捕集与封存集群，储存规模预计高达1 000万t/a。11月4日，中国石化与壳牌、中国宝武、巴斯夫签署合作谅解备忘录，四方将开展合作研究，在华东地区启动我国首个开放式千万吨级CCUS项目。

10. 炼化一体化重点项目相继落地投产

我国石油石化产业不断迈向规模化、高端化发展，2022年，一批炼化一体化重点项目实现投产。

2022年5月，盛虹炼化（连云港）有限公司1 600万t炼化一体化项目常减压蒸馏装置成功开车运行，至年底，炼化项目炼油、芳烃、乙烯及下游化工品装置等已全面投料试车；10月26日，中国石油广东石化炼化一体化项目常减压蒸馏装置Ⅱ成功引入原油，项目全面进入投料开工试生产阶段；12月19日，福建漳州古雷炼化一体化项目宣布，正式投入商业运营。在我国炼油产能过剩、竞争加剧的背景下，落后产能被不断淘汰，新投产炼油项目呈现出明显的大型化趋势。

中国石油石化设备工业年鉴 2023

产业政策与规划

公布 2022 年石油石化设备行业相关的政策和规划

工信部等十九部门发布《关于印发"十四五"促进中小企业发展规划的通知》

国家标准化管委会等十七部门联合印发《关于促进团体标准规范优质发展的意见》

《"十四五"现代能源体系规划》明确油气改革与智能发展方向

国家能源局发布《2022年能源工作指导意见》

国家能源局等发布《"十四五"能源领域科技创新规划》

工信部等六部门发布《关于"十四五"推动石化化工行业高质量发展的指导意见》

压力容器管道元件等特种设备行政许可发生新变化

科学技术部等九部门印发《科技支撑碳达峰碳中和实施方案（2022—2030年）》

鼓励社会资本进入油气勘探开采领域

市场监管总局等十八部委印发《进一步提高产品、工程和服务质量行动方案（2022—2025年）》

工信部等十九部门发布《关于印发"十四五"促进中小企业发展规划的通知》

工业和信息化部联合国家发展和改革委员会、科学技术部、财政部、人力资源和社会保障部、农业农村部、商务部、文化和旅游部、中国人民银行、海关总署、国家税务总局、国家市场监督管理总局、国家统计局、中国银行保险监督管理委员会、中国证券监督管理委员会、国家知识产权局、中国国际贸易促进委员会、中华全国工商业联合会、国家开发银行等十九个部门,发布《关于印发"十四五"促进中小企业发展规划的通知》(以下简称《规划》)。

1．《规划》编制背景

中小企业是国民经济和社会发展的生力军,是扩大就业、改善民生、促进创新创业的重要力量。党中央国务院出台了一系列政策措施,不断加大对中小企业支持力度,中小企业平稳健康发展取得积极成效。

"十四五"时期,我国面临着复杂严峻的内外部环境,新形势下中小企业机遇与挑战并存,机遇多于挑战,也承担起更多新的使命,中小企业的韧性是我国经济韧性的重要基础,是构建新发展格局的有力支撑,中小企业具有举足轻重、事关全局的重要作用。在科学分析研判国内外形势的基础上,"十四五"时期将努力构建中小企业"321"工作体系,围绕"政策体系、服务体系、发展环境"三个领域,聚焦"缓解中小企业融资难、融资贵,加强中小企业合法权益保护"两个重点,紧盯"提升中小企业创新能力和专业化水平"一个目标,并将这一工作体系作为《规划》的核心内容,成为"十四五"促进中小企业发展工作的切入点和着力点。

"十四五"时期,根据《中华人民共和国中小企业促进法》《中华人民共和国国民经济和社会发展第十四个五年规划和2035年远景目标纲要》(以下简称《"十四五"规划和2035年远景目标》),工业和信息化部会同国家发展改革委、科学技术部、财政部等19个部门,联合编制了《规划》。

2．《规划》总体考虑

一是提高政治站位。中小企业好,中国经济才会好,中小企业具有举足轻重、事关全局的重要作用。《规划》以《"十四五"规划和2035年远景目标》为指导,立足新发展阶段的新特征新要求,将党中央对"十四五"时期国民经济和社会发展的决策部署落实到促进中小企业发展工作中,将促进中小企业发展工作融入到国家发展大局中。

二是推进有效市场和有为政府的更好结合。《规划》立足充分发挥有效市场作用,遵循市场经济基本规律,引导各类资源向中小企业集聚;尊重中小企业市场主体地位,进一步激发中小企业内在的创造力,提升自身的市场竞争力。同时,注重发挥有为政府的作用,不断完善公平竞争机制,加强服务体系建设,维护中小企业合法权益,为中小企业营造良好的发展环境。

三是紧扣时代主题。《规划》牢牢把握中小企业面临的政策机遇、市场机遇、环境机遇和创新机遇,找准"十四五"中小企业发展的根本方向、目标,明确主要任务,谋划具体工作,将培育壮大市场主体,构建企业梯度培育体系,提升企业创新能力和专业化水平等作为"十四五"中小企业工作重点,充分体现中小企业发展的时代特征。

3．《规划》主要内容

《规划》包括发展背景、发展思路和目标、主要任务、重点工程、保障措施5个部分。

关于发展背景。一方面,对"十三五"时期中小企业发展成效从发展实力、创新能力、服务体系和发展环境4方面进行总结回顾,这是科学制定"十四五"规划的前提和基础。另一方面,对"十四五"时期中小企业面临的发展形势从机遇和挑战两方面进行分析。综合判断,"十四五"时期中小企业仍处于重要战略机遇期,机遇与挑战并存,中小企业在新形势下要承担起更多的重要使命。

关于发展思路和目标。《规划》坚持以习近平新时代中国特色社会主义思想为指导,深入落实习近平总书记关于中小企业发展的重要指示批示精神,贯彻党的十九大和十九届二中、三中、四中、五中、六中全会精神,完整、准确、全面贯彻新发展理念,深入实施《中小企业促进法》,以推动中小企业高质量发展为主题,以改革创新为根本动力,坚持"两个毫不动摇",围绕"政策体系、服务体系、发展环境"三个领域,聚焦"缓解中小企业融资难、融资贵,加强中小企业合法权益保护"两个重点,紧盯"提升中小企业创新能力和专业化水平"一个目标,构建"321"工作体系,支持中小企业成长为创新重要发源地,进一步增强中小企业综合实力和核心竞争力,推动提升产业基础高级化和产业链现代化水平,为加快发展现代产业体系、巩固壮大实体经济根基、构建新发展格局提供有力支撑。

在此基础上,《规划》明确了4个基本原则:一是坚持创业兴业,激发市场活力;二是坚持创新驱动,提升发展质量;三是坚持绿色集约,促进协同发展;四是坚持分类指导,提高服务效能。并在此基础上形成了"5794"的工作思路，即5个发展目标、7项主要任务、9大重点工程、4项保障措施的工作思路。

5个发展目标：一是整体发展质量稳步提高；二是创新能力和专业化水平显著提升；三是经营管理水平明显提高；四是服务供给能力全面提升；五是发展环境进一步优化。围绕促进中小企业发展的关键环节提出了一系列定量目标，包括中小企业人均营业收入增长18%以上；规模以上小型工业企业研发经费年均增长10%以上，专利申请数量年均增长10%以上，有效发明专利数量年均增长15%以上。同时，提出了推动形成一百万家创新型中小企业、十万家"专精特新"中小企业、一万家专精特新"小巨人"企业，培育200个中小企业特色产业集群和10个中外中小企业合作区的量化工作目标。

7个主要任务：《规划》提出包括培育壮大市场主体、健全政策支持体系、建立高效服务体系、完善公平竞争环境、提高融资可得性、加强合法权益保护、提升创新能力和专业化水平7个主要任务。这些任务上承"十四五"发展目标，与"321"工作体系相呼应，是目标的细化和分解，内容上力求做到提纲挈领，下接关键工程，形成了"目标—任务—工程"由宏观到具体的工作链条，构建了"十四五"促进中小企业发展工作框架。

9项重点工程：作为完成主要任务的具体工作举措，《规划》在主要任务的基础上进一步突出重点、细化要求，提出9项重点工程。其中，优质中小企业培育工程、中小企业创新能力与专业化水平提升工程是为了落实《中华人民共和国国民经济和社会发展第十四个五年规划和2035年远景目标纲要》关于"支持创新型中小微企业成长为创新重要发源地"的要求；中小企业数字化促进工程、中小企业绿色发展促进工程、中小企业质量品牌提升工程是从企业内部着眼，旨在提升中小企业自身实力和核心竞争力，推动企业高质量发展；中小企业服务机构能力提升工程、中小企业融资促进工程、中小企业合法权益维护工程是从企业外部入手，着眼解决长期以来困扰中小企业的难点、痛点和堵点问题，改善企业发展环境；中小企业国际化促进工程主要是推动中小企业更好适应和参与构建以国内大循环为主体、国内国际双循环相互促进的新发展格局，加强对外贸易与合作，在国际市场砥砺成长。

4项保障措施：《规划》明确了4项保障措施，由加强党的全面领导、加强政策协同和评估督导、加强运行监测和政策研究、营造良好舆论环境4部分组成，这是落实好"十四五"规划的基础和保证。

4.《规划》主要特点

一是将"321工作体系"贯穿始终。《规划》围绕构建中小企业"321工作体系"，将其贯穿始终，一张蓝图绘到底，推动各地、各部门将促进中小企业发展工作聚焦到这一工作体系中来，形成今后五年工作的切入点和着力点。

二是以创新发展和绿色发展为重点，推动中小企业高质量发展。《规划》将创新和绿色作为今后五年促进中小企业发展工作的两个基本原则。坚持创新驱动，将"提升中小企业创新能力和专业化水平"作为总目标，推动完善中小企业创新服务体系，营造鼓励和保护创新的外部环境，激发企业创新内生动力；坚持绿色集约，将中小企业绿色发展作为一项重点工程来抓，推动中小企业绿色化改造，发展循环经济，助力实现"双碳"目标，为中小企业可持续发展奠定坚实基础。

三是推动构建优质中小企业梯度培育体系。《规划》在培育壮大市场主体，推动健全减税降费等普惠性支持政策的基础上，提出构建优质中小企业评价体系，建立从创新型中小企业、"专精特新"中小企业到专精特新"小巨人"企业的梯度培育体系，通过政策引导，推动要素资源向优质中小企业集聚，引导中小企业走"专精特新"发展道路。

四是首次以多部门联发形成工作合力。《规划》首次以多部门联发的形式发布，既体现了党中央国务院对促进中小企业发展工作的高度重视，也体现了在国务院促进中小企业发展工作领导小组工作机制下，凝聚各方力量共同促进中小企业发展工作的体制机制日益健全。在《规划》引领下，各部门将共同努力、协同推进，促进"十四五"时期中小企业实现高质量发展。

国家标准化管委会等十七部门联合印发《关于促进团体标准规范优质发展的意见》

2022年1月25日，国家标准化管理委员会等十七部门联合印发了《关于促进团体标准规范优质发展的意见》，分别从提升团体标准组织标准化工作能力、建立以需求为导向的团体标准制定模式、拓宽团体标准推广应用渠道、开展团体标准化良好行为评价、实施团体标准培优计划、促进团体标准化开放合作、完善团体标准发展激励政策、增强团体标准组织合规性意识、加强社会监督和政府监管、完善保障措施等方面给出了指导意见。

意见指出，近年来，我国团体标准发展迅速，政策体系初步建立，制定团体标准的社会团体（以下简称团体标准组织）踊跃开展团体标准化工作，团体标准有力推动了新产品、新业态、新模式发展，促进了高质量产品和服务供给。但是，由于我国团体标准发展仍处于初级阶段，其发展还不平衡、不充分，存在标准定位不准、水平不高、管理不规范等问题，需要加强规范和引导。

意见明确以下十个方面：

1. 提升团体标准组织标准化工作能力。团体标准组织应当建立规范的标准化工作机制，制定系统的团体标准管理和知识产权处置等制度，严格履行标准制定的有关程序和要求，加强团体标准全生命周期管理。

2. 建立以需求为导向的团体标准制定模式。团体标准组织要找准团体标准的制定需求，紧密围绕新技术、新产业、新业态、新模式，主动对接重大工程、产业政策、国际贸易，统筹考虑团体标准的推广应用模式，广泛吸纳生产、经营、管理、建设、消费、检测、认证等相关方参与，充分发挥技术优势企业作用，制定原创性、高质量的团体标准，填补标准空白。鼓励相关团体标准组织围绕产业链供应链需求联合制定团体标准。

3. 拓宽团体标准推广应用渠道。鼓励团体标准组织建立标准制定、检验、检测、认证一体化工作机制，推动团体标准在招投标、合同履约等市场活动中实施应用，打造团体标准品牌。

4. 开展团体标准化良好行为评价。鼓励团体标准组织根据团体标准化良好行为系列国家标准开展自我评价，自愿在全国团体标准信息平台上公开声明，进入团体标准化良好行为清单，提升团体标准组织的诚信和影响，供相关方使用团体标准时参考。团体标准的使用方或采信方可以自行评价或委托具有专业能力和权威性的第三方机构进一步对团体标准组织标准化良好行为进行评价，作为使用和采信团体标准的重要依据。

5. 实施团体标准培优计划。国务院标准化行政主管部门会同有关部门，紧贴国家战略性新兴产业，对接区域重大战略，聚焦科技创新和社会治理现代化，制定团体标准培优领域清单。建立培优团体标准组织库，选择具备能力的团体标准组织进行培优。建立对培优团体标准组织工作绩效的科学考核评估机制，形成有进有出的动态调整机制，培养一批优秀的团体标准组织，发挥标杆示范作用，带动团体标准化工作水平整体提升。

6. 促进团体标准化开放合作。鼓励基于团体标准提出国际标准提案，支持符合条件的团体标准组织承担国际标准组织的国内技术对口单位，推荐有能力的专家成为国际标准注册专家。鼓励团体标准组织建立吸纳外商投资企业和外国专家参与团体标准制定的机制。

7. 完善团体标准发展激励政策。鼓励各部门、各地方将在助推经济社会高质量发展中取得显著成效的团体标准纳入奖励范围。鼓励企业、高等院校、科研机构等用人单位在职称评定中增加团体标准的评分权重。

8. 增强团体标准组织合规性意识。团体标准组织应当加强诚信自律，依据章程规定的业务范围开展团体标准化工作；已有强制性标准的，不得重复制定团体标准；不得出现抄袭标准等侵犯标准著作权的行为；禁止利用团体标准化工作的名义进行营利和违法违规收费；不得利用团体标准从事法律法规禁止的事项。

9. 加强社会监督和政府监管。各级标准化行政主管部门加强对团体标准的监督，优化"双随机、一公开"监管模式，对违反法律法规、不符合强制性国家标准、侵犯标准著作权等问题依法依规进行处理，通过全国团体标准信息平台向社会公布团体标准组织违法违规行为和处理结果，并向有关行政主管部门通报相关信息。

10. 完善保障措施。各级标准化行政主管部门、有关行政主管部门要认识到位、措施到位、行动到位，做好工作安排部署，加强协同配合，形成工作合力。及时总结团体标准发展的经验和模式，解决和预防团体标准发展过程中的重大问题和潜在风险。进一步加强团体标准相关政策的宣传，提升业务指导和支持能力，促进团体标准组织间的交流合作、相互协调。推动专业标准化技术委员会、标准化研究机构服务支持团体标准化工作，为团体标准化工作提供专业化支撑。

《"十四五"现代能源体系规划》明确油气改革与智能发展方向

国家发展改革委、国家能源局于 2022 年 3 月 22 日发布《"十四五"现代能源体系规划》（以下简称《规划》），《规划》提出了我国"十四五"时期现代能源体系建设的主要目标。

《规划》明确，在能源保障方面，到 2025 年，国内能源年综合生产能力达到 46 亿 t 标准煤以上，原油年产量回升并稳定在 2 亿 t 水平，天然气年产量达到 2 300 亿 m³ 以上，发电装机总容量达到约 30 亿 kW。在能源低碳转型方面，"十四五"时期，单位 GDP 二氧化碳排放五年累计下降 18%。到 2025 年，非化石能源消费比重提高到 20% 左右，非化石能源发电量比重达到 39% 左右，电气化水平持续提升，电能占终端用能比重达到 30% 左右。在能源系统效率、节能降耗方面，"十四五"时期，单位GDP能耗五年累计下降13.5%。能源资源配置更加合理，就近高效开发利用规模进一步扩大，输配效率明显提升。电力协调运行能力不断加强，到2025年，灵活调节电源占比达到24%左右，电力需求侧响应能力达到最大用电负荷的3%～5%。在创新发展能力方面，"十四五"期间，能源研发经费投入年均增长7%以上，新增关键技术突破领域达到50个左右。在普遍服务水平方面，人民生产生活用能便利度和保障能力进一步增强，电、气、冷、热等多样化清洁能源可获得率显著提升，人均年生活用电量达到1 000kW·h左右，天然气管网覆盖范围进一步扩大。乡村清洁能源供应能力不断增强，城乡供电质量差距明显缩小。

《规划》提出，展望2035年，能源高质量发展取得决定性进展，基本建成现代能源体系。非化石能源消费比重在2030年达到25%的基础上进一步大幅提高，可再生能源发电成为主体电源，新型电力系统建设取得实质性成效，碳排放总量达峰后稳中有降。

《规划》明确提出增强能源治理效能，深化电力、油气体制机制改革，持续深化能源领域"放管服"改革，加强事中事后监管，加快现代能源市场建设，完善能源法律法规和政策，更多依靠市场机制促进节能减排降碳，提升能源服务水平，对油气改革及智能发展方向做出了明确指示。

油气领域重点改革任务是：放开上游勘查开采市场，全面实施矿业权竞争性出让，严格区块退出，推动油气地质资料汇交利用；推动工程技术、工程建设和装备制造业务专业化重组，作为独立市场主体参与竞争；深化油气管网改革，推进省级管网运销分离，完善管网调度运营规则，建立健全管容分配、托运商等制度；推动城镇燃气压缩管输和供气层级，推进下游竞争性环节改革；支持大用户与气源企业签订直供或直销合同，降低用气成本。

在激发能源市场主体活力方面，制定了以下几个措施：一、放宽能源市场准入。落实外商投资法律法规和市场准入负面清单制度，修订能源领域相关法规文件。支持各类市场主体依法平等进入负面清单以外的能源领域。推进油气勘探开发领域市场化，实行勘查区块竞争出让制度和更加严格的区块退出机制，加快油田服务市场建设。积极稳妥深化能源领域国有企业混合所有制改革，进一步吸引社会投资进入能源领域。二、优化能源产业组织结构。建设具有创造创新活力的能源企业。进一步深化电网企业主辅分离、厂网分离改革，推进抽水蓄能电站投资主体多元化。推进油气领域装备制造、工程建设、技术研发、信息服务等竞争性业务市场化改革。深化油气管网建设运营机制改革，引导地方管网以市场化方式融入国家管网公司，支持各类社会资本投资油气管网等基础设施，制定完善管网运行调度规则，促进形成全国"一张网"。推进油气管网设施向第三方市场主体公平开放，提高油气集约输送和公平服务能力，压实各方保供责任。三、支持新模式新业态发展。健全分布式电源发展新机制，推动电网公平接入。培育壮大综合能源服务商、电储能企业、负荷集成商等新兴市场主体。破除能源新模式新业态在市场准入、投资运营、参与市场交易等方面存在的体制机制壁垒。创新电力源网荷储一体化和多能互补项目规划建设管理机制，推动项目规划、建设实施、运行调节和管理一体化。培育发展二氧化碳捕集利用与封存新模式。

在加快能源产业数字化智能化升级方面，指出了明确方向：一、推动能源基础设施数字化。加快信息技术和能源产业融合发展，推动能源产业数字化升级，加强新一代信息技术、人工智能、云计算、区块链、物联网、大数据等新技术在能源领域的推广应用。积极开展电厂、电网、油气田、油气管网、油气储备库、煤矿、终端用能等领域设备设施、工艺流程的智能化升级，提高能源系统灵活感知和高效生产运行能力。适应数字化、自动化、网络化能源基础设施发展要求，建设智能调度体系，实现源网荷储互动、多能协同互补及用能需求智能调控。二、建设智慧能源平台和数据中心。面向能源供需衔接、生产服务等业务，支持各类市场主体发展企业级平台，因地制宜推进园区级、城市级、行业级平台建设，强化共性技术的平台化服务及商业模式创新，促进各级各类平台融合发展。鼓励建设各级各类能源数据中心，制定数据资源确权、开放、流通、交易相关制度，完善数据产权保护制度，加强能源数据资源开放共享，发挥能源大数据在行业管理和社会治理中的服务支撑作用。三、实施智慧能源示范工程。以多能互补的清洁能源基地、源网荷储一体化项目、综合能源服务、智能微网、虚拟电厂等新模式新业态为依托，开展智能调度、能效管理、负荷智能调控等智慧能源系统技术示范。推广电力设备状态检修、厂站智能运行、作业机器人替代、大数据辅助决策等技术应用，加快"智能风机""智能光伏"等产业创新升级和行业特色应用，推进"智慧风电""智慧光伏"建设，推进电站数字化与无人化管理，开展新一代调度自动化系统示范。实施煤矿系统优化工程，因地制宜开展煤矿智能化示范工程建设，建设一批少人、无人示范煤矿。加强油气智能完井工艺攻关，加快智能地震解释、智能地质建模与油藏模拟等关键场景核心技术开发与应用示范。建设能源大数据、数字化管理示范平台。

智慧能源示范工程包括：智慧能源平台和数据中心，多能互补集成与智能优化、用能需求智能调控、智慧能源生产服务、智慧能源系统数字孪生等平台和数据中心示范。智能油气管网，油气管网全数字化移交、全智能化运营、全生命周期管理等示范应用。智慧油气田，勘探开发一体化智能云网平台、地上地下一体化智能生产管控平台、油气田地面绿色工艺与智能建设优化平台等技术装备及示范应用。

国家能源局发布《2022年能源工作指导意见》

国家能源局印发了《2022年能源工作指导意见》（国能发规划〔2022〕31号，以下简称《意见》）。《意见》明确了2022年能源工作的主要目标，具体包括：全国能源生产总量达到44.1亿t标准煤左右，原油产量2亿t左右，天然气产量2 140亿 m^3 左右。保障电力充足供应，电力装机达到26亿kW左右，发电量达到9.07万亿kW·h左右，新增顶峰发电能力8 000万kW以上，"西电东送"输电能力达到2.9亿kW左右。保障电力充足供应的同时，煤炭消费比重稳步下降，非化石能源占能源消费总量比重提高到17.3%左右，新增电能替代电量1 800亿kW·h左右，风电发电量、光伏发电发电量占全社会用电量的比重达到12.2%左右。

《意见》要求，以保障能源安全稳定供应为首要任务，着力增强国内能源生产保障能力，切实把能源饭碗牢牢地端在自己手里。落实"十四五"规划及油气勘探开发实施方案，压实年度勘探开发投资、工作量，加快油气先进开采技术开发应用，巩固增储上产良好势头，坚决完成2022年原油产量重回2亿t、天然气产量持续稳步上产的既定目标。

《意见》提出，持续推动能源短板技术装备攻关，重点推动燃气轮机、油气、特高压输电、控制系统等重点领域技术攻关。围绕能源系统数字化智能化、能源系统安全、新型电力系统、新型储能、氢能和燃料电池、碳捕集利用与封存6大重点领域，增设若干创新平台。

《意见》要求，加大能源技术装备和核心部件攻关力度，积极推进能源系统数字化智能化升级，提升能源产业链现代化水平。

在加强能源科技攻关方面，《意见》提出，以"揭榜挂帅"方式实施一批重大技术创新项目，巩固可再生能源、煤炭清洁高效利用的技术装备优势，加快突破一批新型电力系统关键技术。

国家能源局等发布《"十四五"能源领域科技创新规划》

国家能源局、科学技术部印发了《"十四五"能源领域科技创新规划》（简称《规划》）。《规划》提出，"十四五"时期，能源领域现存的主要短板技术装备基本实现突破。前瞻性、颠覆性能源技术快速兴起，新业态、新模式持续涌现，形成一批能源长板技术新优势。能源科技创新体系进一步健全，能源科技创新有力支撑引领能源产业高质量发展。

《规划》提出了"十四五"时期能源科技创新的总体目标，按照集中攻关、示范试验和应用推广"三个一批"的路径确定了相关任务，制定了技术路线图，结合"十四五"能源发展和项目布局，部署了相关示范工程，有效承接示范应用任务，并明确了相关政策措施。

《规划》的背景。能源是攸关国家安全和发展的重点领域。我国已连续多年成为世界上最大的能源生产国和消费国。在"碳达峰、碳中和"目标、生态文明建设和"六稳六保"等总体要求下，我国能源发展面临保安全、转方式、调结构、补短板等严峻挑战，对科技创新的需求比以往任何阶段都更为迫切。经过前两个五年规划期，我国初步建立了重大技术研发、重大装备研制、重大示范工程、科技创新平台"四位一体"的能源科技创新体系，按照集中攻关一批、示范试验一批、应用推广一批"三个一批"的路径，推动能源技术革命取得了重要阶段性进展，有力支撑了重大能源工程建设，对保障能源安全、促进产业转型升级发挥了重要作用。

进入"十四五"时期，在能源革命和数字革命双重驱动下，全球新一轮科技革命和产业变革方兴未艾。能源科技创新进入持续高度活跃期，可再生能源、非常规油气、核能、储能、氢能、智慧能源等一大批新兴能源技术正以前所未有的速度加快迭代，成为全球能源向绿色低碳转型的核心驱动力，推动能源产业从资源、资本主导向技术主导转变，对世界地缘政治格局和经济社会发展带来重大而深远的影响。

但与此同时，我国能源科技创新与世界能源科技强国和引领能源革命的内在要求相比还存在明显差距，突出表现为：一是部分能源技术装备尚存短板，关键零部件、专用软件、基础材料等大量依赖国外。二是能源技术装备长板优势不明显，能源领域原创性、引领性、颠覆性技术偏少，绿色低碳技术发展难以有效支撑能源绿色低碳转型。三是推动能源科技创新的政策机制有待完善，重大能源科技创新产学研"散而不强"，重大技术攻关、成果转化、首台（套）依托工程机制、容错以及标准、检测、认证等公共服务机制尚需完善，必须充分发挥科技创新引领能源发展第一动力作用，立足能源产业需求，着眼能源发展未来，健全科技创新体系、夯实科技创新基础、突破关键技术瓶颈，为推动能源技术革命，构建清洁低碳、安全高效的能源体系提供坚强保障。

《规划》的总体要求和主要目标。《规划》以习近平新时代中国特色社会主义思想为指导，深入贯彻党的十九大和十九届历次全会精神，全面落实"四个革命、一个合作"能源安全新战略和创新驱动发展战略，聚焦保障能源安全、促进能源转型、引领能源革命和支撑"碳达峰、碳中和"目标等重大需求，坚持创新在能源发展全局中的核心地位，统筹发展与安全，以实现能源科技自立自强为重点，以完善能源科技创新体系为依托，着力补强能源技术装备"短板"和锻造能源技术装备"长板"，支撑增强能源持续稳定供应和风险管控能力，引领清洁低碳、安全高效的能源体系建设。

《规划》遵循"补强短板，支撑发展""锻造长板，引领未来""依托工程，注重实效""协同创新，形成合力"的基本原则，立足当前、着眼长远，提出了"十四五"时期能源科技创新的总体目标为：能源领域现存的主要短板技术装备基本实现突破；前瞻性、颠覆性能源技术快速兴起，新业态、新模式持续涌现，形成一批能源长板技术新优势；适应高质量发展要求的能源科技创新体系进一步健全；能源科技创新有力支撑引领能源产业高质量发展。《规划》从引领新能源占比逐渐提高的新型电力系统建设、支撑在确保安全的前提下积极有序发展核电、推动化石能源清洁低碳高效开发利用、促进能源产业数字化智能化升级等方面提出了相关具体目标。

《规划》提出的重点任务。《规划》围绕先进可再生能源、新型电力系统、安全高效核能、绿色高效化石能源开发利用、能源数字化智能化等方面，确定了相关集中攻关、示范试验和应用推广任务，以专栏形式部署了相关示范工程，并制定了技术路线图。

其中，绿色高效化石能源开发利用技术方面，提出聚焦增强油气安全保障能力，开展常规油气和非常规油气勘探开发、输运和炼化领域相关关键核心技术攻关，有效支撑油气勘探开发和天然气产供销体系建设。聚焦煤炭绿色智能开采、重大灾害防控、分质分级转化、污染物控制等重大需求，形成煤炭绿色智能高效开发利用技术体系。突破燃气轮机相关瓶颈技术，提升燃气发电技术水平。能源系统数字化智能化技术方面，提出聚焦新一代信息技术和能源融合发展，开展能源领域用数字化、智能化共性关键技术研究，推动煤炭、油气、电厂、电网等传统行业与数字化、智能化技术深度融合，开展各种能源厂站和区域智慧能源系统集成试点示范，引领能源产业转型升级。

为确保"十四五"期间能源科技创新工作有序开展，《规划》围绕创新协同机制、创新平台体系、成果示范应用、企业主体地位、技术标准体系、规划资金支持、科技国际合作、科技人才培养8个方面，提出了八个方面的保障措施。一是健全能源科技创新协同机制。在加强部门协同基础上，指导地方完善能源科技配套政策，支持建立跨领域、跨学科的创新联合体。二是完善能源科技创新平台体系。建立健全国家、部门、地方、企业各级各类能源科技创新平台体系，构建开放合作、共创共享创新生态圈。三是推动能源科技成果示范应用。完善能源装备首台（套）政策，鼓励地方、用户制定配套措施，以"凡有必用"原则推进示范应用。四是突出企业技术创新主体地位。鼓励各类所有制企业围绕能源产业链、创新链开展强强联合和产学研深度协作，集中突破关键核心技术。五是优化能源行业技术标准体系。加快能源新型标准体系建设，培育发展社会团体标准，推进能源标准国际化。六是加大能源科技资金支持力度。吸引各类社会资本投资能源科技领域。七是加强能源科技创新国际合作。立足开放条件下自主创新，积极参与能源科技领域多边机制和国际组织的务实合作。八是加速能源科技创新人才培养。依托重大能源工程加速技术研发、技术管理、成果转化等方面的中青年骨干人才培养，满足跨学科专业人才供给。

工信部等六部门发布《关于"十四五"推动石化化工行业高质量发展的指导意见》

工业和信息化部、国家发展改革委、科学技术部、生态环境部、应急管理部、能源局联合发布《关于"十四五"推动石化化工行业高质量发展的指导意见》（以下简称《意见》）。该《意见》对石油石化设备行业的发展有重要指导意义。

1.《意见》编制背景

石化化工行业是国民经济支柱产业，经济总量大、产业链条长、产品种类多、关联覆盖广，关乎产业链供应链安全稳定、绿色低碳发展、民生福祉改善。

"十三五"以来，我国石化化工行业转型升级成效显著，经济运行质量和效益稳步提升，石化化工大国地位进一步巩固。但行业创新能力不足、结构性矛盾突出、产业布局不尽合理、绿色安全发展水平不高等问题依然存在。

"十四五"是推动行业高质量发展的关键时期，行业结构调整、转型升级将进一步加快。一是服务构建新发展格局，石化化工行业产品供给日益丰富、产量增速逐渐分化；二是产业发展模式正在从以规模扩张为主的产能建设转向以"精耕细作"为主的精细化、专用化、系列化细分市场拓展渗透，服务型制造日渐被市场主体接受；三是责任关怀意识日益增强，产业发展的绿色底色日益浓郁，安全环保已成为业界坚守的从业生存底线和发展基本要求；四是资源能源环境和碳排放约束日益趋紧，基于二氧化碳开发含碳化学品备受关注，以绿色循环低碳为基本特征的化工园区正逐步成为行业结构调整、转型升级、腾挪发展的主要载体。

面对新形势、新使命，为贯彻落实《中华人民共和国国民经济和社会发展第十四个五年规划和2035年远景目标纲要》（以下简称《纲要》），推动石化化工行业高质量发展，工业和信息化部、发展改革委、科学技术部、生态环境部、应急管理部、能源局联合编制《意见》。

2.《意见》功能定位

《意见》坚决贯彻落实党中央、国务院重大决策部署，与《纲要》、国家制造强国战略、制造业高质量发展规划等上位规划以及相关专项规划充分衔接，旨在既着力引导石化化工行业坚持稳中求进，妥善处理发展和减排、整体和局部、增量和存量、短期和中长期的关系，协同推进传统产业改造提升、新兴产业培育壮大、生产性服务业发展，坚持质量第一、效益优先，着眼提高全要素生产率，迈向高质量发展，同时又坚持问题导向、目标导向，着重就丰富精细化学品和化工新材料供给，强化行业本质安全和清洁生产，推进煤化工、石油化工、天然气化工、盐（矿）化工和生物化工等协调发展，发挥化工产业优势，助力实施"双碳"战略，利用信息技术加速产业数字化转型，规范化工园区建设和产业布局等难点重点问题提出具体举措。

3.《意见》总体思路

《意见》以习近平新时代中国特色社会主义思想为指导，全面贯彻党的十九大和十九届历次全会精神，立足新发展阶段，完整、准确、全面贯彻新发展理念，构建新发展格局，以推动高质量发展为主题，以深化供给侧结构性改革为主线，以满足人民美好生活需要为根本目的，以改革创新为根本动力，统筹发展和安全，加快推进传统产业改造提升，大力发展化工新材料和精细化学品，加快产业数字化转型，提高本质安全和清洁生产水平，加速石化化工行业质量变革、效率变革、动力变革，推进我国由石化化工大国向强国迈进。

4.《意见》主要目标

《意见》提出了"十四五"期间高质量发展的主要目标：到2025年，石化化工行业基本形成自主创新能力强、结构布局合理、绿色安全低碳的高质量发展格局，高端产品保障能力大幅提高，核心竞争能力明显增强，高水平自立自强迈出坚实步伐。

目标集中体现在5个方面：一是加快创新发展，到2025年，规模以上企业研发投入占主营业务收入比重达1.5%以上。突破20项以上关键共性技术和40项以上关键新产品。二是调整产业结构，大宗化工产品生产集中度进一步提高，产能利用率达到80%以上。乙烯当量保障水平大幅提升，化工新材料保障水平达75%以上。三是优化产业布局，城镇人口密集区危险化学品生产企业搬迁改造任务全面完成，形成70个左右具有竞争优势的化工园区。到2025年，化工园区产值占行业总产值70%以上。四是推动数字化转型，石化、煤化工等重点领域企业主要生产装置自控率95%以上，建成30个左右智能制造示范工厂、50家左右智慧化工示范园区。五是坚守绿色安全，大宗产品单位产品能耗和碳排放明显下降，挥发性有机物排放总量比"十三五"降低10%以上，本质安全水平显著提高，有效遏制重大大生产安全事故。

5.《意见》重点任务

《意见》围绕主要目标，聚焦创新发展、产业结构、产业布局、数字化转型、绿色低碳、安全发展6个重点难点，凝炼出6大重点任务。

提升创新发展水平。一是完善创新机制，强化企业创新主体地位，构建重点实验室、重点领域创新中心、共性技术研发机构"三位一体"创新体系。二是攻克核心技术，加快重要装备及零部件制造技术攻关，开发推广先进感知技术以及过程控制软件、全流程智能控制系统、故障诊断与预测性维护等控制技术，增强创新发展动力。三是实施"三品"行动，增加材料品种规格，加快发展高端化工新材料产品，积极布局前沿化工新材料，提高绿色化工产品占比，鼓励企业培育创建品牌。

推动产业结构调整。一是强化分类施策，科学调控石油化工、煤化工等传统化工行业产业规模，有序推进炼化项目"降油增化"，促进煤化工产业高端化、多元化、低碳化发展。二是动态更新石化化工行业鼓励推广应用的技术和产品目录，加快先进适用技术改造提升，优化烯烃、芳烃原料结构，加快煤制化学品、煤制油气向高附加值产品延伸，提高技术水平和竞争力。

优化调整产业布局。一是统筹项目布局，推进新建石化化工项目向资源环境优势基地集中，推动现代煤化工产业示范区转型升级。持续推进城镇人口密集区危险化学品生产企业搬迁改造。二是引导化工项目进区入园，推动化工园区规范发展。新建危险化学品生产项目必须进入一般或较低安全风险的化工园区（与其他行业生产装置配套建设的项目除外），引导其他石化化工项目在化工园区发展。

推进产业数字化转型。一是加快新技术、新模式与石化化工行业融合，不断增强化工过程数据获取能力，强化全过程一体化管控，推进数字孪生创新应用，打造3～5家面向行业的特色专业型工业互联网平台及化肥、轮胎等基于工业互联网的产业链监测系统。二是发布石化化工行业智能制造标准体系建设指南，推进数字化车间、智能工厂、智慧园区等示范标杆引领，强化工业互联网赋能。

加快绿色低碳发展。一是发挥碳固定碳消纳优势，有序推动石化化工行业重点领域节能降碳，推进炼化、煤化工与"绿电""绿氢"等产业耦合以及二氧化碳规模化捕集、封存、驱油和制化学品等示范。二是发展清洁生产，构建全生命周期绿色制造体系。积极发展生物化工，基于非粮生物质制造大宗化学品，强化生物基大宗化学品与现有化工产业链衔接，实现对传统化石基产品的部分替代。三是促进行业间耦合发展，提高资源循环利用效率。有序发展和科学推广生物可降解塑料，推动废塑料、废弃橡胶等废旧化工材料循环利用。

夯实安全发展基础。一是提升技术和管理水平，压实安全生产主体责任，推进实施责任关怀。鼓励企业采用先进适用技术改造提升，推进高危工艺安全化改造和替代，提升本质安全水平。二是增强炼化行业轻质低碳原料、化肥行业磷钾矿产资源保障，稳妥推进磷化工"以渣定产"，确保化肥稳定供应，保护性开采萤石资源，鼓励开发利用伴生氟资源，维护产业链供应链安全稳定。

6. 《意见》保障措施

为保障主要目标和重点任务顺利实施，《意见》着眼打好"组合拳"，提出三项保障措施。一是强化组织实施。加强部门协同和上下联动，强化事中事后监管。发挥行业组织桥梁纽带作用，强化行业自律。加强政策宣贯解读，积极回应社会舆论和民众合理关切，切实提升社会公众对石化化工的科学理性认知。二是完善配套政策。加强财政、金融、区域、投资、进出口、能源、生态环境、价格等政策与产业政策的协同，推进银企对接和产融合作，强化知识产权保护，加强化工专业人才培养和从业员工培训，推动首台（套）装备、首批次材料示范应用。三是健全标准体系。建立完善相关产品标准体系、评价标识管理体系和绿色用能监测与评价体系。完善重点产品能耗限额、有毒有害化学物质含量限值和污染物排放限额，制修（订）含碳化工产品碳排放核算以及低碳产品评价等标准。

压力容器管道元件等特种设备行政许可发生新变化

市场监督管理总局于2022年3月29日发布《关于特种设备行政许可有关事项的通知》，明确《市场监管总局关于特种设备行政许可有关事项的公告》（2021年第41号）对特种设备生产和充装单位行政许可改革提出了新的要求（以下简称新许可要求）。通知明确，2022年6月1日起，所有许可的申请、受理及许可证书的发放均应当按新许可要求执行。

1. 关于新旧生产许可实施的过渡

新许可要求实施后的申请。2022年6月1日起，所有许可的申请、受理及许可证书的发放均应当按新许可要求执行。同一单位申请不同产品类别（或不同环节）的许可，应当分别向新许可要求规定的许可机关提出申请。

生产单位许可。2022年5月31日前（含5月31日，下同）发放的特种设备生产和充装单位许可证书继续在原许可范围和有效期内有效，许可到期前按新许可要求受理换证。

已经受理的许可事项。2022年5月31日前已经受理的许可事项，受理机关应当按要求和时限完成相关许可工作，并按照《新旧生产单位许可项目对应表》中对应的新许可级别项目发证。

未受理的许可事项。对2022年5月31日前已经递交申请但由于不符合受理条件未受理的许可事项，许可实施机关发生变化的，在2022年6月1日后申请单位应当向新许可机关重新申请。

许可变更。2022年6月1日后，申请增项或者制造地址、充装地址变更等需要进行现场确认的许可事项，应当按照对应的新许可级别项目发放许可证书。对原由总局实施、按新许可要求由省级市场监管部门实施的许可项目，申请单位应当向省级市场监管部门提交申请，并在取得新证书后向总局提出注销原证书或相应许可项目。对仅申请单位名称、住所、办公地址等不需进行现场确认的变更事项，由原发证机关实施，原许可项目、许可级别和许可范围均保持不变。

2. 关于自我声明承诺换证

允许申请自我声明承诺换证的要求。生产单位在其许可证有效期届满的6个月以前（并且不超过12个月），可申请自我声明承诺换证。有下列情形之一的单位不能申请自我声明承诺换证：在本许可周期内受到特种设备相关行政处罚的；产品在本许可周期内发生特种设备事故或正在接受特种设备事故调查处理的；监督抽查中发现问题被发证机关通报批评或要求进行整改的；有逃避制造监督检验或安装监督检验行为的；本许可周期许可范围内的生产业绩不满足许可规定数量的；被举报或投诉正在接受调查的；持有的许可证是经自我声明承诺换发的。

自我声明承诺换证的自评要求。自我声明承诺换证的单位应当对照许可条件的规定要求进行自评，自评符合许可要求并进行自我承诺的，方可申请。总局负责实施许可项目的自评具体要求可在总局特种设备行政许可网页下载，各省级市场监管部门可参考制订本级负责实施许可项目的自评要求。

3. 其他许可要求

锅炉制造许可。在实施锅炉制造单位许可中，许可证书需要标注限制具体产品范围的，产品范围应按照《特种设备生产单位许可目录》（以下简称《目录》）、《特种设备生产和充装单位许可规则》（以下简称《规则》）中规定的项目限制范围。其中，锅炉部件不应超出《目录》中规定的锅筒、集箱等6个部件的范围，《目录》或《规则》中未列出的产品种类一般不作为限制范围。

压力容器和压力管道设计许可。压力容器的制造单位具备压力容器规则设计或者同时具备分析设计（SAD）的许可条件且仅设计本单位压力容器产品的，可以按制造增项提出申请或者与制造许可一并提出申请。现场评审时，每名规则设计或分析设计的审批人员均应准备至少1套相应的设计文件。

鉴定评审机构开展压力容器规则设计或者分析设计、压力管道设计、压力容器制造单位规则设计或者分析设计评审时，应当对相应设计审批人员的业务能力进行综合考核，并根据实际需要进行现场理论考试或者非现场理论考试。设计审批人员应当统一使用总局压力容器压力管道设计审批人员考试平台（http://cnse.samr.gov.cn）进行理论考试，鉴定评审机构应当将理论考试成绩作为评审报告附件提交给发证机关。

超大型压力容器现场制造。有制造业绩但未到换证期限、或者没有制造业绩的制造单位进行首次现场超大型压力容器制造时，由制造地监检机构确认其具备A3级压力容器制造的资源条件并出具报告，发证机关在证书上备注"含现场制造"，换证时证书上保留该备注。

充装单位许可要求。移动式压力容器充装许可证编号统一规定为TS 9211×××-20××，气瓶充装许可证编号统一规定为TS 421×××-20××。移动式压力容器和气瓶充装许可增加充装介质应当按《规则》"注C-11"和"注D-7"中对换证单位的要求提供相关文件，增加充装地址的按取证单位的要求提供相关文件。

压力管道元件型式试验要求。压力管道元件中的无缝钢管、焊接钢管、有色金属管、球墨铸铁管、金属与金属复合管、非金属材料管、无缝管件、有缝管件、金属与金属复合管件、非金属管件、金属阀门、非金属阀门、金属波纹膨胀节、旋转补偿器、非金属膨胀节、金属密封元件、非金属密封元件、防腐管道元件、井口装置和采油树、节流压井管汇、阻火器以及安全附件中的安全阀、紧急切断阀、爆破片装置应当按照相关安全技术规范规定和标准要求进行型式试验，未通过型式试验并取得型式试验证书的，不得出厂。

在《特种设备型式试验机构核准规则》修订前，压力管道元件中的有色金属管、球墨铸铁管、金属与金属复合管、金属与金属复合管件、阻火器、其他非金属材料管与管件、其他非金属阀门，分别由取得DGX（压力管道用钢管）、DYX（有缝管件、无缝管件）、DYX（阻火器）、DJX（压力管道用非金属管与管件）型式试验资格的特种设备检验检测机构，按照相关安全技术规范和标准进行型式试验。

型式试验报告和型式试验证书。特种设备型式试验报告和型式试验证书应当由型式试验机构上传到全国特种设备型式试验公示平台（http://cnse.samr.gov.cn）进行公示。

进口压力管道元件许可。根据前期试点情况，自2022年6月1日起，进口压力管道管子（A、B）、压力管道阀门（A1、A2、B）的制造单位应当取得《中华人民共和国特种设备生产许可证》，并按相关安全技术规范要求通过型式试验和制造监督检验（或者进口安全性能监督检验），过渡期至2024年5月31日。

机电类特种设备及其部件和安全保护装置。机电类特种设备，以及电梯、起重机械、客运索道部件和安全保护装置等，不再进行型式试验备案，生产单位应当按照型式试验报告和型式试验证书确定的范围开展相应的生产活动。

按照《机电类特种设备制造许可规则（试行）》（国质检锅〔2003〕174号）通过产品型式试验方式取得大型游乐设施制造许可的，原制造许可证不再有效。相关单位应当按照新许可要求通过鉴定评审后取得新许可证，方可继续从事相应制造活动。

对超大型起重机械型式试验备案以及单位许可证中没有涵盖新的产品品种，且已经通过型式试验的，生产单位可按新许可要求提出变更申请，将原许可证（包括备案证书）和型式试验资料一并提交到相应的许可机关。许可机关依据新旧许可目录对应关系，办理原许可证书变更手续。原型式试验备案的证书于2023年6月1日后作废。

作业人员证书。2019年6月1日前发放的作业人员旧版证书在有效期内仍然有效，复审时应当更换新版证书。发证机关参照《特种设备作业人员证书换发对应表》进行转换并颁发证书，对已取消的作业项目不再换发证书。

人员发证信息汇总上传。为便于特种设备作业人员和无损检测人员证书在全国跨省通办，各省级市场监管部门应当负责将本地许可机关实施许可的特种设备作业人员和无损检测人员相关信息及时汇总上传到总局"特种设备人员数据库"，并在全国特种设备公示信息查询平台（http://cnse.samr.gov.cn）同步公示，供公众查询。

无需许可的事项。对于 2022 年 6 月 1 日起无需进行许可且已经受理并未发放证书的项目，发证机关应当终止许可程序，并告知申请者不再纳入许可范围，提醒其加强安全质量管理，落实企业主体责任。

科学技术部等九部门印发《科技支撑碳达峰碳中和实施方案（2022—2030 年）》

2022 年 8 月，科学技术部等九部门印发《科技支撑碳达峰碳中和实施方案（2022—2030 年）》（以下简称《实施方案》），在新能源发电、储能技术、氢能技术等方面提出具体研发目标。《实施方案》统筹提出支撑 2030 年前实现碳达峰目标的科技创新行动和保障举措，并为 2060 年前实现碳中和目标做好技术研发储备，为全国科技界以及相关行业、领域、地方和企业开展碳达峰碳中和科技创新工作的开展起到指导作用。

《实施方案》提出"十大行动"及目标，包括：

1. 能源绿色低碳转型科技支撑行动

到 2030 年，在煤炭清洁高效利用、新能源发电、智能电网、储能技术、可再生能源非电利用、氢能技术、节能技术等方面，大幅提升能源技术自主创新能力，带动化石能源有序替代，推动能源绿色低碳安全高效转型。

2. 低碳与零碳工业流程再造技术突破行动

到 2030 年，形成一批支撑降低粗钢、水泥、化工、有色金属行业二氧化碳排放的科技成果，实现低碳流程再造技术的大规模工业化应用。

3. 城乡建设与交通低碳零碳技术攻关行动

到 2030 年，建筑节能减碳各项技术取得重大突破，科技支撑实现新建建筑碳排放量大幅降低，城镇建筑可再生能源替代率明显提升。

4. 负碳及非二氧化碳温室气体减排技术能力提升行动

力争到 2025 年实现单位二氧化碳捕集能耗比 2020 年下降 20%，到 2030 年下降 30%，实现捕集成本大幅下降。加强气候变化成因及影响、陆地和海洋生态系统碳汇核算技术和标准研究，突破生态系统稳定性、持久性增汇技术，提出生态系统碳汇潜力空间格局，促进生态系统碳汇能力提升。

5. 前沿颠覆性低碳技术创新行动

围绕驱动产业变革的目标，聚焦新能源开发、二氧化碳捕集利用、前沿储能等重点方向基础研究最新突破，加强学科交叉融合，加快建立健全以国家碳达峰碳中和目标为导向、有力宣扬科学精神和发挥企业创新主体作用的研究模式，加快培育颠覆性技术创新路径，引领实现产业和经济发展方式的迭代升级。建立前沿和颠覆性技术的预测、发现和评估预警机制，定期更新碳中和前沿颠覆性技术研究部署。

6. 低碳零碳技术示范行动

开展一批典型低碳零碳技术应用示范，到 2030 年建成 50 个不同类型重点低碳零碳技术应用示范工程，形成一批先进技术和标准引领的节能降碳技术综合解决方案。

7. 碳达峰碳中和管理决策支撑行动

开展碳减排技术预测和评估，提出不同产业门类的碳达峰碳中和技术支撑体系。加强科技创新对碳排放监测、计量、核查、核算、认证、评估、监管以及碳汇的技术体系和标准体系建设的支撑保障，为国家碳达峰碳中和工作提供决策支撑。

8. 碳达峰碳中和创新项目、基地、人才协同增效行动

面向碳达峰碳中和目标需求，国家科技计划着力加强低碳科技创新的系统部署，推动国家绿色低碳创新基地建设和人才培养，加强项目、基地、人才协同，推动组建碳达峰碳中和产教融合发展联盟，推进低碳技术开源体系建设，提升创新驱动合力和创新体系整体效能。建立碳达峰碳中和科技创新中央财政科技经费支持机制，引导地方、企业和社会资本联动投入，支持关键核心技术研发项目和重大示范工程落地。

9. 绿色低碳科技企业培育与服务行动

遴选、支持 500 家左右低碳科技创新企业，培育一批低碳科技领军企业。支持科技企业积极主持参与国家科计划项目，加快提升企业低碳技术创新能力。

10. 碳达峰碳中和科技创新国际合作行动

深度参与全球绿色低碳创新合作，拓展与有关国家、有影响力的双边和多边机制的绿色低碳创新合作，组织实施碳中和国际科技创新合作计划，支持建设区域性低碳国际组织和绿色低碳技术国际合作平台，充分参与清洁能源多边机制，深入开展"一带一路"科技创新行动计划框架下碳达峰碳中和技术研发与示范国际合作，探讨发起碳中和科技创新国际论坛。

鼓励社会资本进入油气勘探开采领域

2022年12月14日，中共中央、国务院印发《扩大内需战略规划纲要（2022—2035年）》（以下简称《规划纲要》），强调要着力提升能源和战略性矿产资源等领域的供应保障能力，强化能源资源安全保障。

其中，涉及油气产业方面，《规划纲要》提出：增强国内生产供应能力。推动国内油气增储上产，加强陆海油气开发，推动页岩气稳产增产，提升页岩油开发规模；引导和鼓励社会资本进入油气勘探开采领域；稳妥推进煤制油气，规划建设煤制油气战略基地；深入实施找矿突破战略行动，开展战略性矿产资源现状调查和潜力评价，积极开展现有矿山深部及外围找矿，延长矿山服务年限。持续推进矿山智能化、绿色化建设；加快全国干线油气管道建设，集约布局、有序推进液化天然气接收站和车船液化天然气加注站规划建设；聚焦保障煤电油气运安全稳定运行，强化关键仪器设备、关键基础软件、大型工业软件、行业应用软件和工业控制系统、重要零部件的稳定供应，保证核心系统运行安全。

《规划纲要》主要内容包括：

一、规划背景

（一）我国扩大内需已取得显著成效

改革开放以来，特别是党的十八大以来，我国在深度参与国际产业分工的同时，不断提升国内供给质量水平，着力释放国内市场需求，促进形成强大国内市场，内需对经济发展的支撑作用明显增强。

投资关键作用更好发挥。我国资本形成总额占国内生产总值的比重保持在合理水平，为优化供给结构、推动经济平稳发展提供了有力支撑。基础设施建设水平全面提升，全国综合运输大通道加快贯通，一批重大水利设施建成使用。5G等新型基础设施建设加快推进，重大科技项目建设取得显著成就，高技术产业投资持续较快增长。医疗卫生、生态环保、农业农村、教育等领域短板弱项加快补齐。

国内市场运行机制不断健全。高标准市场体系加快建设，"放管服"改革持续深化，营商环境不断优化，要素市场化配置、产权制度等重点改革稳步推进，流通体系加快健全，社会保障制度逐步完善，统筹城乡的基本公共服务体系加快形成，市场活力得到有效激发。

国际国内市场联系更加紧密。我国国内生产总值超过110万亿元，已成为全球第二大商品消费市场，带动进口规模持续扩大、结构不断优化。国际经贸合作扎实推进，对外开放高地建设进展显著，我国成为最具吸引力的外资流入国之一，利用外资质量不断提高，我国市场与全球市场进一步协调发展、互惠互利。

（二）重大意义

实施扩大内需战略是满足人民对美好生活向往的现实需要。我国经济由高速增长阶段转向高质量发展阶段，发展要求和发展条件都呈现新特征，特别是人民对美好生活的向往总体上已经从"有没有"转向"好不好"，呈现多样化、多层次、多方面的特点。解决人民日益增长的美好生活需要和不平衡不充分的发展之间的矛盾，必须坚定实施扩大内需战略，固根基、扬优势、补短板、强弱项，通过增加高质量产品和服务供给，满足人民群众需要，促进人的全面发展和社会全面进步，推动供需在更高水平上实现良性循环。

实施扩大内需战略是充分发挥超大规模市场优势的主动选择。大国经济具有内需为主导的显著特征。内需市场一头连着经济发展，一头连着社会民生，是经济发展的主要依托。

实施扩大内需战略是应对国际环境深刻变化的必然要求。世界百年未有之大变局加速演进，国际力量对比深刻调整，新冠肺炎疫情影响广泛深远，世界经济增长不平衡不确定性增大，单边主义、保护主义、霸权主义对世界和平与发展构成威胁。面对复杂严峻的外部环境，必须坚定实施扩大内需战略，以自身的稳定发展有效应对外部风险挑战。

实施扩大内需战略是更高效率促进经济循环的关键支撑。构建新发展格局关键在于经济循环的畅通无阻。促进国内大循环更为顺畅，必须坚定实施扩大内需战略，打通经济循环堵点，夯实国内基本盘；实现国内国际双循环相互促进，也必须坚定实施扩大内需战略，更好依托国内大市场，有效利用全球要素和市场资源，更高效率实现内外市场联通，促进发展更高水平的国内大循环。

（三）机遇和挑战

进入新发展阶段，我国国内市场基础更加扎实，实施扩大内需战略的环境条件深刻变化。我国正处于新型工业化、信息化、城镇化、农业现代化快速发展阶段，与发达国家相比，在很多方面还有较大投资空间，投资需求潜力巨大。同时，中国特色社会主义制度优势显著，宏观经济治理能力持续提升，改革创新不断孕育新的发展动力，全国统一大市场加快建设，商品和要素流通制度环境持续改善，我国生产要素质量和配置水平显著提升，国内市场空间更趋广阔。

同时要看到，我国扩大内需仍面临不少制约。劳动力、土地、环境等要素趋紧制约投资增长,创新能力不能完全适应高质量发展要求,群众个性化、多样化消费需求难以得到有效满足;城乡区域发展和收入分配差距较大,民生保障存在短板,财政金融等领域风险隐患不容忽视,制约内需潜力释放的体制机制堵点仍然较多;国际竞争日趋激烈,把我国打造成国际高端要素资源的"引力场"任重道远。

综合来看,我国扩大内需机遇和挑战都有新的发展变化,总体上机遇大于挑战。必须坚定实施扩大内需战略,准确把握国内市场发展规律,未雨绸缪,趋利避害,在危机中育先机、于变局中开新局,不断释放内需潜力,充分发挥内需拉动作用,建设更加强大的国内市场,推动我国经济平稳健康可持续发展。

二、总体要求

(四)指导思想

以习近平新时代中国特色社会主义思想为指导,坚持稳中求进工作总基调,立足新发展阶段,完整、准确、全面贯彻新发展理念,构建新发展格局,以推动高质量发展为主题,以深化供给侧结构性改革为主线,以改革创新为根本动力,以满足人民日益增长的美好生活需要为根本目的,坚持系统观念,更好统筹发展和安全,牢牢把握扩大内需这个战略基点,加快培育完整内需体系,加强需求侧管理,促进形成强大国内市场,着力畅通国内经济大循环,促进国内国际双循环良性互动,推动我国经济行稳致远、社会安定和谐,为全面建设社会主义现代化国家奠定坚实基础。

(五)工作原则

——坚持党的领导,发挥制度优势。
——坚持人民立场,增进民生福祉。
——坚持顶层设计,服务全局战略。
——坚持改革开放,增强内生动力。
——坚持系统观念,强化协同高效。

(六)发展目标

按照全面建设社会主义现代化国家的战略安排,展望2035年,实施扩大内需战略的远景目标是:消费和投资规模再上新台阶,完整内需体系全面建立;新型工业化、信息化、城镇化、农业现代化基本实现,强大国内市场建设取得更大成就,关键核心技术实现重大突破,以创新驱动、内需拉动的国内大循环更加高效畅通;人民生活更加美好,城乡居民人均收入再迈上新的大台阶,中等收入群体显著扩大,基本公共服务实现均等化,城乡区域发展差距和居民生活水平差距显著缩小,全体人民共同富裕取得更为明显的实质性进展;改革对内需发展的支撑作用大幅提升,高标准市场体系更加健全,现代流通体系全面建成;我国参与全球经济合作和竞争新优势持续增强,国内市场的国际影响力大幅提升。

锚定2035年远景目标,综合考虑发展环境和发展条件,"十四五"时期实施扩大内需战略的主要目标是:

——促进消费投资,内需规模实现新突破。

——完善分配格局,内需潜能不断释放。
——提升供给质量,国内需求得到更好满足。
——完善市场体系,激发内需取得明显成效。
——畅通经济循环,内需发展效率持续提升。

(七)重点任务

坚持问题导向,围绕推动高质量发展,针对我国中长期扩大内需面临的主要问题,特别是有效供给能力不足、分配差距较大、流通体系现代化程度不高、消费体制机制不健全、投资结构仍需优化等堵点难点,部署实施扩大内需战略的重点任务。

加快培育完整内需体系。把实施扩大内需战略同深化供给侧结构性改革有机结合起来,按照生产、分配、流通、消费和投资再生产的全链条拓展内需体系,培育由提高供给质量、优化分配格局、健全流通体系、全面促进消费、拓展投资空间等共同组成的完整内需体系。

促进形成强大国内市场。着力挖掘内需潜力,特别是推进新型城镇化和城乡区域协调发展释放内需潜能,进一步做大国内市场规模。通过优化市场结构、健全市场机制、激发市场活力、提升市场韧性,进一步做强国内市场,促进国内市场平稳发展和国际影响力持续提升。

支撑畅通国内经济循环。进一步推进各种要素组合有机衔接和循环流转,形成产品服务增加、社会财富积聚、人民福祉增进、国家实力增强的良性国内经济循环。以强大的国内经济循环为支撑,着力推进高水平对外开放,打造国际高端要素资源"引力场",使国内和国际市场更好联通,以国际循环提升国内大循环效率和水平,实现国内国际双循环互促共进。

三、全面促进消费,加快消费提质升级

最终消费是经济增长的持久动力。顺应消费升级趋势,提升传统消费,培育新型消费,扩大服务消费,适当增加公共消费,着力满足个性化、多样化、高品质消费需求。

(八)持续提升传统消费

提高吃穿等基本消费品质;释放出行消费潜力;促进居住消费健康发展;更好满足中高端消费品消费需求。

(九)积极发展服务消费

扩大文化和旅游消费;增加养老育幼服务消费;提供多层次医疗健康服务;提升教育服务质量;促进群众体育消费;推动家政服务提质扩容;提高社区公共服务水平。

(十)加快培育新型消费

支持线上线下商品消费融合发展。加快传统线下业态数字化改造和转型升级。丰富5G网络和千兆光网应用场景。加快研发智能化产品,支持自动驾驶、无人配送等技术应用。发展智慧超市、智慧商店、智慧餐厅等新零售业态。健全新型消费领域技术和服务标准体系,依法规范平台经济发展,提升新业态监管能力。

培育"互联网+社会服务"新模式。做强做优线上学习服务,推动各类数字教育资源共建共享。积极发展"互联网+医疗健康"服务,健全互联网诊疗收费政策,将符合条件的互联网医疗服务项目按程序纳入医保支付范围。深入发展在线文娱，鼓励传统线下文化娱乐业态线上化，支持打造数字精品内容和新兴数字资源传播平台。鼓励发展智慧旅游、智慧广电、智能体育。支持便捷化线上办公、无接触交易服务等发展。

促进共享经济等消费新业态发展。拓展共享生活新空间，鼓励共享出行、共享住宿、共享旅游等领域产品智能化升级和商业模式创新，完善具有公共服务属性的共享产品相关标准。打造共享生产新动力，鼓励企业开放平台资源，充分挖掘闲置存量资源应用潜力。鼓励制造业企业探索共享制造的商业模式和适用场景。顺应网络、信息等技术进步趋势，支持和引导新的生活和消费方式健康发展。

发展新个体经济。支持社交电商、网络直播等多样化经营模式，鼓励发展基于知识传播、经验分享的创新平台。支持线上多样化社交、短视频平台规范有序发展，鼓励微应用、微产品、微电影等创新。

（十一）大力倡导绿色低碳消费

积极发展绿色低碳消费市场。健全绿色低碳产品生产和推广机制。促进居民耐用消费品绿色更新和品质升级。大力发展节能低碳建筑。完善绿色采购制度，加大政府对低碳产品采购力度。建立健全绿色产品标准、标识、认证体系和生态产品价值实现机制。加快构建废旧物资循环利用体系，规范发展汽车、动力电池、家电、电子产品回收利用行业。

倡导节约集约的绿色生活方式。深入开展绿色生活创建。推进绿色社区建设。按照绿色低碳循环理念规划建设城乡基础设施。倡导绿色低碳出行，发展城市公共交通，完善城市慢行交通系统。完善城市生态和通风廊道，提升城市绿化水平。深入实施国家节水行动。持续推进过度包装治理，倡导消费者理性消费，推动形成"节约光荣、浪费可耻"的社会氛围。

四、优化投资结构，拓展投资空间

善于把握投资方向，消除投资障碍，聚焦关键领域和薄弱环节，努力增加制造业投资，加大重点领域补短板力度，系统布局新型基础设施，着力提高投资效率，促进投资规模合理增长、结构不断优化，增强投资增长后劲。

（十二）加大制造业投资支持力度

围绕推动制造业高质量发展、建设制造强国，引导各类优质资源要素向制造业集聚。加大传统制造业优化升级投资力度，扩大先进制造领域投资，提高制造业供给体系质量和效率。加大制造业技术改造力度，支持企业应用创新技术和产品实施技术改造。完善促进制造业发展的政策制度，降低企业生产经营成本，提升制造业盈利能力。加强制造业投资的用地、用能等要素保障。创新完善制造业企业股权、债券融资工具。

（十三）持续推进重点领域补短板投资

加快交通基础设施建设。

加强能源基础设施建设。提升电网安全和智能化水平，优化电力生产和输送通道布局，完善电网主网架布局和结构，有序建设跨省跨区输电通道重点工程，积极推进配电网改造和农村电网建设，提升向边远地区输配电能力。优化煤炭产运销结构，推进煤矿智能化、绿色化发展，优化建设蒙西、蒙东、陕北、山西、新疆五大煤炭供应保障基地，提高煤炭铁路运输能力。加快全国干线油气管道建设，集约布局、有序推进液化天然气接收站和车船液化天然气加注站规划建设。大幅提高清洁能源利用水平，建设多能互补的清洁能源基地，以沙漠、戈壁、荒漠地区为重点加快建设大型风电、光伏基地。统筹推进现役煤电机组超低排放和节能改造，提升煤电清洁高效发展水平。推动构建新型电力系统，提升清洁能源消纳和存储能力。

加快水利基础设施建设。

完善物流基础设施网络。统筹国家物流枢纽、国家骨干冷链物流基地、示范物流园区等布局建设，优化国家层面的骨干物流基础设施网络，提高跨区域物流服务能力，支撑构建"通道+枢纽+网络"的现代物流运行体系。优化以综合物流园区、专业配送中心、末端配送网点为支撑的商贸物流设施网络。加快建设农产品产地仓储保鲜冷链物流设施，提高城乡冷链设施网络覆盖水平，推动食品产销供的冷链全覆盖。

加大生态环保设施建设力度。全面提升生态环境基础设施水平，构建集污水、垃圾、固废、危废、医废处理处置设施和监测监管能力于一体的环境基础设施体系，形成由城市向建制镇和乡村延伸覆盖的环境基础设施网络。实施重要生态系统保护和修复重大工程。推动建立生态保护补偿制度。全面推进资源高效利用，建设促进提高清洁能源利用水平、降低二氧化碳排放的生态环保设施。

完善社会民生基础设施。

（十四）系统布局新型基础设施

加快建设信息基础设施。建设高速泛在、天地一体、集成互联、安全高效的信息基础设施，增强数据感知、传输、存储、运算能力。加快物联网、工业互联网、卫星互联网、千兆光网建设，构建全国一体化大数据中心体系，布局建设大数据中心国家枢纽节点，推动人工智能、云计算等广泛、深度应用，促进"云、网、端"资源要素相互融合、智能配置。以需求为导向，增强国家广域量子保密通信骨干网络服务能力。

（十五）推进以人为核心的新型城镇化

推进农业转移人口市民化。深化户籍制度改革，建立健全经常居住地提供基本公共服务制度，促进农业转移人口全面融入城市，提高市民化质量。完善财政转移支付与农业转移人口市民化挂钩相关政策。依法保障进城落户农民农村土地承包权、宅基地使用权、集体收益分配权，建立农村产权流转市场体系，健全农户"三权"市场化退出机制和配套政策。

培育城市群和都市圈；推进以县城为重要载体的城镇化建设；推进城市设施规划建设和城市更新。

（十六）积极推动农村现代化

实施乡村建设行动；完善乡村市场体系；丰富乡村经

济形态；健全城乡融合发展体制机制。

（十七）优化区域经济布局

依托区域重大战略打造内需新增长极。以疏解北京非首都功能为"牛鼻子"，持续推动京津冀协同发展。坚持生态优先、绿色发展和共抓大保护、不搞大开发，全面推动长江经济带高质量发展。支持香港、澳门更好融入国家发展大局，积极稳妥推进粤港澳大湾区建设。紧扣"一体化"和"高质量"，提升长三角一体化发展水平。协调上中下游共抓大保护，扎实推进黄河流域生态保护和高质量发展。支持经济发展优势区域增强经济和人口承载能力，提升创新策源能力和全球资源配置能力，促进区域间融合互动、融通补充，培育新增长极，带动全国经济效率整体提升。

推动区域协调发展完善内需增长空间格局。在全国统一大市场框架下充分发挥各地区比较优势，努力实现差异竞争、错位发展，释放区域协调发展的巨大内需潜力。深入推进西部大开发、东北全面振兴、中部地区崛起、东部率先发展，支持欠发达地区、革命老区等特殊类型地区加快发展，加大对民族地区发展支持力度。推动巩固拓展脱贫攻坚成果同乡村振兴有效衔接，完善农村低收入人口和欠发达地区帮扶机制。健全区际利益补偿等促进区域协调发展机制。积极拓展海洋经济发展空间。

供给侧有效畅通可以打通循环堵点、消除瓶颈制约，满足现有需求并进一步引领创造新需求。要面向需求结构变化和供给革命，顺应新一轮科技革命和产业变革趋势，强化科技自立自强，以创新驱动、高质量供给引领和创造新需求，推动供需在更高水平上实现良性循环。

（十八）加快发展新产业新产品

实现科技高水平自立自强。以国家战略性需求为导向优化国家创新体系整体布局，强化以国家实验室为引领的战略科技力量。推进科研院所、高等学校和企业科研力量优化配置、资源共享。健全新型举国体制，确定科技创新方向和重点，改进科研项目组织管理方式。在人工智能、量子信息、脑科学等前沿领域实施一批前瞻性、战略性国家重大科技项目。聚焦核心基础零部件及元器件、关键基础材料、关键基础软件、先进基础工艺和产业技术基础，引导产业链上下游联合攻关。持之以恒加强基础研究，发挥好重要院所、高校的国家队作用，重点布局一批基础学科研究中心。加强科学研究与市场应用的有效衔接，支持产学研协同，促进产业链、创新链、生态链融通发展。强化企业科技创新主体作用。

壮大战略性新兴产业。深入推进国家战略性新兴产业集群发展，建设国家级战略性新兴产业基地。全面提升信息技术产业核心竞争力，推动人工智能、先进通信、集成电路、新型显示、先进计算等技术创新和应用。加快生物医药、生物农业、生物制造、基因技术应用服务等产业化发展。

发展壮大新能源产业。推进前沿新材料研发应用。促进重大装备工程应用和产业化发展，加快大飞机、航空发动机和机载设备等研发，推进卫星及应用基础设施建设。发展数字创意产业。在前沿科技和产业变革领域，组织实施未来产业孵化与加速计划，前瞻谋划未来产业。推动先进制造业集群发展，建设国家新型工业化产业示范基地，培育世界级先进制造业集群。

加强创新产品应用。依托我国超大规模市场和完备产业体系，创造有利于新技术快速大规模应用和迭代升级的独特优势，加速科技成果向现实生产力转化。完善激励和风险补偿机制，推动首台（套）装备、首批次材料等示范应用。建立重要产品快速审评审批机制。

加快推动数字产业化和产业数字化。加强数字社会、数字政府建设，发展普惠性"上云用数赋智"，不断提升数字化治理水平。建立完善跨部门跨区域的数据资源流通应用机制，强化数据安全保障能力，优化数据要素流通环境。加快数据资源开发利用及其制度规范建设，打造具有国际竞争力的数字产业集群，加大中小企业特别是制造业中小企业数字化赋能力度。积极参与数字领域国际规则和标准制定。

激发人才创新活力。遵循人才成长规律和科研活动规律，培养造就更多国际一流的领军人才。加强创新型、应用型、技能型人才培养，壮大高水平工程师和高技能人才队伍。鼓励大型企业与科研院所联合培养科技人才。健全以创新能力、质量、实效、贡献为导向的科技人才评价体系，完善技能人才评价制度。弘扬科学精神和工匠精神，提升全民科学素质。

（十九）积极促进传统产业改造提升

大力发展现代农业。

推进制造业高端化、智能化、绿色化。深入实施工业互联网创新发展战略。促进数据、人才、技术等生产要素在传统产业汇聚，推动企业加快数字化改造。发展智能制造、绿色制造，推动生产方式向柔性、智能、精细化转变。构建多层次资源高效循环利用体系，推进大宗固废综合利用，规范发展再制造产业。

优化区域产业产能布局。发挥各地区比较优势，优化区域分工协作格局。优化石化化工、钢铁等重要基础性产业规划布局，严格控制建设高耗能、高排放项目。不断完善产业结构调整指导目录、西部地区鼓励类产业目录等，支持引导中西部和东北地区依托资源要素禀赋，在充分考虑资源环境承载能力基础上承接国内产业梯度转移。推进老工业基地制造业竞争优势重构。加强对重大生产力布局的统一规划和宏观指导，防止盲目投资和重复建设。

持续推动生产性服务业向高端延伸。发展服务型制造，鼓励制造业企业发展生产性服务业，拓展研发设计、供应链协同、系统解决方案、柔性化定制、全生命周期管理等增值服务，促进制造业企业由提供"产品"向提供"产品+服务"转变，提升价值链。推动现代服务业同先进制造业融合发展。积极发展科技服务业。支持智能制造、流程再造等领域新型专业化服务机构发展。发展研发、设计、检测等生产性服务外包，鼓励电子商务等服务业企业向制造环节拓展。引导研发设计企业与制造业企业嵌入式合作。培育专业化、国际化的知识产权服务品牌机构。聚焦提高要素配置效率，推动供应链金融、信息数据、人力资源等服务创新发展。

（二十）着力加强标准质量品牌建设

健全产品和服务标准体系。建立健全全国统一的强制性国家标准体系。构建现代农业全产业链标准体系，完善制造业高端化标准体系，动态调整消费品安全标准，健全旅游、养老、商贸流通等服务业标准体系。优化企业标准"领跑者"制度。大力发展先进团体标准。加快构建国家现代先进测量体系。加强检验检测体系建设。

持续提高产品和服务质量。加强质量安全监管，推进质量分级，稳步提高消费品质量安全水平。健全质量认证体系，完善质量认证采信机制。加快建设覆盖线上线下的重要产品追溯体系，实施优质服务标识管理制度，促进品质消费。

深入实施商标品牌战略。打造中国品牌，培育和发展中华老字号和特色传统文化品牌。持续办好中国品牌日活动，宣传推介国货精品，增强全社会品牌发展意识，在市场公平竞争、消费者自主选择中培育更多享誉世界的中国品牌。

完善的市场体系可以推动资源配置实现效益最大化和效率最优化，高效的流通体系能够在更大范围更深程度把生产和消费有机联系起来。要推动形成全国统一大市场，加快健全市场体系基础制度，建设现代流通体系，优化生产要素配置，有效提高市场运行和流通效率，促进生产与需求紧密结合。

（二十一）提升要素市场化配置水平

推进劳动力要素有序流动。营造公平就业环境，保障城乡劳动者享有平等就业权利。建立协调衔接的劳动力、人才流动政策体系和交流合作机制，健全统一规范的人力资源市场体系，完善全国统一的人力资源社会保障公共服务平台，推动公共资源由主要按城市行政等级配置向主要按实际服务管理人口规模配置转变。

推动经营性土地要素市场化配置。健全城乡统一的建设用地市场，合理调节土地增值收益。探索建立全国性的建设用地指标和补充耕地指标跨区域交易机制。加快培育发展建设用地二级市场，推进产业用地市场化配置，推动不同产业用地类型合理转换，探索增加混合产业用地供给。完善城乡基准地价、标定地价的制定与发布制度，逐步形成与市场价格挂钩动态调整机制。充分利用市场机制盘活存量土地和低效用地。

完善知识、技术、数据要素配置机制。深化科技成果使用权、处置权、收益权改革，完善职务科技成果转化激励机制。加大科研单位改革力度，支持科研事业单位试行更灵活的岗位、薪酬等管理制度。建立健全高等学校、科研机构、企业间创新资源自由有序流动机制。建设国家知识产权和科技成果产权交易机构。完善数据要素市场化配置机制，建立数据资源产权、交易流通、跨境传输、安全保护等基础制度和标准规范。

（二十二）加快建立公平统一市场

完善公平竞争的市场秩序。在要素获取、准入许可、经营运行、标准制定、招投标、政府采购等方面，对各类所有制企业平等对待。建立公平开放透明的竞争规则，构建覆盖事前事中事后全环节的竞争政策实施机制，健全公平竞争审查机制，强化公平竞争审查刚性约束。加强和改进反垄断和反不正当竞争执法，完善法律法规。完善市场竞争状况评估制度。

加快构建全国统一大市场。破除地方保护和市场分割，建设高效规范、公平竞争的国内统一市场，破除妨碍生产要素市场化配置和商品服务流通的体制机制障碍，降低全社会交易成本。健全市场准入负面清单制度，全面提升市场准入效能。推进能源、铁路、电信、公用事业等行业竞争性环节市场化改革。深化公共资源交易平台整合共享。合理划分不同层级政府市场监管事权，构建跨区域市场监管机制，有效防止滥用行政权力限制竞争。

（二十三）建设现代流通体系

优化现代商贸体系。

发展现代物流体系。

（二十四）完善促进消费的体制机制

持续释放服务消费潜力。实施宽进严管，对可以依靠市场充分竞争提升供给质量的服务消费领域取消准入限制。对于电力、油气等行业中具有自然垄断属性的服务领域，根据不同行业特点实行网运分开，放宽上下游竞争相对充分服务业准入门槛。按照政事分开、事企分开、管办分离的要求，持续推进教育、科技、文化、卫生、体育等领域事业单位改革。

加强消费者权益保护。建立健全适应消费新业态新模式发展特点的新型监管机制。建立假冒伪劣产品惩罚性巨额赔偿制度。健全缺陷产品召回、产品伤害监测、产品质量担保等制度，完善多元化消费维权机制和纠纷解决机制。严格食品药品监管，确保安全。强化重点商品和服务领域价格监管，维护市场价格秩序。

（二十五）推进投融资体制改革

加大对民间投资支持和引导力度。坚持毫不动摇巩固和发展公有制经济，毫不动摇鼓励、支持、引导非公有制经济发展，促进公有制经济和非公有制经济优势互补、共同发展。完善支持政策，发挥政府资金引导带动作用，引导民间资本参与新型基础设施、新型城镇化、交通水利等重大工程和补短板领域建设。鼓励民营企业增加研发投入，推动设备更新和技术改造，扩大战略性新兴产业投资，提高自主创新能力，掌握拥有自主知识产权的核心技术。鼓励和引导非国有资本投资主体通过参股控股、资产收购等多种形式，参与国有企业改制重组。切实保护民营企业的合法权益，培育和维护公平竞争的投资环境。加强对民营企业的服务、指导和规范管理。

持续完善投资管理模式。协同推进投资审批制度改革，规范有序推广企业投资项目承诺制、区域评估、标准地改革等投资审批创新经验，加强投资决策与规划和用地、环评的制度衔接。完善投资法规制度和执法机制，健全地方配套制度体系。加强投资项目特别是备案类项目的事中事后监管。建立健全投资审批数据部门间共享机制，推动投资审批权责"一张清单"、审批数据"一体共享"、审批事项"一网通办"。

健全投资项目融资机制。持续优化政府投资结构，加大对补短板领域支持力度。有序推动基础设施领域不动产投资信托基金健康发展。通过多种方式盘活存量资产，形成存量资产和新增投资的良性循环。规范有序推进政府和社会资本合作。鼓励金融机构依法合规提供更多直达实体经济的金融产品和服务。健全政府性融资担保体系。增强资本市场对实体经济的融资功能，提高直接融资特别是股权融资比重。扩大债券融资规模，推进债券市场互联互通。

（二十六）优化营商环境激发市场活力

深化"放管服"改革。持续深化行政审批制度改革和商事制度改革，减少和优化涉企经营许可事项，改革完善生产许可制度，简化工业产品生产许可证审批程序。加快建立全方位、多层次、立体化监管体系，实现事前事中事后全链条全领域监管。提升企业开办标准化、规范化、便利化水平，简化普通注销程序，建立健全企业破产和自然人破产制度。加快推动市场数据跨部门共享，规范商业机构数据公开使用与发布。完善营商环境评价体系。

健全现代产权制度。加强产权保护和激励，完善以公平为原则的产权保护制度，完善产权执法司法保护制度，全面依法平等保护各类产权。强化知识产权全链条保护，提升知识产权审查能力，建立健全知识产权侵权快速反应、惩罚性赔偿等机制。加强数据、知识、环境等领域产权制度建设，完善自然资源资产产权制度和法律法规。完善国有产权交易制度，完善农村集体产权确权和保护制度。

完善社会信用体系。推进信用法治建设，健全社会信用法律法规和政策体系。依法依规加强信用信息归集、共享、公开、应用，建立公共信用信息同金融信息共享整合机制。建立健全以信用为基础的新型监管机制，加强企业信用状况综合评价，推广信用承诺和告知承诺制，依法依规健全守信激励和失信惩戒机制。强化消费信用体系建设。加强诚信文化建设和宣传教育，营造公平诚信的市场环境和社会环境。

（二十七）发挥对外开放对内需的促进作用

高质量共建"一带一路"。推进基础设施互联互通，拓展第三方市场合作。构筑互利共赢的产业链供应链合作体系，深化国际产能合作，扩大双向贸易和投资，健全多元化投融资体系。加快推进西部陆海新通道高质量发展，提高中欧班列开行质量，推动国际陆运贸易规则制定。支持各地深化与共建"一带一路"国家交流合作。

持续提升利用外资水平。推进投资便利化，稳步推动规则、规制、管理、标准等制度型开放，健全外商投资准入前国民待遇加负面清单管理制度，全面深入落实准入后国民待遇，促进内外资企业公平竞争。鼓励外商投资中高端制造、高新技术和现代服务产业。加强外商投资合法权益保护。促进引资与引智更好结合，鼓励外资企业进一步融入我国创新体系。

打造高水平、宽尺度、深层次的开放高地。坚持推动更高水平开放与区域协调发展相结合，协同推动扩大内陆开放、加快沿边开放、提升沿海开放层次。建设好各类开发开放平台和载体，加快培育更多内陆开放高地。发挥京津冀、长三角、粤港澳大湾区等地区先导示范效应，打造面向东北亚、中亚、南亚、东南亚的沿边开放合作门户。赋予自由贸易试验区更大改革自主权。稳步推进海南自由贸易港建设，建立中国特色自由贸易港政策和制度体系。

稳步推进多双边贸易合作。实施自由贸易区提升战略，做好区域全面经济伙伴关系协定生效后实施工作，推动商签更多高标准自由贸易协定和区域贸易协定。促进我国与周边国家地区农业、能源、服务贸易、高新技术等领域合作不断深化。推进国际陆海贸易新通道建设。优化促进外贸发展的财税政策，不断完善与我国经济发展水平相适应的关税制度。

扩大重要商品和服务进口。拓宽优质消费品、先进技术、重要设备、关键零部件和重要能源资源进口渠道。支持国内产业转型升级需要的技术、设备及零部件进口，鼓励研发设计、节能环保、环境服务等生产性服务进口。扩大与人民生活密切相关的优质商品、医药产品和康复服务等进口。支持边境贸易创新发展。持续办好中国国际进口博览会、中国进出口商品交易会、中国国际服务贸易交易会、中国国际消费品博览会等，推动进口规模扩大、结构优化、来源多元化。

共同富裕是社会主义的本质要求，是中国式现代化的重要特征。坚持以人民为中心的发展思想，在高质量发展中促进共同富裕，正确处理效率和公平的关系，完善收入分配格局，构建初次分配、再分配、三次分配协调配套的基础性制度安排，加大税收、社保、转移支付等调节力度并提高精准性，扩大中等收入群体比重，增加低收入群体收入，合理调节高收入，取缔非法收入，促进社会公平正义，促进人的全面发展，增强内需发展后劲。

（二十八）持续优化初次分配格局

提升就业质量增加劳动者劳动收入。持续实施就业优先战略，坚持经济发展就业导向，扩大就业容量，提升就业质量，促进充分就业。注重缓解结构性就业矛盾，加快提升劳动者技能素质，发展现代职业教育，健全终身职业技能培训制度。加快新一代信息技术与制造业深度融合，挖掘新产业新业态新模式带动就业潜力，创造更多更高质量更高收入的就业岗位。健全就业公共服务体系、劳动关系协调机制，完善重点群体就业支持体系。加快乡村产业振兴，积极促进农民工就业，增加农村居民工资性收入。

提高劳动报酬在初次分配中的比重。坚持居民收入增长和经济增长基本同步、劳动报酬提高和劳动生产率提高基本同步，增加劳动者特别是一线劳动者劳动报酬。完善企业薪酬调查和信息发布制度，健全劳动者工资决定、合理增长和支付保障机制，健全最低工资标准调整机制。改革完善事业单位工资、国有企业工资分配等制度。积极推行工资集体协商制度。实施渐进式延迟法定退休年龄。

健全各类生产要素参与分配机制。构建知识、技术、数据等创新要素参与收益分配机制，强化以增加知识价值为导向的分配政策，发挥工资激励保障作用。完善国有企业科技人才薪酬激励政策。完善股份制企业特别是上市公司分红制度。完善股票发行、信息披露等制度，推动资本市场规范健康发展。创新更多适应家庭财富管理需求的金融产品，增加居民投资收益。探索通过土地、资本等要素使用权、收益权增加中低收入群体要素收入。

扩大中等收入群体规模。通过开展示范区建设等，探索扎实推动共同富裕的有效路径。推进高等学校和职业院校毕业生、技能型劳动者、农民工等群体稳定增收，培育高素质农民，完善小微创业者扶持政策，支持个体工商户、灵活就业人员等群体勤劳致富，使更多普通劳动者通过自身努力进入中等收入群体。健全公共服务体系，合理减轻中等收入群体负担。

（二十九）逐步健全再分配机制

加大财税制度对收入分配的调节力度。健全直接税体系，完善综合与分类相结合的个人所得税制度，加强对高收入者的税收调节和监管。完善中央与地方财政事权和支出责任划分，推动教育、养老、医疗、住房保障等基本公共服务均等化。完善转移支付制度，重点加大对发展水平相对落后地区的转移支付力度。有序增加社会民生领域资金投入，优化教育支出结构。

健全社会保障制度。推进基本养老保险由制度全覆盖到法定人群全覆盖，完善灵活就业人员参加职工社会保险制度。发展企业年金、职业年金，规范发展第三支柱养老保险。完善基本医疗保险制度，健全重特大疾病医疗保险和救助制度，支持商业健康保险发展。实现企业职工基本养老保险全国统筹，推动基本医疗保险、失业保险省级统筹，巩固完善工伤保险省级统筹。健全社会保障待遇调整机制。完善社会救助制度兜底功能。完善帮扶残疾人、孤儿等社会福利制度。健全退役军人工作体系和保障制度。

（三十）重视发挥第三次分配作用

发展慈善事业。建立健全慈善事业发展体制机制，规范培育发展慈善组织。完善慈善褒奖制度，引导支持有意愿有能力的企业和社会群体积极参与公益慈善事业。

健全志愿服务体系。发展社会工作服务机构和志愿服务组织，壮大志愿者队伍，搭建更多志愿服务平台，全面提升志愿服务水平。广泛开展志愿服务关爱行动。探索建立文明实践积分银行，将志愿服务活动、践行文明行为等纳入积分管理，促进形成志愿服务良好社会氛围。

把安全发展贯穿扩大内需工作各领域和全过程，着力提升粮食、能源和战略性矿产资源等领域供应保障能力，有效维护产业链供应链稳定，不断提高应对突发应急事件能力，为国内市场平稳发展提供坚强安全保障。

（三十一）保障粮食安全

推进粮食稳产增产。

健全粮食产购储加销体系。

加强种子安全保障。

（三十二）强化能源资源安全保障

增强国内生产供应能力。推动国内油气增储上产，加强陆海油气开发。推动页岩气稳产增产，提升页岩油开发规模。引导和鼓励社会资本进入油气勘探开采领域。稳妥推进煤制油气，规划建设煤制油气战略基地。深入实施找矿突破战略行动，开展战略性矿产资源现状调查和潜力评价，积极开展现有矿山深部及外围找矿，延长矿山服务年限。持续推进矿山智能化、绿色化建设。

（三十三）增强产业链供应链安全保障能力

推进制造业补链强链。实施产业基础再造工程，健全产业基础支撑体系，加强产业技术标准体系建设。巩固拓展与周边国家产业链供应链合作，共同维护国际产业链供应链稳定运行。实施制造业供应链提升工程，构建制造业供应链生态体系。围绕重点行业产业链供应链关键原材料、技术、产品，增强供应链灵活性可靠性。

保障事关国计民生的基础产业安全稳定运行。聚焦保障煤电油气运安全稳定运行，强化关键仪器设备、关键基础软件、大型工业软件、行业应用软件和工业控制系统、重要零部件的稳定供应，保证核心系统运行安全。保障居民基本生活必需品产业链安全，实现极端情况下群众基本生活不受大的影响。

（三十四）推动应急管理能力建设

增强重特大突发事件应急能力。加强应急物资装备保障体系建设，强化公共卫生、灾害事故等领域应急物资保障，完善中央、省、市、县、乡五级应急物资储备网络。建设国家级应急物资储备库，升级地方应急物资储备库和救援装备库，中央应急物资储备向中西部地区和灾害多发易发地区倾斜。优化重要应急物资产能区域布局，实施应急产品生产能力储备工程，引导企业积极履行社会责任建立必要的产能储备，建设区域性应急物资生产保障基地，完善国家应急资源管理平台。健全应急决策支撑体系，建设应急技术装备研发实验室。加快提升应急物流投送与快速反应能力，完善应急广播体系。

加强应急救援力量建设。完善航空应急救援体系，推进新型智能装备、航空消防大飞机、特种救援装备、特殊工程机械设备研发配备。加大综合性消防救援队伍和专业救援队伍、社会救援队伍建设力度，推动救援队伍能力现代化。推进城乡公共消防设施建设，推进重点场所消防系统改造。强化危险化学品、矿山、道路交通等重点领域生命防护，提高安全生产重大风险防控能力。

推进灾害事故防控能力建设。支持城乡防灾基础设施建设，完善防汛抗旱、防震减灾、防风抗潮、森林草原防灭火、地震地质灾害防治等骨干设施。提升城市防洪排涝能力，逐步建立完善防洪排涝体系。优化国土空间防灾减灾救灾设施布局，推进公共基础设施安全加固，加快构建城乡应急避难场所体系。加强防灾减灾救灾和安全生产科技信息化支撑能力，加快构建天空地一体化灾害事故监测预警体系和应急通信体系。发展巨灾保险。

五、实施保障

（三十五）加强党的全面领导

各地区各部门要深入学习贯彻习近平新时代中国特色社会主义思想，增强"四个意识"、坚定"四个自信"、做到"两个维护"，不断提高政治判断力、政治领悟力、政治执行力，不断提高把握新发展阶段、贯彻新发展理念、构建新发展格局的政治能力、战略眼光、专业水平，抓好重大任务和政策落实。充分调动各有关方面实施扩大内需战略的积极性、主动性、创造性，为实现规划纲要确定的主要目标提供坚强组织保障。

（三十六）完善组织协调机制

各有关部门要加强实施扩大内需战略部际协调，发挥统筹协调作用，推动落实扩大内需各项工作；定期编制扩大内需战略实施方案，进一步细化实化规划纲要明确的重大任务和重大政策。地方各级政府要因地制宜积极作为，把实施扩大内需战略纳入经济社会发展规划，结合实际制定本地区扩大内需战略政策措施，压实地方落实扩大内需战略责任，创新规划纲要组织实施方式，发挥各方面作用，坚决杜绝形式主义、官僚主义。

（三十七）强化政策协同配合

完善宏观经济治理，不断创新和完善宏观调控，强化宏观政策对实施扩大内需战略的统筹支持。着力发挥规划纲要导向作用，加强财政、货币、就业、产业、投资、消费、环保、区域等政策的协同配合，推动形成扩大内需的政策合力。密切跟踪分析政策落实情况及内需形势变化，加强扩大内需政策研究储备，完善政策制定和执行机制，强化政策成效评估，保障战略目标顺利实现。

（三十八）加大宣传引导力度

各地区各有关部门要加强扩大内需战略的宣传和引导，综合运用各种媒体，通过大众喜闻乐见的形式深入解读扩大内需战略的新举措新要求，进一步营造浓厚社会氛围。及时总结规划纲要实施成效，充分挖掘各地区和不同行业、企业在扩大内需方面的成功案例，通过多种形式及时总结推广好经验好做法。

市场监管总局等十八部委印发《进一步提高产品、工程和服务质量行动方案（2022—2025年）》

为贯彻落实党中央、国务院关于加快建设质量强国的决策部署，深入实施质量提升行动，进一步提高产品、工程和服务质量，市场监管总局等十八部委印发《进一步提高产品、工程和服务质量行动方案（2022—2025年）》。该方案主要内容包括：

一、总体要求

以习近平新时代中国特色社会主义思想为指导，全面贯彻党的二十大精神，立足新发展阶段，完整、准确、全面贯彻新发展理念，构建新发展格局，推动高质量发展，树立质量第一的强烈意识，围绕提高供给体系质量，直面市场需求和群众关切，聚焦突出问题、明显短板和发展关键，坚持一个一个行业抓、一类一类产品抓，着力打通一批产业链供应链质量堵点，攻克一批关键核心技术质量难点，化解一批民生消费领域质量痛点，更好支撑现代产业体系优化升级，更大力度保障优质产品、工程和服务有效供给，不断增强人民群众获得感、幸福感、安全感。

到2025年，质量供给与需求更加适配，农产品食品合格率进一步提高，消费品优质供给能力明显增强，工业品质量稳步向中高端迈进，建筑品质和使用功能不断提高；生产性服务加快向专业化和价值链高端延伸，生活性服务可及性、便利性和公共服务质量满意度全面提升。

二、推动民生消费质量升级

（一）扩大安全优质农产品食品供给。

（二）增强儿童老年人残疾人用品适用性。

（三）促进日用消费品升级迭代和文体用品创新发展。

（四）推动建筑工程品质提升。进一步完善建筑性能标准，合理确定节能、无障碍、适老化等建筑性能指标。探索建立建筑工程质量评价制度，鼓励通过政府购买服务等方式，对地区工程质量状况进行评估。加快推进工程质量管理标准化建设，推动落实工程质量安全手册制度。强化住宅工程质量管理，探索推进住宅工程质量信息公示。开展预拌混凝土质量专项抽查和工程质量检测专项治理行动，依法严厉查处质量不合格和检测数据造假等违法违规行为。加强绿色建材推广应用，开展绿色建材下乡活动。

三、增强产业基础质量竞争力

（五）提高基础件通用件质量性能。加强基础共性技术研究，提升轴承、齿轮、紧固件、液气密件、液压件、泵阀、模具、传感器等核心基础零部件（元器件）可靠性、稳定性，延长使用寿命。加快设计、制造工艺软件国产化应用，推进电子设计自动化参考架构标准化，研发高端芯片关键装备和仪器。加强高端仪器仪表计量测试技术研究和应用，提高设备精度、稳定性和标校技术水平。

（六）强化材料质量保障能力。提高通用钢材、航空铝材、基础化工原料、水泥、平板玻璃等质量稳定性、可靠性和耐久性。加快冶金、化工、纺织、建材、林产工业等行业标准制（修）订工作。加强在一定条件下具有易燃危险性的工业原材料出厂质量安全控制和抽检。实施新材料标准领航行动和计量测试能力提升工程，提升稀土、石墨烯、特种合金、精细陶瓷、液态金属等质量性能，加快先进半导体材料和碳纤维及其复合材料的标准研制，加强新材料制备关键技术攻关和设备研发。

（七）提升装备产品质量可靠性。提升电子装备、数控机床和工业机器人的安全性和可靠性水平，加快数控系统、关键功能部件、整机、系统集成方案升级和推广应用。加快标准升级迭代，主粮作物收获机械、拖拉机平均故障间隔时间指标分别提高到80小时、250小时以上。突破工程机械稳定性设计、控制和传动系统关键零部件制造工艺技术，推动挖掘机、装载机、推土机和非公路自卸车等平均失效间隔时间比现行国家标准提高60%以上。提升电动交通工具和电池驱动非道路移动机械等的安全可靠性。完善起重机械安全技术规范，推动桥式、门式起重机设置不同形式高度限位装置。加强重大工程设备监理。

四、引导新技术新产品新业态优质发展

（八）提升新一代信息技术产品质量。提高移动通信终端、可穿戴设备、超高清视频终端等数字产品智能化水平和消费体验。建立实施数据安全管理认证制度，提升企业数据安全和个人信息保护能力。提高5G网络、数据中心、物联网等新型基础设施建设质量要求，强化IPv6在物联网产品和系统的部署应用。构建云基准测评体系和云服务能力评估体系，提升云计算产品质量和服务能力。

（九）推动新技术与产业深度融合。推动利用人工智能、大数据、区块链、云计算、5G等技术对传统产业进行全链条改造，鼓励企业发展个性化定制、网络化协同、共享化生产等新模式。实施新产业标准化领航工程，围绕新材料、生物技术、医疗器械、数字技术等前沿领域开展标准研究和验证。加强系统融合、时间同步、仿真计量测试技术研究，提升智能网联汽车的环境感知、决策和安全性能。

（十）促进平台企业提供优质产品和服务。支持企业构建形式多样的线上消费场景，探索人机互动新模式，提升网络消费体验。督促平台企业强化平台销售和直播带货产品的质量管控和追溯，依法承担商品和服务质量保证、食品安全保障等责任，切实维护用户个人信息权益及隐私权。深入推进农产品出村进城和"数商兴农"。推动出行服务领域平台企业持续改善用户体验。深入开展国家电子商务示范基地和示范企业创建。

五、促进服务品质大幅提升

（十一）引导居民生活服务高品质发展。

（十二）提高生产流通服务专业化融合化水平。

（十三）提升社会服务效能。

六、以质量变革创新推动质量持续提升

（十四）强化科技创新对质量提升的引领作用。建立科技创新政策和质量政策紧密结合的工作机制，部署实施国家质量基础设施科技项目，加大科研研发计划对质量提升的支持力度，重点面向影响制约产业发展的质量短板问题开展质量关键共性技术研究。鼓励企业加大质量技术创新投入，发展智能制造、绿色制造和服务型制造。推动质量创新成果转化为标准和实现产业化应用。推动大数据、区块链、云计算等与质量管理融合发展，提升质量精准化控制和在线实时检测能力。

中国石油石化设备工业年鉴 2023

行业活动

记录 2022 年石油石化设备行业的主要活动

2022国际能源发展高峰论坛召开

2023年世界地热大会组委会举行第一次全体会议

石化设备维修工程师能力提升公益讲座举办

大型金属零部件增材制造及特种表面工程培训讲座举办

2022年度钢板钢管业务对接会举办

新产品新技术新材料创新成果评选活动举办

CIPPE 2022 石油石化展成功举办

国内首个测井装备联盟成立

2022年中国工矿消防水系统技术高峰论坛举办

三一石油开展服务万里行活动

三一集团发布石油装备App

宝石机械拓展营销服务新空间

中石化工程院大陆架公司检测中心通过CNAS国家实验室认可

2022 国际能源发展高峰论坛召开

2022年12月1日，2022国际能源发展高峰论坛在北京召开。此次论坛以"新形势下的能源转型与能源合作"为主题，紧密结合党的二十大对能源发展的战略部署，深度解析国际环境的新变化、新趋势，就能源发展与安全、能源绿色低碳转型开展国际合作的机遇与挑战进行研讨。国家能源局局长、阿联酋驻华大使、中国石油集团董事长在论坛开幕式上致辞。

国家能源局局长表示，维护能源安全，保护生态环境，应对气候变化，是全球面临的共同挑战。中国立足基本国情和能源资源禀赋，坚持先立后破，有序推进能源结构优化调整，能源高质量发展取得了显著成效。在保障能源市场安全稳定的基础上，加快推进能源转型，赋能绿色低碳发展，凝聚能源变革共识，共同推进全球能源转型进程。处理好能源转型与能源安全的关系，是当前和今后一个时期能源发展的突出任务。中国石油将不断提高清洁能源供给的能力和质量，着力夯实资源基础，打好勘探开发进攻仗，深化国际能源合作，不断提升油气供给能力。坚持绿色低碳发展，将坚定按照清洁替代、战略接替、绿色转型"三步走"的战略部署，加快向"油气热电氢"综合能源供应商转变，积极稳妥推进碳达峰碳中和。

阿联酋驻华大使表示，作为重要的石油生产国和出口国，阿联酋一直在努力实现产业多元化。阿联酋和中国在绿色发展和碳减排方面已经开展了各种合作，期望这些合作进一步深化。

能源转型复杂而且影响深远，其核心是大力推动可再生能源发展，最终实现从化石能源体系向绿色、可持续的可再生能源体系转变。能源转型将对我国油气行业产生重大影响，"十四五"期间油气行业的发展必须顺应这种趋势，在保障国家能源安全的前提下积极推进转型，为未来的发展打好基础。预计到2025年，我国石油需求量约为7.42亿t。其中，汽油需求受到新能源汽车加速发展和燃油效率提升等因素影响，增长较为缓慢，2025年约为1.57亿t；柴油需求维持近年来的持续下降趋势，2025年约为1.40亿t；煤油需求受经济发展和人民生活水平提高的拉动，需求持续增长，2025年将达到4 800万t；燃料油需求基本稳定，2025年约为5 400万t。与此同时，化工原料需求快速增长，2025年将达到2.28亿t，成为石油需求增长的主要动力，石油消费日益从燃料用途向原料用途转变。我国石油产品消费需求变化预测如图1所示。

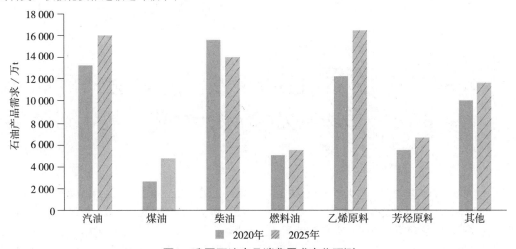

图1 我国石油产品消费需求变化预测

"十四五"期间，在政策及经济的双重影响下，我国天然气需求仍将维持较快速度增长，2025年总需求量预计将达到4 660亿 m^3，碳排放成本成为影响天然气消费的重要因素。我国天然气消费需求变化预测如图2所示。

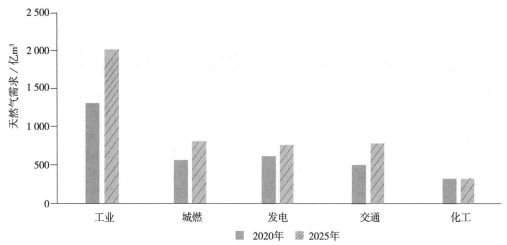

图2　我国天然气消费需求变化预测

其中，在工业领域，天然气消费受经济增长和环保政策拉动持续增长，2025年将达到2 030亿 m^3；在城镇燃气领域，天然气消费受城镇化率、天然气利用政策以及人均用气量等因素影响继续增长，2025年将达到790亿 m^3；在发电领域，天然气消费主要受电力调峰需求影响持续增长，2025年将达到790亿 m^3；在交通领域，天然气消费主要受政策和经济影响，仍维持增长，2025年将达到720亿 m^3；在化工领域，天然气消费主要受国家政策限制，增长缓慢，2025年将达到330亿 m^3。

随着能源转型的推进，能源行业的发展方式将会发生变革，数字化、智能化将提升能源效能，提升能源供给的安全性、稳定性，多种能源互补化将促进油气与其他能源融合发展，创新发展模式以推动实现油气行业可持续发展。

一是数字化、智能化在油气全产业链推广应用，成为价值提升的重要手段；二是油气全产业链将更加清洁化、低碳化，提升生产效率、降低碳排放成为技术创新的主要方向；三是碳中和油气产品、商业模式不断出现，助推油气产业更加重视清洁、低碳发展；四是天然气加快与其他绿色能源融合发展；五是能源供应终端更加受到关注，分布式能源和综合能源站发展需求不断扩大；六是炼化产业继续朝规模化、集群化发展，减油增化趋势明显；七是CCUS为油气产业提供发展机遇，有望成为石油公司新的业务增长点。

油气行业在能源转型过程中起着关键作用，确保我国石油、天然气等传统能源的供给安全稳定，全面提升油气全产业链协作水平，提供安全、清洁的油气资源都是油气行业面临的重大课题。

2023年世界地热大会组委会举行第一次全体会议

2022年4月16日，2023年世界地热大会（WGC）组织委员会第一次全体会议暨WGC2023倒计时一周年活动在北京举行，会议听取了前期筹备情况，研究部署重点工作。

国家能源局局长、中国石化董事长、中国地质调查局副局长出席会议并讲话。中国石化股份公司高级副总裁、WGC2023组委会主任主持会议。国际地热协会（IGA）主席安迪·布莱尔发表视频致辞。

国家能源局局长在讲话中指出，实现碳达峰碳中和，是贯彻新发展理念、构建新发展格局、推动高质量发展的内在要求，是党中央统筹国内国际两个大局作出的重大战略部署。地热能是储量丰富、分布较广、稳定可靠的新能源，大力推动地热能开发利用是做好碳达峰碳中和工作，助力构建绿色低碳安全高效能源体系的重要抓手。我国地热能资源丰富，开发潜力巨大，发展正当其时、大有可为。世界地热大会是全球地热资源领域交流最新成果、最新进展的重要平台，当前大会进入倒计时一周年，组委会和各相关单位要按照服务发展、确保重点、规范管理、精彩务实的总体要求，强化督办责任落实和服务保障，认真做好各项工作，确保大会圆满举办，全面展示我国主动担当大国责任、推动构建人类命运共同体的使命担当。

中国石化董事长致辞时说，中国石化承办第七届世界地热大会，使命光荣、责任重大。我们将始终秉持绿色、安全、廉洁的办会理念，全力支持组委会工作，将大会办出中国特色、办出世界水平，为我国实现"双碳"目标贡献地热力量，为全球地热产业高质量发展贡献中国力量。我们将站位全局、尽锐出战，大力弘扬北京冬奥精神，充分用好服务北京冬奥的成功经验，全力做好各项筹备工作；深化合作、凝聚合力，全力将地热大会办成广大地热人的盛会，激发更多人了解、关注和支持地热产业发展；加快布局、做强产业，让世界感受到中国地热产业的磅礴发展态势。

作为我国地热产业骨干企业之一，中国石化已在22个县（市）分别建成超百万平方米供暖能力，累计供暖能力超8 000万 m^2，未来将持续做强做优做大地热产业，探索走出一条规模化效益化发展之路，丰富我国地热产业发展实践，向世界同行展示我国地热发展的最新成果和光明前景。

中国地质调查局副局长在讲话中指出，在我国地热产业发展即将进入规模效益发展的时代背景下，中国举办世界地热大会必将有力推动我国地热能技术交流与进步，促进地热能产业高质量发展。我们将全力支持并积极参与大会筹备工作，充分发挥专家资源等优势，助力展示我国地热资源勘探成果，为会议的高质量举办贡献力量。

WGC2023组委会主任代表组委会表示，大会筹办工作已进入全力冲刺的关键时期，我们将在统筹协调上聚合力，在组织动员上抓实效，在科研创新上提质量，在氛围营造上展形象，努力将大会办成一届技术含量高、参与范围广、中国特色足的盛会，推动我国地热产业高质量发展。

安迪·布莱尔说，充分利用地热资源供暖与发电，为全球提供可持续能源解决方案，既有利于改善环境，也惠及民众。中国实现地热发展宏伟目标，将对中国和全球产生积极影响。我们诚挚感谢组委会的组织及中国石化的大力支持，相信2023年世界地热大会必将圆满举办。

世界地热大会由国际地热协会主办，是全球热资源领域政、产、学、研各方交流的重要平台。2019年，国家地热能中心依托中国石化，携手中国能源研究会地热专业委员会、中国矿业联合会地热开发管理专业委员会、中国地球物理学会地热专业委员会、中国地质学会地热专业委员会等多家机构，代表中国成功申办2023年第七届世界地热大会。

石化设备维修工程师能力提升公益讲座举办

为贯彻执行中央关于安全生产工作的重要指示和国务院安全生产会议精神，保障石化装置及系统安全、稳定、高效、可靠地长周期运行，满足广大企业对人员管理水平和技术能力提升的需求，中石协炼油与化工设备管理专委会与中国特种设备检测研究院（简称中国特检院）于2022年5月和6月联合举办了工程师能力提升系列公益讲座。

讲座结合当前石化企业生产运行实际，旨在促进石油化工装置维保工程师、专业工程师、质量工程师等人群拓展知识领域，增强职业技能，保障石化企业实现安全高效长周期运行，服务安全生产，促进质量提升。讲座针对企业人员的不同需求，设置了工程师专业基础课程、可靠性进阶课程和质量安全专题课程三部分内容。专业基础课程针对密封、润滑、状态监测、故障诊断和故障处置等五个方面的专业技术，围绕企业安全生产中的常见问题，系统介绍了与设备运行维护相关的专业知识与技能，有针对性地解决生产运行中面临的实际问题；可靠性进阶课程旨在帮助企业设备管理人员了解可靠性基础理论与技术方法，熟悉可靠性数据采集以及工程应用要求；质量安全专题课程结合检维修企业QHSE管理体系运行过程中的疑难点，精选典型案例进行重点解析，助力企业增强核心竞争力，提升质量安全管控水平。

由于疫情防控需要，讲座采用网络教学形式。235家企业分别来自中国石化、中国石油、中国海油、国能集团、中化集团、国家管网所属的炼油、化工、煤化工企业，以及石油化工行业相关制造企业、检维修企业，共计23 500余名石油化工技术和管理人员加入网络教室以及单位集中组织的在线学习。四天的讲座课程收获了6.4万的点赞，得到了行业、企业的一致好评。

讲座由专委会副理事长、中国特检院石化检维修部主任戴澄主持，专委会秘书长、中国石化炼油事业部设备室经理任刚，专委会副理事长、中国石油炼油与化工分公司装备管理处处长赵斌出席并发表讲话。

任刚在开班动员中介绍，中石协炼油与化工设备管理专委会于2021年成立，是由中国石化、中国石油、中国海油等大型石化企业的设备管理部门共同参与成立的非盈利组织，旨在促进炼化企业、行业内的技术交流，提升管理水平，服务炼化企业设备管理，帮助企业解决设备难题。此次公益讲座致力于以丰富的课程内容和贴近日常工作的课程设置，帮助大家结合自身所遇到的问题寻求解决方法，以此达到共享和传递更多知识和信息，提高炼化行业设备管理水平的目的。

赵斌在讲话中提到，此次讲座得民心、顺民意，大家渴望接受培训的意愿非常强烈，学习知识的愿望非常迫切。炼化装置保运和检维修队伍的技术能力和管理水平，是企业安稳、长周期运行的基础，也是当前设备管理的薄弱环节和亟待加强的重要工作。维保和检维修队伍的建设和管理，是当前和今后制约炼化设备管理最大的瓶颈，需以市场化为原则，细化专业分工，提高专业管控标准，有计划、有组织地扶持专业的维保和检维修队伍。他强调，希望通过本次大范围的讲座课程，帮助大家开拓眼界，认识到当前业内最新的管理思路、方法和技术，从而完善自身知识构架，掌握石油、石化集团总部最新要求，了解国家和业内最新的专业技术知识和信息。

中国石化集团高级专家、专委会副理事长王建军，主讲题为"石化设备维修工程师应知应会"的开班第一课。他回顾了炼化企业设备检维修队伍发展的历史，介绍了石化企业设备管理及设备维修的需求，从政策法规和技术要求等方面详细分析了作为优秀维修工程师必须掌握的知识点，强调了工程师需具备宽阔的视野，了解检维修市场的变化、装置工艺技术的风险、石化设备故障诊断以及维护维修的先进技术等，最后明确提出了石化设备工程师要履行职责，积极推动和适应新型保运模式的实施，跟上炼化企业发展的步伐。

"法兰密封结构完整性管理"课程，利用丰富的实际案例，分析了法兰密封的基本原理、相关标准与规范、安装管理流程以及螺栓预紧力计算及紧固方式的分类，为法兰密封完整性管理的现状和未来趋势提供了新的思路和探索。"设备润滑管理与油液监测技术"课程，详细介绍了设备润滑管理与油液监测技术的相关知识，对全面掌握设备润滑知识，加强和规范润滑管理，提升设备管理水平有重要的参考作用。

转动设备故障种类繁多、分析判断困难，却关系重大，涉及到企业生产安全、经济效益等方方面面。"泵用密封选型安装使用维护""转动设备状态监测与故障诊断""转动设备故障分析、判断和处理"和"转动设备典型部件的检查和测量要点"课程，通过从设备选型、日常维护、状态监测到故障处理的方法和技术手段等方面讲解，结合理论知识与丰富的典型故障案例，帮助工程师了解故障的规律、分析故障的模式、判断故障的原因，及时发现问题并有效处理，为装置长周期安全运行，避免重大事故的发生，提供技术思路和方法。

可靠性是设备的重要质量特性，提高设备运行的可靠性水平，加强可靠性管理工作是石化企业实现质量提升和安全稳定运行的基础保障。讲座中可靠性相关课程，帮助企业设备管理人员了解可靠性基础理论知识，熟悉可靠性数据收集、分析与处理等技术方法，解析石化设备基于 FMECA 分析的可靠性维修应用案例，帮助工程师提高工程应用能力，提升设备可靠性分析与维修管理工作水平。

高质量发展在我国经济、社会等多个领域不断推进，为响应国家开展质量提升行动相关政策，助力企业增强核心竞争力、提升质量安全管控水平，讲座以实例解析的方式，深入浅出地讲解了检维修企业 QHSE 管理体系常见问题分析和质量管理体系运行案例，为加强质量管理体系人员队伍建设，提升质量管理人员保持 QHSE 管理体系有效运行的掌控能力，优化提升维修质量标准，提高设备管理质量起到积极的促进作用。

本次讲座践行"拓展知识领域、增强职业技能、服务安全生产、促进质量提升"的理念，服务企业、服务社会，特别是服务石油、石化行业的中小企业，加强全面质量管理，推动质量审计与创新，不断增强我国企业、产业及经济的竞争优势。

大型金属零部件增材制造及特种表面工程培训讲座举办

为发挥行业协会扎根行业、服务企业的独特优势，以实际行动助力稳经济一揽子政策措施迅速落地生效，根据民政部办公厅发布的《关于充分发挥行业协会商会作用 为全国稳住经济大盘积极贡献力量的通知》精神，结合中石协制定的《"防稳促"工作方案》，中石协于 2022 年 6 月 29 日联合大型金属构件增材制造国家工程实验室及北京煜鼎增材制造研究院有限公司举办了"石油石化装备行业重大装备高性能大型金属零部件增材制造及零部件耐磨耐蚀特种表面工程"培训讲座。

石油石化装备行业许多大型、高端装备与工具，受限于材料和制造技术，难以实现突破。包括钛合金在内的特种合金材料制造工艺技术，是当前装备工业发展所依赖的先进技术。提高大型构件的增材制造技术和工艺水平，有助于推动大国重器制造技术的进步。

北京航空航天大学王华明院士长期从事重大装备高性能金属结构材料制备成形、大型关键金属构件增材制造及关键机械运动副零部件特种表面工程技术研究，创建了大型金属构件增材制造国家工程实验室和北京煜鼎增材制造研究院。王华明院士带领团队，历经 30 年持续创新研究，同我国主要航空航天装备设计院所和装备制造企业进行产学研结合，在国际上率先突破了钛合金等高性能大型关键金属结构件激光增材制造工艺、成套装备、材料及工程应用核心关键技术，使我国成为世界唯一突破飞机钛合金大型关键主承力构件激光增材制造技术并实现工程化应用的国家。在本次培训讲座上，王华明院士深入浅出地介绍了高性能金属结构材料制备成形、大型关键金属构件增材制造及关键机械运动副零部件特种表面工程技术研究的发展、现状及最新技术成果。

2022年度钢板钢管业务对接会举办

2022年7月7日，国家石油天然气管网集团有限公司（简称国家管网集团）"2022年度钢板、钢管业务对接会"在河北廊坊召开。国家管网集团工程部、建设项目管理分公司、北方管道公司等国家管网13家用钢企业，鞍钢、宝钢、北京首钢等26家钢厂、管厂企业参加会议。

本次业务对接会的目的是加强国家管网集团与国内优秀的钢板、钢管供应商的合作关系，统筹优化项目群钢板钢管产能分配方案，协调解决管型需求与产能结构匹配度不强、钢管需求不均衡、直缝管供货在个别时间段存在供不应求的情况，缩短钢管定商周期，为国家能源基础设施建设任务的顺利完成提供强有力的支持。

建设项目管理分公司对所有参会的国家管网地区公司、钢厂、管厂企业表示欢迎和感谢，进一步阐述了国家管网深入贯彻落实能源安全新战略，坚持新发展理念，立足服务国家战略、服务人民需要、服务行业发展，大力实施市场化、平台化、科技数字化和管理创新"四大战略"，着力打造智慧互联大管网、构建公平开放大平台、培育创新成长新生态。希望通过业务对接，促使与会企业戮力同心，团结协作，持续建立良好关系，不断深化市场合作，共同为国家能源基础设施的建设贡献自己的力量，以实际行动迎接党的二十大胜利召开！

对接会上，建设项目管理分公司介绍了国家管网集团2022年度钢板、钢管两项框架协议采购基本情况，通报了国家管网集团2022年度钢管需求计划；国家管网集团所属各公司分别交流了重点工程项目钢管保供工作；与会钢厂、管厂代表在会上报告了2022年度产能计划安排，推介了各自品牌产品和经营理念，并围绕2022年度可为国家管网集团预留产能、对国家管网集团的意见和建议等话题畅所欲言、交流互动，对进一步加强合作、提高钢材资源供应与服务、保障产品质量、促进共建共赢作出承诺，现场气氛活跃。

国家管网集团工程部物资采购部表示，国家管网集团各所属企业要积极与钢厂、管厂对接，推进战略合作，加强战略伙伴关系，提升国家管网集团钢材保供能力，同时对保供不积极的供应商建立相应的考核机制；各供应商要严格按照2022年度框架协议积极响应小批量需求订单及应急管材代储的订货工作；要积极引导国内直缝管企业扩能改造，鼓励未生产过高规格产品的厂家进行试制，为国家管网集团储备更多优势资源，对小批量订单的执行情况加大奖惩力度；要加强动态管理，对供应商动态进行分类管理，严格按照招标文件相关要求，对供货出现问题的供应商调整分配量，对履约存在问题的按合同进行处罚，做到有责必究。

新产品新技术新材料创新成果评选活动举办

为了助推我国石油石化装备产业高质量发展，宣传推广产业科技创新成果，畅通产学研用对接渠道，创新引领石油石化装备产业发展和技术进步，中国石油和石油化工设备工业协会（简称中石协）在全国石油石化装备行业开展石油石化设备行业新产品、新技术、新材料（简称三新）科技创新成果征集活动，来自石油石化设备行业数十家研究机构和制造企业积极申报，经初评后有近百项三新成果参加最终评选。

2022年7月13日，中石协组织了三新成果专家评审会，来自三大石油公司和高等院校、研究机构的十二位行业专家参加了评审。专家组经过认真筛选评审，最终确定三十项新成果获评"2022年度杰出/优秀科技创新成果"。

CIPPE 2022 石油石化展成功举办

2022年7月28日，由中石协和振威国际会展集团联合主办的一年一度的世界石油天然气大会——第二十二届中国国际石油石化技术装备展览会（CIPPE 2022石油石化展）在深圳国际会展中心（宝安）盛大开幕。展会为期3天，展出面积5万m^2，聚焦油气行业高质量发展，联动全球千家企业，以8大主题展区、14大产业板块设置，展示了全产业链上下游前沿创新与应用，助力油气行业碳达峰碳中和目标实现。

会议举办了"数智化转型驱动油气产业绿色低碳发展"的主题论坛，来自国内外的300余位业内人士齐聚一堂，共话能源结构绿色低碳转型发展与未来。

由东北石油大学、东北石油大学三亚海洋油气研究院共同完成的"现役石油井架及海洋结构装备安全评价关键技术"项目，经翟光明院士、张来斌院士、李阳院士、曹春晓院士等11位资深专家组成的专家评审团评定获得"CIPPE展品创新金奖"，并由中国石油科技管理部评审鉴定具有国际先进水平。

油气产业是支撑经济高质量发展的重要力量，绿色低碳成为全球油气发展共识。CIPPE汇集全球前沿行业资讯应用，以科技创新为动能，聚焦油气绿色低碳转型，助力实现碳达峰碳中和。CIPPE 2022重点展示石油、石化、天然气、燃气、管道、非开挖、海工、氢能8大主题，涵盖石油石化、天然气、油气管道、油气数字化、海洋工程、海洋石油、页岩气、燃气、氢能、非开挖、防爆电气、安全防护、自动化仪器仪表、土壤修复14大产业板块，推动油气产业往下游走、往高端走、往低排放走，实现全产业链发展。在双碳目标指导下，氢能、储能与燃气、海上风电等成为展会新亮点。

作为油气行业风向标，CIPPE始终关注行业热点痛点问题，注重引领全行业创新与发展。展会期间，"CIPPE展品创新金奖""国际石油天然气产业高峰论坛""企业新产品新技术推介会""采购对接会""探馆直播"等系列活动同期举行，由政府领导、院士专家、科研院所、企业代表共策共力，解读产业政策、分析发展方向、交流技术创新、分享发展成果，为油气产业创新与数字化转型赋能。

国内首个测井装备联盟成立

由中油测井举办的新一代CPLog成像测井装备联盟大会在西安举行，来自全国从事测井装备研制、供应的92家企业的150余名代表携手并肩，共襄测井事业发展，共绘测井装备发展新蓝图。

中国石油集团测井有限公司（简称中油测井）总经理向参会的领导、企业代表致以衷心感谢和热烈欢迎，表示中油测井立足自身发展和行业发展需求及大家共同的愿景，诚邀合作伙伴共建共享、共谋发展，互相促进、多方共赢。作为测井"国家队"和"主力军"，中油测井始终致力于建设国内测井产业发展共同体和生态圈，营造开放、共赢、阳光的合作环境，以开放的姿态与合作伙伴共同打造新一代CPLog成像测井装备联盟。中油测井副总经理通报了建设新一代CPLog成像测井装备联盟建设构想，首席技术专家李安宗发布了《CPLog测井系统接入规范》。斯伦贝谢、宝鸡石油机械有限责任公司、中国电子科技集团公司第二十二研究所、川南航天能源科技有限公司四家企业代表作交流发言，对今后合作发展提出建设性意见和建议。

中油测井党委书记在讲话中，结合打造新一代CPLog成像测井装备联盟，围绕过去的发展成果、当前的形势任务、未来的合作发展，表示此次大会达成了发展共识，坚定了合作信心，交流了技术装备，深化了务实合作。

测井装备联盟将以此为新起点，与各联盟企业共创互助共赢的新型战略合作关系，坚持创新驱动、质量优先、五湖四海、依法合规，打造技术一流、创造价值、互利共赢、阳光公正的测井装备联盟，带领各联盟企业深化现有合作基础，巩固拓展会议成果，扩大测井产业联盟，推动测井行业持续稳健高质量发展，为地方经济社会发展和保障国家能源安全作出新的更大贡献。

2022年中国工矿消防水系统技术高峰论坛举办

为进一步提升石油石化等工矿企业消防水系统的技术水平、安全可靠性及应用效能，服务工矿企业，造福社会，由中国石油和石油化工设备工业协会（简称中石协）和中国消防协会（简称中消协）联合主办、上海凯泉泵业（集团）有限公司（简称凯泉）承办、上海市消防协会等支持的"2022年中国工矿消防水系统技术高峰论坛"于2022年9月17日在上海隆重举办，来自工矿企业、工程公司和设计科研院所、高等院校等企事业单位的400多位专业人士参加了论坛。

中石协常务副会长张雨豹在致辞中代表主办单位之一中石协欢迎和感谢各位代表参加论坛，同时阐述了火灾在石油石化工业方面的表象特点，指出石油石化行业应考虑如何提升石油石化企业的消防管理水平，创新优化石油石化企业火灾预防消防新模式，加强石油石化企业预防消防全流程管理，大力提升石油石化企业火灾事故的消防、救援能力，并希望凯泉等为石油石化工业消防做出更大贡献。

"消防泵是消防水系统的心脏，决定着整个消防体系的品质和性能。"凯泉董事长林凯文以"创新赋能，睿智驭水"为主题，在致辞中重点阐述了凯泉近年来在智能制造、新品研发以及水力模型攻关等方面作出的努力与成果。

中国科学技术大学研究员、火灾科学国家重点实验室副主任、国际燃烧学会会士、国际火灾安全科学学会副主席胡隆华教授以"国际火灾研究发展方向及典型环境消防水系统应用的一点思考"为主题线上参加会议，重点阐述了我国高层建筑火灾、隧道火灾以及化工园区火灾的特点和应对的挑战以及对消防水系统的一些应用思考，并详细介绍了智慧消防云平台在日常消防安全管理当中的重要性，智慧消防云平台可在火灾预警、火灾防控、火灾救援上提供更合理、便捷以及快捷的技术，尽可能地降低火灾发生和灾后损失。

吉林省石油化工设计研究院高级工程师、给排水总工程师姚铁锋以"提升小化工的消防安全"为主题，指出当前化工园区存在着规划工作认识不足、消防安全管理缺失等消防安全隐患，建议加快出台智慧消防的国家或地方标准，建立并严格执行化工园区消防安全规划评估论证机制，通过加强消防安全教育培训、落实智慧消防建设等策略杜绝消防隐患。

中国煤炭科工集团沈阳设计研究院有限公司市政工程所主任工程师李东阳在会上作了主题为"煤炭行业火灾特点及消防给水系统发展现状"的发言。他表示，当前煤炭企业消防设计原则已由经济合理向技术可靠方向发展。煤炭行业应拥抱趋势，合理布局矿区消防站，建立智慧化的消防给水系统，提高各场所自动灭火设施的使用率，以有效应对火灾突发事故。

凯泉副总裁王东进在题为"符合FM/UL标准性能的消防泵及物联网技术在工矿消防水系统中的应用"的发言中表示，FM/UL是目前世界公认的权威消防技术标准，须满足全流量无过载、流量扬程曲线陡、汽蚀性能要求高等性能特点。凯泉经过六年多的持续水力攻关，完成上千台消防水力样机的研发，积累了丰富的水力设计经验，现已成功开发出满足FM/UL标准要求的消防产品。

上海寰球工程有限公司高级顾问陶观楚就工矿消防水系统的部分行业规范和消防设施物联网在石油化工领域的应用进行了深度解读。

中国联合工程有限公司工业和物流院公用所所长、高级工程师王利建在题为"工业物流仓储喷淋系统设计探讨"的主题报告中深入阐述了湿式喷淋系统设计的利弊，并通过实际案例分析了预作用系统的可适用性。

中冶赛迪工程技术股份有限公司教授级高级工程师徐高平在题为"消防系统设计交流——物联网消防给水成套机组"的主题报告中详细介绍了钢铁冶金企业各单元的消防给水系统。

恒力集团高级工程师林贵基于二十余年的消防水系统建设及运行管理经验，作了题为"恒力化纤消防水系统实际应用经验"的主题分享。

内蒙古电力设计院专家张耀以"变电站消防给水设计探讨"为主题分享了变压器水喷雾消防灭火系统的设计参数要求及布置要求等，并就水喷雾灭火系统的自动控制逻辑进行了深入探讨。

三一石油开展服务万里行活动

2022年6月17日，以"品质改变世界，服务始终如一"为主题的三一石油服务万里行活动在全国范围内正式启动。三一石油智能装备有限公司（简称三一石油）产业链、研发、制造、营销、服务等职能部门领导出席活动启动仪式。

本次活动持续一个多月，全国六个行动区域服务工程师进行联动，涵盖服务、营销、研发等专业人才，旨在深度洞悉客户需求，解决客户实际问题，优化服务与产品质量。

在2022年度服务万里行中推出"六个一项目"万里行特服活动，分别是一次体检、一份配件清单、一次技术升级、一次客户交流、一次客户培训、一次客户云推广，让客户切实感受到"携手三一，一生无忧"的服务精神。

服务就是生产力，服务同样也是企业的核心竞争力之一，作为行业领导品牌，三一石油将持续为客户提供行业领先的优质服务。

经过一个多月的艰苦奋战，2022年三一石油服务万里行活动圆满落幕。本次活动由服务、营销、研发等职能部门共同参与，联合康明斯、采埃孚、湖汽、双环、卡特等供应商的核心技术人员，共计拜访了上百家客户，完成了48场客户培训，收集客户意见达百余条，巡检设备近千台。

秉承着"坚守服务品质初心，始终如一，竭尽为客户解决难题"的信念，三一石油服务团队深入一线，深入市场，充分调研产品质量，在每一次的召请、检修、技改服务中不断为客户创造着价值。客户送来的锦旗，是三一人"一切为了客户，为了客户的一切"服务宗旨的最好见证；安全检查、召请、维修时展现的耐心、细心和责任心，是收获客户信任与放心的最强助力。

三一集团发布石油装备App

三一集团发布了石油装备App，可以帮助客户随时随地查看各类生产经营报表，在移动端掌握施工团队的第一手资讯，为客户呈现数字化施工现场，并作为客户与三一营销服务团队实时沟通的互动平台，对于设备监控与保养有着不可估量的作用。

App包含六大版块：施工曲线、作业日志、实时工况、健康管理、轨迹管理和油耗管理。

"施工曲线"功能可以查看设备施工曲线。"作业日志"功能可以查看设备作业日志曲线。

"实时工况"功能可以显示所有设备的地理位置，并通过模糊搜索可查看设备的在线状态、编号等。进入报警和待保养消息界面，可以查看设备对应的工程师和手机号。"健康管理"功能可以查看核心部件的保养情况，无需保养部件为绿色，需要保养为橙色，严重超过保养期为红色。

"轨迹管理"和"油耗管理"功能可以设置电子围栏，通过围栏中心右侧按钮可以设置中心，然后选择围栏范围并保存。通过单击能耗按钮可以查看设备能耗曲线，并可以切换周度月度曲线，还可以切换日期，可以全屏查看能耗曲线。

客户通过App可以查看在售产品的参数信息以及营销人员的联系方式，并可进行意见反馈，提交的意见在后台进行反馈与统计。

宝石机械拓展营销服务新空间

2022年6月，宝鸡石油机械有限责任公司（简称宝石机械）深入学习贯彻集团公司市场营销工作座谈会精神，及时出台《关于切实做好当前市场营销工作的通知》，以"三把握九加强"工作举措切实做好市场营销工作。

2022年以来，宝石机械始终将市场营销作为龙头工作，不断增强市场营销能力，积极践行"油田用户的需求在哪里，宝石机械的产品和服务就到哪里"的营销理念，不断拓宽营销服务新空间。

大力推进服务型制造，增强装备保障能力。2022年6月9日，宝石机械研制的"一键式"人机交互7 000m自动化钻机在东营国家级页岩油重点示范项目——牛页一区试验井组平台顺利起升，此时距该钻机进入作业井场组装仅仅144 h。这个周期创造了宝石机械全配套自动化钻机最快起升纪录，刷新了胜利工程黄河钻井新配套自动化钻机的记录，也为钻机后期调试赢得了更充足的时间。创造这个纪录的是由销售公司、国家研究中心和钻机分公司、自动化设备分公司组成的23人服务团队，他们用实际行动诠释了宝石精神，让用户见证了宝石速度、宝石力量和宝石担当。

一直以来，宝石机械主动顺应市场发展趋势，大力推进服务型制造，完善产品全生命周期服务模式，广泛开展产品租赁、再制造、远程监测等服务业务。实行钻机、钻井泵、压裂装备等主导产品租售并举模式，持续巩固市场份额。健全服务网络，建成投运国内14个、国外4个维保服务共享中心，在国内实现了2 h响应、24 h解决问题。

宝石机械拥有一个由维保工程师组成的技术支持平台，集设计、工艺、制造、销售各路精英，对井队现场出现的各种疑难问题进行及时充分的分析，制订、提供符合实际需要的"一站式、一体化、一揽子"服务方案。

宝石机械在经营上精打细算。在租赁业务中，做到租前算赢、租中控制、租后评估，在依法合规前提下，以打造BOMCO租赁平台为契机，力争在装备租赁市场实现新突破，形成新的效益增长点。

宝石机械按照集团化管控改革要求，不断强化各分（子）公司市场主体地位，持续推进市场营销体系机制变革。各分（子）公司密切跟踪市场信息，充分发挥自身优势，积极了解行业动态，打破思维定势，自营主动性持续增强，取得明显成效。

中石化工程院大陆架公司检测中心通过CNAS国家实验室认可

2022年8月，中石化石油工程技术研究院有限公司德州大陆架石油工程技术有限公司（简称大陆架公司）检测中心正式获得中国合格评定国家认可委员会（简称CNAS）颁发的实验室认可证书，成为德州市第三家获得金属材料及其制品检测领域资质认可的单位。大陆架公司检测中心一举跻身国家认可实验室行列，标志着其检测结果不仅在国内互认，还得到全球100多个国家和地区的认可。这张产品质量"国际通行证"必将成为大陆架产品在市场开拓中的"金名片"。

CNAS是由国家认证认可监督管理委员会批准设立并授权的唯一国家认可机构，CNAS认可是现阶段国家对实验室综合能力的最高评价，具有很高的可信度和含金量，是提升公司检测能力、整体形象和品牌价值的重要平台。

在"科改示范行动"激活力、促发展的激励制度下，大陆架公司定下了获取CNAS实验室认可这一重要战略目标，于2021年2月成立检测中心，自成立之日起检测中心始终坚持"科学、公正、规范、高效"的质量方针，积极开展实验室规范化管理工作。通过一年多的紧密筹备，集中力量按照国家《检测和校准实验室能力认可准则》开展工作，建立起了一套较为完备的实验室质量管理体系。在检测环境、检测方法、人员能力、检测设备、过程管理、检测过程和质量监督等方面都有了质的飞跃，进一步提升了产品检测结果的科学性、独立性、可靠性和权威性。检测中心成员克服各种困难，一边探索一边前行，经过了体系文件建立、认可申请、文件评审、现场评审和认可批准等程序，夺下了这个战略"山头"，提前完成了公司年度"十大攻坚"任务之一。

与普通实验室相比，CNAS实验室具有更大的优势：一是对大陆架公司检测中心的技术认可，代表检测中心具备了按照国家认可准则开展检测工作的技术能力；二是赢得政府部门和社会各界的信任，极大地提升了市场竞争力；三是赢得国际互通互认，有助于参与国内外各类型实验室之间的多边合作和交流。

下一步，大陆架公司检测中心将继续严格、规范地保持实验室质量管理体系运行，进一步提高检测技术和管理水平，不断拓展新的检测认可项目，助推大陆架公司迈向高质量发展的新高度。

行业重点工程

介绍 2022 年石油石化设备行业重点工程情况

2021年度能源领域首台（套）重大技术装备

国家能源局加快推进可再生能源重大工程重大项目建设

国家能源局组织召开页岩油勘探开发技术交流会

国家能源局组织召开加快储气能力建设专题推进会

国务院国资委召开油气领域企业数字化转型方案研讨会

国家油气资源开发利用权威数据发布

三大石油集团2022年重点工作

长庆油田进行重大转型进军地热领域

中石油中海油积极推进天然气发电项目

中石油企业布局新能源项目

西南油气田将成为6 000万吨级大油气田

全国最大煤层气田在山西建成

国内十大炼化一体化项目进展情况

中石化九大在建乙烯工程

千万吨级炼化一体化项目的历史与未来发展

油气管网建设突破3 000km

南海东部油田产原油累计产量超3亿t

中国石油油气产量创历史新高

中国石化油气产量登上新台阶

中国海油油气产量再创新高

延长石油油气产量首次突破1 700万t

2021年度能源领域首台（套）重大技术装备

为持续推进能源领域首台（套）重大技术装备示范应用，加快能源重大技术装备创新，切实保障关键技术装备产业链供应链安全，国家能源局组织2021年度能源领域首台（套）重大技术装备评定工作。2022年5月7日国家能源局发布的相关公告（2022年2号）如下。

（1）根据各有关单位申请，经组织专家评审和复核、公示，将"300MW级变速抽水蓄能机组成套设备"等75个技术装备（项目）列为2021年度能源领域首台（套）重大技术装备项目。各有关单位要抓紧推动技术装备研制，突破并掌握关键技术，扎实推进示范应用，确保首台（套）重大技术装备示范任务落地。

（2）按照《关于促进首台（套）重大技术装备示范应用的意见》（发改产业〔2018〕558号）和《国家能源局关于促进能源领域首台（套）重大技术装备示范应用的通知》（国能发科技〔2018〕49号），能源领域首台（套）重大技术装备研制单位及其依托工程享受如下有关政策：

承担首台（套）重大技术装备示范任务的依托工程优先纳入相关规划并由各级投资主管部门按照权限核准或审批。

能源领域首台（套）重大技术装备招投标，经报行业主管部门批准，可采用单一来源采购、竞争性谈判等方式以保障示范任务落实。

承担首台（套）重大技术装备示范任务的依托工程根据实际需要，可在年度上网电量指标安排、发电机组并网运行、调度方式、燃料供应和监管等方面给予适当优惠，鼓励地方根据实际情况进一步细化并落实知识产权、资金、税收、金融、保险等支持政策。

承担首台（套）重大技术装备示范任务的依托工程，根据实际情况享有示范应用过失宽容政策。

（3）已确定依托工程的技术装备，自本公告发布之日起，三年内依托工程未开工建设的，自动取消首台（套）资格。

（4）能源领域首台（套）重大技术装备研制单位和依托工程承担单位要及时向国家能源局报告工作进展情况，依托工程投产运行一年后开展示范应用自评价，形成自评价报告报送国家能源局。

2021年度能源领域首台（套）重大技术装备（石油石化设备）见下表1。

表1　2021年度能源领域首台（套）重大技术装备（石油石化设备）

编号	技术装备名称	研制单位	依托工程或意向工程
57	120万t/a乙烯装置用大型压缩机组	沈阳鼓风机集团股份有限公司	中海油惠州炼化二期项目
66	圆筒形浮式生产储油平台	南通中远海运船务工程有限公司	Dana Petroleum (E&P) Limited/希望六号、N487、DANA FPSO、WESTERNISLES
67	大直径旋转导向和随钻测井系统	中海油田服务股份有限公司	渤海绥中36-1（SZ36-1）、蓬莱19-3（PL19-3）、秦皇岛32-6（QHD32-6）示范区；南海西部北部湾示范区；东海残雪（CX）、黄岩（HY）、宁波（NB）示范区；南海东部西江（XJ）区块和番禺区块（PY）示范区
68	"一键式"人机交互7 000m自动化钻机	宝鸡石油机械有限责任公司	中石油西南油气田四川威204H62平台示范应用项目
69	LNG接收站大口径岸基智能装卸臂	连云港远洋流体装卸设备有限公司、连云港杰瑞自动化有限公司	中石化天津LNG接收站、国家管网龙口LNG接收站等工程项目
70	海洋地震固体拖缆采集装备	中海油田服务股份有限公司	海中凹陷南次注工区3D作业示范项目（533km^2）、渤中33-1工区高密三维作业示范项目（620km^2）
71	LNG站场大型LNG高压外输泵	大连深蓝泵业有限公司	国家管网深圳LNG接收站、中石油江苏LNG接收站、中海宁波LNG接收站
72	27万m^3 LNG全容储罐	中海石油气电集团有限公司	江苏滨海液化天然气（LNG）一期扩建工程、广东珠海LNG扩建项目二期工程、中海油浙江宁波LNG三期工程
75	7000型电驱压裂橇	四川宝石机械专用车有限公司	中石油川庆钻探公司井下作业公司威远页岩气示范应用项目

国家能源局加快推进可再生能源重大工程重大项目建设

2022年7月1日，国家能源局召开6月份全国可再生能源开发建设形势分析视频会。会议围绕推动2022年可再生能源开发利用，听取了4月份形势分析会各单位所提意见建议落实情况，上半年全国可再生能源发展情况，大型风电光伏基地、常规水电、抽水蓄能和"十四五"102项重大工程涉及可再生能源项目建设进展情况，以及风电、光伏产业链供需等情况汇报，分析了可再生能源发展面临的形势和问题，并研究提出了相关措施建议。

会议指出，2022年上半年面对新冠疫情、供应链价格扰动等不利因素的挑战，在全行业共同努力下，可再生能源发展持续保持平稳快速增长。2022年1—5月，全国可再生能源新增装机4 281万kW，占全国新增发电装机的81%；全国可再生能源发电量突破1万亿kW·h，达1.06万亿kW·h；全国可再生能源发电在建项目超2亿kW，项目储备比较充足；全国主要流域水能利用率达99.4%、风电平均利用率达95.6%、光伏发电平均利用率达97.4%。第一批以沙漠、戈壁、荒漠地区为重点的大型风电光伏基地进展顺利，开工建设超九成，第二批基地项目建设已启动。但也要看到，新能源项目开发建设过程中部分项目源网同步建设需要加强，一些地区政策执行落实不到位，项目用地落实难度大，电网企业并网流程还要优化，产业链协同还要加强。

会议要求，加快推进重大水电、抽水蓄能和大型风电光伏基地等可再生能源重大工程、重大项目建设，是推动落实国务院稳经济一揽子政策措施的重要内容，各单位要高度重视，全力推进前期工作，尽早开工、尽快投产。要充分认识可再生能源总装机和月新增装机较以往大幅增长的新常态，认真抓好"三北"重点地区新能源消纳利用，充分发挥可再生能源在迎峰度夏中的保供作用。要把握新增可再生能源消费不纳入能源消费总量控制的重大机遇，各电网企业要主动、超前做好电网规划，加快输电通道、主网架和配电网建设；各大型央企要发挥示范带动作用，进一步加大可再生能源项目开发建设，从供给、消费两侧，切实推动可再生能源更好更快发展。要认真抓好《"十四五"可再生能源发展规划》和《关于促进新时代新能源高质量发展的实施方案》贯彻落实，对规划和政策落实中存在的问题，要加强协调、推动解决；对"十四五"重大基地、重大行动、重大示范，要制定实施方案、下发通知，逐项推动落实，高质量完成"十四五"各项任务，助力实现碳达峰、碳中和目标任务。

国家能源局组织召开页岩油勘探开发技术交流会

2022年8月25日，国家能源局在山东省东营市组织召开页岩油勘探开发技术交流会，深入贯彻落实习近平总书记关于"能源的饭碗必须端在自己手里"以及油气勘探开发系列重要指示批示精神，系统总结前期页岩油勘探开发工作进展，研究部署下一阶段页岩油发展目标、重点任务及保障措施。

近年来我国页岩油勘探开发成效显著，勘探呈现多点开花的良好局面，建成多个规模化产能区。科技创新发挥关键作用，页岩油基础地质研究更加精细化，工程技术装备提质增效作用明显，引领页岩油高质量发展。会议认为，要锚定页岩油大发展目标，坚定不移提升科技创新水平，高质量推动页岩油增储上产；要进一步摸清资源家底，持续推动理论技术创新，加强工程技术装备适应性和稳定性，加强绿色低碳智能化转型及前瞻性技术储备。

会议指出，我国页岩油资源丰富，是推动国内原油增产稳产的重要接替领域。全方位加大页岩油上产规模，推动页岩革命，对立足国内、保障国家能源安全意义重大。近年来，我国页岩油相关工作在顶层设计、行业投入、科技创新、协同保障方面取得扎实进展，勘探开发呈现良好势头。2022年1—7月，我国页岩油产量达170万t，同比增长14%。

会议强调，要提高政治站位，扛起使命担当，强化配套保障，推动页岩油高质量发展。下一步，要解放思想，加大页岩油勘探开发投入力度；要坚定信念，做好页岩油提高采收率这篇大文章；要创新驱动，切实发挥科技创新的引领作用；要生态优先，全面推动页岩油绿色低碳化发展；要多方联动，强化政策支持保障。

中国石油、中国石化、中国海油、国家油气战略中心、国家能源页岩油研发中心汇报了页岩油资源情况、勘探开发进展及后续工作安排。国家能源局有关司，山东能源监管办，山东省能源局，主要油气开发企业勘探开发及油服板块、油田、技术服务及装备制造企业代表参加会议。

国家能源局组织召开加快储气能力建设专题推进会

为深入学习贯彻党的二十大精神，加强天然气产供储销体系建设，2022年11月11日，国家能源局组织召开加快储气能力建设专题推进会。

会议充分肯定2022年全国储气能力建设工作。面对极端复杂的国际形势，主要油气企业强化政治站位、保持战略定力，整体上不折不扣完成年度工程建设和储气任务目标，实现"应储尽储"，为采暖季天然气保供稳价奠定了坚实基础。

会议研究了2023年度储气能力建设工作，要求主要油气企业站在保障国家能源安全、支撑行业高质量发展的高度，对照全国储气能力建设总体安排，立足"大库大站"逐项细化工作方案，强化资金和工作量投入，强化注气资源落实，强化关键节点把控，确保年度任务按期实现。同时，强化储气设施储运销协同、服务季节调节和尖峰保供。

国务院国资委召开油气领域企业数字化转型方案研讨会

2022年5月19日，国务院国资委科创局组织召开油气领域企业数字化转型方案线上研讨会，贯彻落实党中央、国务院重要决策部署，全力推动中央石油石化企业数字化转型走深走实。

国家管网集团、中国中化、中国石油、中国石化、中国海油、中国航油等6家企业就本单位数字化转型实施方案完善情况、主要内容和重点任务、下一步落实举措、问题和建议等进行了汇报，共同研究专项实施方案的重点任务，共同交流数字化转型的难点痛点问题，为更好地推进实施国有企业数字化转型行动计划建言献策。

会议对中央企业加快落实国有企业数字化转型行动计划下一步工作进行了安排，明确将整体推进实施重点任务，加快推进试点示范，协同推进平台赋能，持续推进学习研讨和交流合作，助力油气企业驶上数字化发展"快车道"，跑出数字化转型"加速度"。

国家油气资源开发利用权威数据发布

2022年9月21日，自然资源部发布《中国矿产资源报告（2022）》，公布了截至2021年年底我国的矿产资源主要数据。其中，油气资源相关数据如下。

新探明储量。2021年，我国石油勘探不断取得新突破，新增石油探明地质储量超过16亿t。回顾来看，从2018年至2020年，新增探明地质储量分别达到9.59亿t、11.2亿t和13.22亿t，在我国石油工业加大勘探开发力度的背景下，新增探明地质储量实现了连年增长。

油气资源储量。截至2021年年底，我国油气剩余探明技术可采储量分别为：石油36.89亿t；天然气63 392.67亿m^3；煤层气5 440.62亿m^3；页岩气3 659.68亿m^3。

我国石油天然气产量。2021年，我国的石油产量为1.99亿t，增长2.1%，消费量7.2亿t，增长4.1%，自给率达27.6%。天然气产量为2 075.8亿m^3，增长7.8%；消费量3 690亿m^3，增长12.5%，自给率为56.3%。

我国油气地质勘查投资力度。2021年，我国地质勘查投资972.87亿元，较上年增长11.6%。其中，油气地质勘查投资799.06亿元，增长12.5%。

从近十年的投资数据来看，我国油气地质勘查投资一直保持在500亿元以上规模，2019年以821.29亿元的投资规模登顶，随后小幅度下降，2021年回升至799.06亿元，位居近十年来投资规模第二。

油气资源主要分布。从油气储量占全国的比例来看，石油资源主要分布在新疆、甘肃、陕西、黑龙江、河北等地；天然气主要分布在四川、陕西、新疆、内蒙古、重庆等地；页岩气资源主要分布在四川、重庆等地。

油气勘查重大突破。2021年，常规油气勘查在多个盆地取得突破。鄂尔多斯盆地中东部首次在盆地盐下高压气藏获高产突破；准噶尔盆地东部阜康凹陷东环带多口探井获高产，展现出阜康凹陷多层系立体勘探潜力；塔里木盆地多口井获高产油气流，富满地区发现3条新富油气断裂带，实现塔北－塔中整体含油连片；四川盆地川中古隆起勘探大规模展开，有望形成万亿m^3规模大气区；渤海海域垦利10-2油气田建成我国海上首个浅层岩性亿吨级大油田；河套盆地兴隆构造带新落实亿吨级优质高效规模增储上产区。

非常规领域的新增储量。四川盆地集中评价泸州区块页岩气，新增探明地质储量5 138亿m^3、预测地质储量7 695亿m^3，形成国内首个万亿立方米深层页岩气储量区；鄂尔多斯盆地庆城长7油层新增探明地质储量5.5亿t；松辽盆地大庆古龙非常规油勘探取得重要新进展，新增预测地质储量12.68亿t。

富有潜力的油气区。贵州黔水地1井在南方石炭系获得日产1.1万m^3工业页岩气流，实现新区、新层系、新类型页岩气调查重大突破；青海柴达木盆地青德参1井石炭系直井压裂试气获得日产2 172m^3天然气流，确立石炭系为柴达木盆地第四套含油气系统，实现柴达木盆地油气调查重大发现；新疆准南新永地1井第一层测试获折算日产1.298万m^3天然气并见少量稠油，展现出良好的找矿前景；川沐地2井在川西南三叠系雷口坡组钻遇强烈油气显示。

我国能源消费中油气资源占比。2021年，我国一次能源消费总量中，煤炭占56.0%，与十年前相比下降了14.2%；石油占比为18.5%，天然气占8.9%，油气资源合计占比增长到27.4%。水电、核电、风电等非化石能源占比为16.6%，比十年前提高了8.2%。

我国能源供应自给率。2021年，我国一次能源生产总量为43.3亿t标准煤，比上年增长6.2%，能源消费总量为52.4亿t标准煤，增长5.2%，能源自给率为82.6%（自主可控），表明我国能源行业能够为社会发展提供安全、稳定的能源供应。

三大石油集团2022年重点工作

2022年年初，中国石油天然气集团有限公司（简称中国石油）、中国石油化工集团有限公司（简称中国石化）、中国海洋石油集团有限公司（简称中国海油）召开2022年工作会议。各石油集团在2022年的工作会议上布署了年度重点工作。

1. 中国石油

突出专业化发展，提升主营业务市场竞争力和价值创造能力。油气和新能源板块要统筹两个市场两种资源，促进国内国际业务深度融合，强化天然气产销衔接，加快新能源业务发展，有效发挥中油技服"一体两面"作用，着力增强能源供应保障能力。炼化销售和新材料板块要优化布局结构，加快推进从"燃料型"向"化工产品和有机材料型"转化，向产业链和价值链中高端迈进；突出市场导向、客户至上，强化一体统筹、竞合共赢，与时俱进完善营销策略，建立健全现代市场营销体系，产销一体打好市场攻坚战，努力实现量效齐增。支持和服务板块要坚持管理与技术"双轮驱动"，着力提升战略战术支持能力。资本和金融板块要坚持稳中求进，坚守产业金融定位，聚焦服务主责主业和实体经济发展，在推进公司高质量发展上发挥资本和金融的基础支持作用、创新引领作用，为做强做优做大国有资本贡献力量。

突出战略导向，加快绿色低碳转型。落实中央"双碳"工作的指导意见，全力践行绿色低碳，加快构建清洁低碳、安全高效的现代能源体系。

突出创新驱动，着力高水平科技自立自强。强化高质量科技供给，完善科技创新体系，推进科技政策机制落实落地，加快推进数字化转型，培育形成竞争新优势。

突出深化改革，持续推进公司治理体系和治理能力现代化。全面完成国企改革三年行动任务，优化完善市场化经营机制，不断提升公司治理效能。

突出强化管理，打牢高质量发展根基。各单位要根据自身所处的方位和阶段，坚持问题导向，采取相适应的管理模式。

突出以人为本，全心全意依靠员工办企业。尊重员工主体地位，促进员工与企业共同成长进步，高度重视ESG（环境、社会和公司治理）工作，促进企业与各利益相关者互利共赢。

2. 中国石化

突出稳增长保效益，全力提升生产经营水平，紧盯全年目标，抓住关键环节，调动各方面积极性，打好攻坚创效主动仗。油气业务要在稳油增气降本提效上取得更大进步；炼油业务要在调结构降成本上取得更大进步；油品销售业务要在拓市提效上取得更大进步；化工业务要在增强市场竞争力上取得更大进步；工程服务业务要在迈向中高端上取得更大进步，创造更好经营业绩。

突出调结构促转型，全力推进产业优化升级。加快绿色低碳发展，加快产融结合步伐，不断提升产业链韧性和竞争力。

突出强支撑重引领，全力加快科技创新步伐，聚焦打造技术先导型公司、担当国家战略科技力量。全力攻坚关键核心技术，纵深推进科技体制机制改革，加快智能化提升和数字化转型，坚决保障产业链供应链自主安全可控。

突出增活力提效率，全力改革攻坚提升管理，打赢国企改革三年行动收官战。加快推动企业管理上水平，力争在改革管理重要领域和关键环节取得更大进展。

突出守底线促合规，全力防范化解重大风险，增强体系防控能力。严控安全环保风险，狠抓经营风险防范，推动风险防控常态化制度化精准化，提升依法治企能力水平，坚决守住不发生系统性风险的底线。

3. 中国海油

要锚定产量"稳中有升"，着力推动增储上产攻坚工程再创新业绩。坚持目标导向，着力提升技术创新能力和组织管理效率，强化基础研究，在储量上实现新突破，深挖上产潜力，在产量上实现再提升，释放组织效能，在管理上实现强协同，为把"能源的饭碗必须端在自己手里"贡献海油力量。

要聚焦科研"稳中提质"，着力推动科技创新强基工程实现新突破。聚焦服务国家重大战略和公司主业发展，狠抓关键核心技术攻关，狠抓科技体制机制改革，狠抓科技平台体系建设，加快打造海洋油气国家战略科技力量。

要突出发展"稳健有序"，着力推动绿色发展跨越工程打开新局面。围绕公司"双碳"目标，把构建"双碳"制度体系作为紧迫任务抓紧抓实，把打造"零碳"油气产业链作为现实路径抓紧抓实，把推动新能源新产业发展作为转型方向抓紧抓实，推动公司绿色低碳转型实现良好开局。

要保持经营"稳中向好"，着力推动提质增效升级行动取得新成效。以持续深化拓展提质增效升级行动为契机，推进降本拓市提质升级，严守企业发展"生命线"，推进安全管理提质升级，严守企业发展"红线"，推进合规管理升级提升，严守企业发展"底线"，筑牢公司高质量发展根基。

长庆油田进行重大转型进军地热领域

2022年2月16日，中石油上游16家油气田企业全部成立了新能源部门，全力发展新能源业务，主要从地热、氢能、风光发电等清洁能源方向进行绿色低碳转型。

中国第一大油气田长庆油田积极响应中石油总部号召，启动首个地热应用项目——冯地坑地热开发试验项目并取得成功。2022年2月17日，长庆油田首口利用长停油井开发利用地热示范项目已建成试运行1个月，供热效果良好，每天可节约天然气400 m^3，预计年减排二氧化碳293t，参数指标好于预期。

2021年以来，长庆油田聚焦"双碳"目标，大力发展新能源业务，长庆油田勘探开发研究院按照油田公司新能源业务"清洁替代、战略接替、绿色转型"三步走的总体部署，在"姬塬油田绿色低碳先导示范区"开展长停油井开发利用地热试验。冯地坑地热开发试验项目是长庆油田现场首个地热应用项目，也是陕西省利用长停油井开发利用地热工程的第一口井，是中深层套管式换热技术的首次应用，为长庆油田大量长停油气井地热资源开发利用以及在供热领域的探索创新提供了借鉴和示范，对长庆油田开发地热资源具有重要里程碑意义。

2021年3月，"姬塬油田绿色低碳先导示范区"开始筹建，长庆油田勘探开发研究院积极开展区域地热资源赋存规律、地热能开发技术及废弃油井井况调查研究，查明了工作区范围1 000m、2 000m埋深地温场分布情况，圈定了地热异常区，提出了长停油井改造利用地热能技术方案。

通过井站筛选和可行性论证，确定废弃停用的一口井作为项目示范井，采用中深层套管式换热技术，以取热不取水方式从深部地层提取热源，为沙4增站内供暖和外输原油加热。2022年1月17日，沙4增地热利用项目成功建成投运。经测试，井底温度80 ℃，经热泵换热后输出温度在59.9～60.2 ℃，室内稳定供暖温度达26.8 ℃，原油外输温度22 ℃，达到了原燃气锅炉系统供热效果，保障了站点生产和生活用热需求。

中石油中海油积极推进天然气发电项目

天然气发电（简称气电）是目前全球电力产业主要来源之一，其在全球装机容量约占25%，仅低于煤电装机占比的38%，排名第二。我国的天然气发电处于起步阶段，在电力供应结构中的占比远低于全球平均水平。

未来天然气发电将成为国内新型电力系统的重要支撑。天然气发电项目便于接近负荷中心，提高供电可靠性，是替代传统煤电的基荷能源和保障电力系统安全稳定可靠的环保低碳能源。作为响应特性、发电成本、供电持续性综合最优的调峰电源，天然气发电是最佳灵活电源，可充分发挥调峰调频和兜底基础保障作用，也是我国电力调峰最现实选择。

国内气电市场空间广阔。国家发展改革委、国家能源局印发的《"十四五"现代能源体系规划》通知指出了"十四五"时期现代能源体系建设的主要目标，强调能源保障更加安全有力。到2025年，国内天然气年产量达到2 300亿m^3以上，发电装机总容量将达到约30亿kW，能源储备体系更加完善，能源自主供给能力进一步增强。

根据国家电网能源研究院预测，到2050年，风能、太阳能等可再生能源占比将达到58%～60%，高比例可再生能源导致电网负荷的峰谷差越来越大，对灵活性电源的需求不断提升。借鉴发达国家经验，为保持电力系统稳定，灵活调峰电源在电力系统中的装机至少要达到总装机的10%～15%。截至2020年年底，我国灵活性电源占比仅为6%，难以满足高比例可再生能源发电进入电网的调峰需求。而天然气发电灵活、启停快、调节性能优、建设周期短，是响应特性、供电持续性综合最优的灵活调峰电源，堪当高比例新能源接入新型电力系统下电力安全的"稳定器"。

天然气与新能源融合发展主要有两方面应用。一方面，在电池储能未大规模商业应用之前，用天然气为可再生能源调峰，以满足灵活性电源需求；另一方面，用于多能互补集成供能系统，面向终端用户对冷、热、电、气等多种用能需求，通过天然气热、电、冷三联供，分布式可再生能源和能源智能微网等方式，实现多能协同供应和能源综合梯级利用。

从目前国内石油企业的布局看，中石油、中海油都已经走上天然气发电的赛道，中海油因地域等原因优势明显。受气源保障、管线建设、电力需求、各地政策以及财政补贴等多重因素影响，我国天然气发电布局具有明显的地域特征。燃气电厂主要分布在长三角、珠三角、京津等经济发达、资源充足的地区。截至2018年，广东、江苏和浙江的天然气发电装机容量均超过1 000万kW，其中，广东达到1 963万kW，是天然气发电装机容量最多的省份。目前，中海石油气电集团电力板块布局主要集中在东南沿海一带，共有7家企业，总装机容量678万kW，涵盖GE、三菱、西门子等厂家生产的国内主流燃气发电机组。截至2021年年底，累计发电量超2 500亿kW·h，消纳天然气超500亿m^3，为中海油天然气产业健康发展提供了有力的支撑。同时，配套建成供热管网31.8km，累计供热323.89万t。

中海油和中石油主要天然气发电项目情况如下。

中国石油西南油气田公司榕山输气站压差发电项目。2021年12月，中国石油西南油气田公司榕山输气站压差发电项目正式投运。天然气压差发电技术是一种低碳能源创新技术，其原理是将高压天然气导入膨胀机做功，利用压力差能量将其转化为机械能，驱动发电机发电，输出电能和冷能，降压后的天然气继续供用户使用。压差发电装置在发电过程中不消耗天然气，生产运行过程中无污水、废气及固废排放，不会对环境造成影响，是清洁高效的分布式能源。榕山输气站扩能改造工程已完成，日输气量从250万m^3增至400万m^3，出站压力由1.0MPa提升至1.5MPa，使场站与用户的压差达到0.8MPa以上，助力输出更多的"绿电"，创造更大的效益。

中国海油盐城"绿能港"配套项目——阜宁电厂燃

机热电联产项目。中国海油盐城"绿能港"配套项目——阜宁电厂燃机热电联产项目（图1）第二套机组顺利完成96h满负荷试运行，标志着阜宁电厂已具备商业运行条件，将为江苏省迎峰度夏提供能源保障。阜宁电厂燃机热电联产项目是中国海油在长三角地区布局的首个天然气发电项目，也是江苏省重点电力建设项目。项目建设两套10万千瓦级燃气-蒸汽联合循环热电联产机组及配套热网，以中国海油盐城"绿能港"输出的液化天然气为燃料进行发电，具有高效、清洁、环保等特点。阜宁电厂于2019年年底开工建设，两套机组先后于2022年1月、5月投产，年发电量约12亿kW·h，年减排二氧化碳72万t，相当于植树40 000棵。

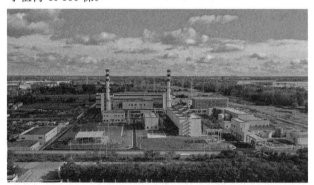

图1

天然气燃机热电联产项目是气网、电网安全运行的重要保障，具有双调峰功能，可保障气网、电网安全运行。阜宁电厂两套机组已具备上网调峰功能，将为优化地区能源结构、实现"双碳"目标贡献力量。

中国海油嘉明电力项目。该项目（图2）是中国海油首个发电企业，也是全国第三大天然气发电企业，总装机容量216万kW，配套海上气田开发陆续完成三期发电项目建设。装备国内领先的热电冷联产发电机组，发电能力120亿kW·h，年供热能力935万GJ，累计发电量近1 000亿kW·h，用气近200亿m^3。该项目是粤港澳大湾区及珠三角主力供能企业和中国海油南海东部气田支撑用户间产业链的最重要一环。

中国海油莆田电厂项目。该项目（图3）是福建LNG配套工程之一，总装机容量156万kW。作为目前清洁环保的发电形式之一，电厂采用燃气-蒸汽联合循环发电技术，提高了发电效率，降低能耗指标。投产12年来，电厂有效改善了福建能源结构，实现了能源供应多元化，有利于改善生态环境，促进福建经济发展。

图2

图3

中国海油海南发电项目。该项目拥有2套SIEMENS V94.2型联合循环机组，总装机容量44万kW。主要使用东方1-1海气，机组年利用时数约4 000h，年合同天然气用气量5.38亿m^3，总发电量约18亿kW·h。自2015年5月4日开始使用海气和LNG的混合气发电，是海南省重要的调峰调频电厂，对海南电网迎峰度夏、供电稳定起着重要作用，同时为海南自贸港建设不断输送绿色能源。截至2022年3月，海南发电安全生产已突破6 500天，累计发电250亿kW·h。

中石油企业布局新能源项目

在"双碳"目标下，中国石油统筹油气供应安全和绿色低碳协调发展，加快推动新能源业务发展，着力构建多能互补新格局，在保持油气产量持续增长的基础上，促进新能源高效开发利用。按照清洁替代、战略接替、绿色转型"三步走"总体部署，加快转型步伐，全面推进油气与新能源协同融合发展。

大庆油田风光气储多能互补。大庆油田充分发挥源网荷储优势，大力实施风光气储多能互补新能源项目布局，加快推进油田星火水面光伏等重点项目实施。2022年，新能源装机规模达到20万kW以上，打造低碳近零示范区建设。大庆油田统筹节能瘦身、清洁替代和植被碳汇等措施，发挥多能互补协同效应，重点建设喇嘛甸油田低碳示范区。以源网荷储一体化方式，建设集中风光电站，加大终端用能再电气化，打造"非常规+新能源"近零排放示范区。

大庆油田还加快CCUS技术应用实施，探索完善碳捕集、碳封存的技术与效益路径，规划开展好二氧化碳驱油先导性试验和工业化示范，实现效益开发与碳减排双赢。大庆油田首个CCUS示范工程树101先导试验区，应用二氧化碳驱油10多年来，已累计"驱出"原油近40万t，累计减碳100万t。

到"十四五"末，大庆油田力争实现新能源装机规模200万kW以上，清洁能源替代率20%以上。

辽河油田在风、光、热、CCUS等领域重点发力。辽河油田新能源业务在光伏、风电、地热、CCUS等领域重点发力，已在250个井场实现光伏项目落地投运，形成年发电能力2 160万kW·h。已开发利用的地热项目13个，总供暖面积超100万m^2。二氧化碳年捕获能力13.7万t，利用量5.2万t。辽河油田正在大力推进沈茨锦风光发电项目建设，欢采、特油两座二氧化碳捕集站建设，双229块CCUS-EOR试验已开始钻新井。

长庆油田集中发展源网荷储等成熟项目。长庆油田加快实施清洁电力、地热供暖、CCUS、节能瘦身等业务，集中发展源网荷储等成熟项目。以油气勘探开发重大项目撬动地热、风光电并网指标落地，推动"沙戈荒"大型风电光伏基地项目建设，推进油气与新能源业务协同发展。长庆油田采油二厂西峰采油三区利用井场边角、基地屋面建设光伏发电，减少市电消耗和碳排放。

为加快新能源业务发展，长庆油田从管理、技术、标准、操作规程等方面完善标准制度体系，有效指导长庆油田新能源业务稳健开展。持续加强新能源业务培训，建立新能源人才储备库，优选专业人才268人，为新能源业务发展提供人才支持。

按照规划，到"十四五"末，长庆油田将建成集中式光伏6 230MW、分布式光伏185MW、分散式风电96MW等新能源项目，预计可折合能耗269万t标煤，实现二氧化碳减排699万t。

塔里木油田超前布局推进20个新能源项目。塔里木油田充分发挥新疆资源优势，坚持新能源与油气协同发展，提升低碳和零碳能源比例。在塔里木盆地开展风、光、热、有价元素等资源普查评价和利用研究，积极构建多能互补发展新格局，在"死亡之海"建成我国首条零碳沙漠公路。

塔里木油田20个新能源项目中，17个新能源项目前期工作高效推进。迪那气田、富满油田2项重点工程配套新能源项目开工在即。塔里木油田沙漠公路零碳示范工程成功投产，利用光伏替代柴油机发电抽水灌溉，实现沙漠公路防护林维护全线零碳排放运行，让号称"死亡之海"的塔克拉玛干沙漠成为了"绿电热土"。

新疆油田油区内外同步发力新能源业务。2022年以来，新疆油田成立新能源事业部、电力公司（新能源项目部）和新能源研究所，与中国电力国际有限公司合资成立了"双碳"研究院，借智引智破解公司专业人才短缺的难题。在油区开展多个光伏发电项目，进行清洁能源替代。在油区外通过与中国电力等行业头部企业成立联合投标体，积极参与并争取政府保障性上网指标，实现油田内外新能源业务的同步发力。

2022年，22万kW光伏示范工程及其配套电网改造处于审批阶段，同时加快编制新疆油田吉木萨尔风光气储一体化、玛湖风光气储一体化等可行性研究方案，助力公司向油气热电氢综合性能源公司转型。

吉林油田新能源项目与油气项目齐头并进。吉林油田发挥自身风、光、电资源优势，新能源业务与产能建设、老油田调改等常规项目同部署、同设计、同实施，加快推进新能源与油气业务协同发展，快速实现转型升级。吉林油田光伏发电项目已在红岗、新立等油田全面开工。其中，作为助力吉林省打造国家级清洁能源生产基地建设的项目——吉林油田70万kW风光发电项目有力推进，现已建成场站光伏3 000kW，集中光伏启动打桩300余个。预计到"十四五"末，吉林油田生产用能清洁率将达到69%。

大港油田在光伏发电、地热开发等方面取得新进展。大港油田充分发挥区位、资源、土地等优势，在光伏发电、地热开发、光热利用、CCUS等方面取得新进展。

2021年，大港油田先后建成投产井场围栏光伏、油田中心区屋顶光伏发电项目等5项光伏发电项目，光伏装机规模增至14.4MW。加快实施地热开发利用项目，确保了勘探开发研究院和第五采油厂的浅层地热能供暖制冷项目当年开工、当年投产，地热供暖面积达到了28万m^2。截至2022年，大港油田新能源项目的二氧化碳年减排能力达到2.3万t。

2022年，大港油田组建了新能源事业部，归口管理风光发电、地热开发利用等新能源业务。按照规划，到"十四五"末，大港油田预计每年可开发利用清洁能源折合标准煤40万t，减少二氧化碳排放量100万t以上。

青海油田风电、气电、光电等新能源产业全面铺开。2022年3月15日，随着现场踏勘和厂址选择等工作结束，青海油田"天然气发电与新能源融合示范项目"进入项目实施筹备阶段。青海油田格尔木300MW燃气机组也同时进入开机前的准备阶段。至此，青海油田布局的风电、气电、光电、地热、伴生矿和碳资产开发等新能源产业全面铺开。

"十四五"时期，青海油田全面落实"油气并举、以气为先、新能源并重、上下游一体"的发展布局，加快推进光伏、风能、地热、储能、深层卤水、CCUS等新能源业务的发展，计划到2025年新能源产量当量达到150万kW以上的规模。目前，6.93MW 英东源网荷储一体化项目已经建成。

华北油田光伏发电、地热供暖等新能源项目有序推进。华北油田以全过程清洁低碳专项行动为抓手，加快对内清洁替代节奏，推进生产区域光伏、自用燃油替代工程落地实施，加大地热供暖市场开拓力度及风光基地建设，加快推进北京、雄安新区及周边地热供暖基地及内蒙古风光气储一体化项目落地，大力推进地热发电、储能等开发合作项目，储备新能源发展核心技术。

2022 年，华北油田继续狠抓关键工程与重大项目，确保北京与雄安新区及周边地热供暖面积 200 万 m^2 项目顺利启动，油田清洁能源利用率达到 10% 以上。

冀东油田着力部署地热能开发、光伏发电等项目。冀东油田目前已成功建设曹妃甸新城地热供暖项目、山东武城县清洁能源供暖项目，油区内外累计供暖面积 657 万 m^2。布局风光发电项目，已建成光伏发电项目超 20 余 MW，获得中国石油首个国家能源局回灌技术认证，形成了地热能开发利用"六大关键技术"系列。

2022 年，冀东油田着力部署地热能开发、光伏发电、清洁替代等多项新能源项目，地热能开发利用方面已成功培育多个外部供暖市场。

玉门油田两个光伏发电项目运行。玉门油田正在运行 200MW 光伏发电和石油沟分布式光伏电站 2 个新能源项目。前者是中国石油首个集中式光伏并网发电示范工程，也是迄今中国石油首个单体装机最大的光伏并网发电项目。2022 年，玉门油田将确保全年并网发电 3.6 亿 kW·h，形成可复制、可推广的规范经验和模式，为后续项目建设提供参考和借鉴。

按照规划，2025 年，玉门油田非化石能源占能源消费的比重将达到 10% 以上，重点推进太阳能、氢能的"分布式发展、清洁化利用、多能互补"，优先做好光伏分布式应用试点示范，有序开展地热能利用和伴生矿勘查，超前布局制氢新业务，研究论证光伏和光热发电及储能技术。按照"立足现实，先行试点，分步推进"原则，拟建设 5 个新能源开发利用重点项目，预期替代化石能源消费 5 万 t 标准煤以上，着力把玉门油田打造成为中国石油清洁转型示范基地，为实现能源转型高质量发展提供有力的资源保障。

西南油气田将成为 6 000 万吨级大油气田

中国石油西南油气田分公司表示：力争到 2025 年，天然气（页岩气）产量达到 500 亿 m^3；到 2030 年，天然气产量达到 800 亿 m^3；到 2035 年，天然气产量保持 800 亿 m^3 以上稳产，这一数据相当于 6 374 万 t 油气当量。从我国各大油田发布的 2035 年产量目标来看，长庆油田预计将达到 6 800 万 t，塔里木油田预计将达到 5 000 万 t。由此推算，西南油气田将紧随长庆油田，建成中国第二大油气田，成为一个熠熠生辉的能源"巨星"。

向"气大庆"目标迈进。在当前全球能源供应偏紧的背景下，能源安全的重要性又一次被强调。中国石油大力实施"稳油增气"策略，推动天然气产量快速增长。西南油气田蕴含大量天然气资源，勘探开发重要性不言而喻。

四川省天然气资源量位居全国首位，超深层天然气、深层页岩气和致密砂岩气资源十分丰富，占总资源量的 70% 以上。其中，页岩气资源量超 40 万亿 m^3，技术可采资源量约 9 万亿 m^3，经济可采资源量约 5 万亿 m^3。西南油气田地处四川盆地，天然气资源量丰富，近三年产量连年升高，增产能力和潜力可见一斑。

西南油气田作出"建设一个气大庆"的承诺，一方面是由于油田"底气"十足，另一方面是由于技术过硬和敢于突破的勇气。2021 年，经过攻坚克难，西南油气田发现了蓬莱气区、深层页岩气、陆相致密气、盆地二叠系等规模增储新阵地，探明安岳气田、川南中浅层页岩气两个万亿储量规模气区。2022 年年初，蓬莱气区多口探井测试获得高产，万亿增储新阵地基本落实。增储新阵地的发现为西南油气田上产添加了新的动力。"十三五"300 亿 m^3 目标已然实现，西南油气田再踏征程，向着"气大庆"目标大步迈进。

近几年，西南油气田不断克服难关，由中深层向深层页岩气攻坚，实现产量连攀高峰。自 2019 至 2021 年，连续 3 年产量增幅均在 10% 以上，且 2019 年、2020 年产量增幅达 18% 以上，2021 年产量增幅为 11.3%。2021 年，西南油气田油气当量突破 2 800 万 t，实现了"十四五"高质量开局。

2022 年年初，西南油气田以"开年就是决战、起步就是冲刺"的奋进姿态积极上产，常规气、页岩气、致密气产量再上新台阶。一季度天然气产量超过 100 亿 m^3，较上年提前 7 天实现产量破百亿，同比增长 6.6 亿 m^3，增幅 7.1%。

经过多年的布局规划，西南油气田确立了常规气"主阵地"、页岩气"增长极"和致密气"新阵地"3 个主要方向。常规气作为增储上产主阵地，长期以来发挥着产量供应"压舱石"的作用，2022 年一季度总产量 66.0 亿 m^3。页岩气作为油田增长极，2022年一季度完成产量28.4亿 m^3。致密气是上产新阵地，2022年一季度完成产量4.8亿 m^3，同比增长69%。

西南油气田将高效推进常规气、集中评价页岩气、加快发展致密气、积极突破页岩油，加速推进"川南页岩气、川中古隆起、老区气田及盆地致密气"上产稳产4大工程。同时，将加快川中、川南等重点领域规模建产，确保公司天然气产量年均增长36亿 m^3，"十四五"末产量达到500亿 m^3。"双碳"目标不断推进的形势下，西南油气田提出了深化能源改革和顺应绿色发展大趋势的"绿色发展西南模式"，推动能源产品结构向清洁化、低碳化迈进。在新能源的建设上，西南油气田将加大财政补贴，促进风光电、余压发电、地热、氢能和新型储能等新能源的发展，同时推动氢能产业起步，汇集优势资源打造国内领先的氢能产业基地。西南油气田正以"绿色发展西南模式"为目标，积极探索"多能源融合+共建共赢"的合作模式，开启建设国际一流能源企业的新征程。

全国最大煤层气田在山西建成

2022年6月25日，华北油田沁水煤层气田日产量突破550万 m^3，建成我国首个年地面抽采能力超过20亿 m^3 的煤层气田。至此，沁水煤层气田成为我国最大煤层气田，为增强国家天然气自主保障能力再添"底气"。

煤层气作为一种非常规天然气，是国家大力发展的绿色能源。沁水煤层气田主体位于山西省晋城地区，面积3 000多 km^2，估算煤层气资源量6 000亿 m^3。长期以来，由于煤层气资源赋存条件复杂、单井产量低等因素，制约着我国煤层气产业的高效推进。近年来，华北油田通过研究攻关，一批高能水平井技术相继得到应用，将气田的产能到位率提高到90%以上，建成我国第一个规模化、数字化煤层气田示范工程。

沁水煤层气田已经累计钻井4 600口，产量持续提升，出产的煤层气主要销往山西、河南以及京津冀地区，年可替代原煤超过100万 t。累计开采煤层气110亿 m^3，为保障煤矿安全、减少温室气体排放发挥了重要作用。通过开发实践，沁水煤层气田建立了一整套国内领先水平的煤层气技术工艺体系，将有助于其他区块煤层气的开采，为能源保供提供保障。

我国煤层气地质资源量仅次于俄罗斯和美国，位居世界第三。山西省煤层气资源是全国煤层气资源最为丰富的地区之一，约占全国的1/3。而沁水盆地煤层气储量又占山西省的2/3，大规模开发前景广阔。沁水煤层气田所产煤层气通过接入国家骨干输气管网、液化天然气外销、地方销售等渠道，满足了河南、山西以及京津冀区域的部分民生用气需求。未来3年，华北油田沁水煤层气田的年产气量有望达到30亿 m^3 以上。

在"双碳"大形势下，能源结构跟随调整，非常规天然气在保障能源供给方面也发挥着越来越重要的作用。煤层气是非常规天然气中的一种，已经成为推动能源生产和消费革命的重要载体。

自然资源部数据显示，我国煤层气预测资源量约26万亿 m^3，累计探明地质储量8 039亿 m^3。山西省煤层气资源是全国煤层气资源最为丰富的地区之一，约占全国的1/3。除此之外，还有鄂尔多斯盆地东缘、新疆准噶尔、内蒙古二连、海拉尔等区域也都是煤层气有利区带。数据显示，2015—2021年我国煤层气产量整体上呈上升趋势，2022年一季度，全国煤层气产量达到23亿 m^3，同比增长约20.8%，约占天然气国内供应的4.1%。

目前，沁水盆地和鄂尔多斯盆地已建成规模化煤层气产业化基地。近年来，煤层气探明储量和产量整体上不断增长，但发展速度缓慢。如何将地下沉睡千万年的资源唤醒，实现大规模开发，让这些气体满足人类的需要，是一个需要不断解决的问题。

近年来，煤层气作为清洁能源，同时也是非常规天然气，引起了越来越多的关注。国家能源局表示，将会同有关部门健全完善规划实施措施，将煤层气打造成为增强天然气自主保障能力的重要气源。煤层气的勘探开发将会迎来一个高峰。

国内十大炼化一体化项目进展情况

盛虹炼化一体化项目 2022年5月16日正式投产。盛虹炼化一体化项目总投资约677亿元，年加工原油能力1 600万t，拥有国内单套规模最大的常减压蒸馏装置和蜡油加氢裂化装置、全球规模最大的单系列对二甲苯装置、国内规模总量最大的3×310万t/a连续重整装置等多项第一，是盛虹打造新能源、新材料、电子化学、绿色环保等多元化产业链条"1+N"新格局的核心原料平台，也是贯通全产业链一体化布局、打造世界级新能源新材料产业集群的关键核心项目。

山东裕龙岛炼化一体化项目 2022年5月16日开工建设。山东裕龙岛炼化一体化项目（一期）拟建设2 000万t/a原油加工能力和2×150万t/a乙烯装置，主要配置1 000万t/a常压蒸馏装置和1 000万t/a常减压蒸馏装置、轻烃回收装置、脱硫脱硫醇装置、渣油加氢装置等炼油工艺装置，以及2×150万t/a乙烯、85万t/a裂解汽油加氢、55万t/a芳烃抽提、20万t/a丁二烯抽提、EVA/LDPE等化工工艺装置，同时配套公用工程、辅助设施和海水淡化、海水取水及排水等设施。

2022年5月20日，山东裕龙岛炼化一体化项目（一期）炼油轻烃罐区项目（储运4标段）举行开工仪式。2022年5月31日，山东裕龙岛炼化一体化项目（一期）60万t/a丙烯腈-丁二烯-苯乙烯树脂（ABS）装置项目开工仪式在裕龙石化5号岛举行。

广东石化炼化一体化项目 2022年4月13日，20万t/a聚丙烯装置Ⅱ工程PC总承包项目正式开工建设。中石油广东石化炼化一体化项目位于揭阳市大南海石化工业区，总投资654亿元，包括2 000万t/a炼油（含260万t/a芳烃）及120万t/a乙烯，配套建设30万吨级原油码头和5千至10万吨级产品码头，工艺装置41套。项目以1 000万t/a委内瑞拉Merey16原油、1 000万t/a中东混合原油为原料，炼油区主要生产优质、低成本的乙烯原料，同时生产汽油、航空煤油、柴油等清洁燃料及对二甲苯、甲苯等部分芳烃产品，化工区生产HDPE、LLDPE、PP、SM、丁二烯等化工产品。

兵器集团精细化工及原料工程项目 2022年3月28日，该项目进行社会稳定风险评估公示。兵器工业集团精细化工及原料工程项目拟建地点位于盘锦辽滨沿海经济技术开发区，由北方华锦联合石化有限公司建设，报批总投资（不含税）为760.97亿元，建设期为2022年6月至2024年12月。项目炼油部分共建设17套生产装置，化工部分共建设13套生产装置，煤化工部分共建2套生产装置。项目化工部分的13套生产装置，包括乙烯装置、环氧乙烷/乙二醇装置、乙苯/苯乙烯装置、2套高密度聚乙烯装置、全密度聚乙烯装置、2套聚丙烯装置、双氧水装置/环氧丙烷装置、聚醚多元醇装置、丁二烯抽提装置、裂解汽油加氢联合装置、碳四联合装置。

浙石化炼化一体化项目 浙石化4 000万t/a炼化一体化项目规划总面积41 km^2，总投资1 730亿元，生产国Ⅵ汽柴油、航空煤油、对二甲苯（PX）、高端聚烯烃、聚碳酸酯等20多种石化产品。项目一次性规划、分两期实施：一期年加工原油2 000万t，年产芳烃520万t、年产乙烯140万t，已于2019年12月底建成投产；二期年加工原油2 000万t，年产芳烃660万t、年产乙烯140万t，已于2022年1月全面建成投产。

2022年5月18日，浙江石化炼化一体化项目二期2#300万t/a浆态床渣油加氢装置一次开车投料成功，产出合格产品，标志着浙江石化二期项目全面进入生产运营阶段。

石家庄炼化绿色转型发展项目 2022年3月18日进行一次环评公示。中国石油化工股份有限公司石家庄炼化分公司绿色转型发展项目总投资220亿元，一期投资105亿元，以现有炼化装置为基础，调整加工结构。新建催化裂解装置及后续裂解汽油加氢、裂解芳烃抽提装置。扩建现有渣油加氢和航煤加氢装置，实现重油向低碳烯烃及芳烃的高效转化。新建气体分馏装置、干气/液化气脱硫装置、轻烃回收装置、纯丁烯装置、甲苯歧化装置、聚丙烯装置、苯乙烯装置、环氧氯丙烷联合装置和异壬醇装置等化工生产装置。

中科炼化一体化项目 中科炼化一体化项目位于广东湛江经济技术开发区东海岛新区，是中国石化"十三五"期间投产的最大炼化一体化项目，包括1 000万t/a炼油、80万t/a乙烯项目及相关辅助配套工程。2020年6月项目正式建成投产。项目二期包括1 500万t/a炼油、120万t/a乙烯工程，包括70万t/a聚丙烯，45万t/a聚乙烯。2022年3月3日，中科炼化10万t/a EVA装置投料开车打通全流程，产出EVA产品。

广西石化炼化一体化转型升级项目 2021年12月13日进行环评公示。中国石油广西石化公司炼化一体化转型升级项目位于钦州市钦州港技术开发区广西钦州石化产业园内，在广西石化现有一次原油加工能力为1 000万t/a的炼油基础上新建120万t/a的乙烯及下游装置共计14套，包含乙烯、全密度聚乙烯、高密度聚乙烯、EVA、聚丙烯及环氧丙烷等。项目完成后，炼油区块总体加工流程保持不变，炼油部分产品方案与现状保持一致，但汽柴油年产量减少，并为下游乙烯装置提供大量优质原料。

古雷炼化一体化项目　2021年8月18日建成投产。福建漳州古雷炼化一体化项目一期工程总投资278亿元，主要包括百万吨级乙烯、60万t/a苯乙烯等9套化工装置，以及配套公用工程、年吞吐能力780万t的码头泊位等，主要生产聚丙烯、乙二醇、苯乙烯等18种主产品，产品总量预计达300万t/a。

北海炼化结构调整改造项目　2021年8月全面投产。北海炼化结构调整改造项目总投资9.8亿元，于2019年9月开工建设，主要包括新建120万t/a LTAG装置、3万m³/h制氢装置，以及配套的公用工程、储运设施等。项目投产后，可将催化裂化的劣质柴油转化为高标准的高辛烷值汽油或轻质芳烃，实现高价值利用，同时降低生产能耗，产品结构进一步优化，经济效益进一步提高，可实现年增营收27亿元，年增税金15亿元。

中石化九大在建乙烯工程

截至2022年8月，中石化有九个百万吨级的乙烯项目陆续进行建设，总产能超过千万吨级。

1. 中石化岳阳150万t/a乙烯工程

中石化在岳阳布局炼油化工一体化项目（包括1500万t/a炼油和150万t/a乙烯），是中石化实施"建设世界领先清洁能源化工公司"战略和"一基两翼三新"发展布局的重要内容。有利于巴陵石化、长岭炼化两家企业优化资源配置，提高资源利用效率，提高盈利水平，对于带动湖南石化产业转型升级和绿色发展、打造我国重要先进的新材料制造高地、打造世界领先合成材料高地、推动湖南省实施"三高四新"发展战略和加快岳阳省域副中心城市建设，具有十分重要的意义。

中石化岳阳地区150万t/a乙烯炼化一体化项目结合炼油转型和产品结构调整，进一步推动新工艺、节能、安全、环保技术和设备的应用，提升炼油生产的整体技术水平，降低能耗物耗，改善安全和环保状况，更好地实施清洁生产和绿色发展。

项目位于现有厂区预留地内，主要建设内容包括改造现有800万t/a常减压扩能至1000万t/a、新建300万t/a加氢裂化装置、新建100万t/a溶剂脱沥青装置、新建6万t/a硫黄回收联合装置，并配套建设储运设施及公用工程等。

2. 新疆塔河原油蒸汽裂解100万t/a乙烯工程

中国石化塔河炼化有限责任公司顺北原油蒸汽裂解百万吨级乙烯项目，主要建设内容：100万t/a乙烯装置，45万t/a HDPE装置，40万t/a LLDPE装置，20万t/a LDPE装置，20万t/a 1#PP装置，30万t/a 2#PP装置，14万t/a丁二烯抽提装置，10/4万t/a MTBE/丁烯-1装置，65万t/a裂解汽油加氢装置，35万t/a芳烃抽提装置。此外，配套建设锅炉、循环水场、空分空压、供配电等公用工程，罐区和装卸站等储运工程，仓库、中心化验室等辅助生产设施，污水处理场、危废暂存库等环保设施，塔河炼化现有厂区至拟建厂址之间的物料输送高架管廊。厂外工程包括220kV供电工程、铁路专用线。

3. 福建漳州古雷炼化一体化二期120万t/a乙烯工程

福建古雷炼化一体化工程二期项目包括1600万t/a炼油、120万t/a乙烯、320万t/a芳烃联合装置、60万t/a己内酰胺及配套炼化一体化下游生产装置和公用工程系统及辅助设施、配套码头及码头库区等。

古雷炼化一体化项目是大陆与台湾最大的石化产业合作项目，由福建炼油化工有限公司和旭腾投资有限公司各占50%股份合资成立的福建古雷石化有限公司负责实施。古雷炼化一体化工程一期项目已于2017年12月26日正式开工建设，2021年8月20日建成投产。

4. 广东湛江中科炼化二期120万t/a乙烯工程

中石化中科炼化一体化项目位于东海岛石化产业园内，园区总规划面积37km²。一期项目为1000万t/a炼油能力，80万t/a乙烯生产能力。项目二期包括1500万t/a炼油、120万t/a乙烯工程，包括70万t/a聚丙烯、45万t/a聚乙烯。

中科炼化工程装备国产化率超过95%，国内自主研发的先进炼化生产装备技术在项目中得到广泛应用。该项目对中国石化加快打造茂湛基地、以增量带存量、促进炼油结构优化调整，具有重要意义。

5. 海南洋浦海南炼化100万t乙烯及衍生物工程

海南炼化100万t/a乙烯及炼油改扩建工程项目厂址分为两部分：北片区为100万t/a乙烯项目，南片区为500万t/a炼油项目。海南炼化拥有我国第一套自主知识产权的芳烃联合装置，打破了世界芳烃技术被欧美长期垄断的格局，标志着中国石化成为全球第三家拥有自主知识产权芳烃成套生产技术的企业。

6. 天津南港120万t大乙烯及高端材料工程

天津石化南港120万t/a乙烯及下游高端新材料产业

集群项目是推进京津冀协同发展国家战略的重大工程，于2021年5月正式启动。项目集群由11个项目组成，包括天津南港乙烯及下游高端新材料产业集群、北京化工研究院中试基地、长城润滑油、催化剂生产基地、LNG扩建、石科院科学实验基地、工程院成果转化中心、光伏新能源、石化e贸平台等重点项目。

作为项目集群领头雁，南港乙烯工程以120万t/a乙烯装置为龙头，瞄准世界领先、填补国内空白、顶替进口，产业链延伸建设超高分子量、α-烯烃、ALL-PE、ABS、POE、HDPE等12套高端新材料装置。乙烯项目预计2023年建成，项目集群预计2025年全部建成。

7. 新疆库车塔河炼化100万t乙烯项目

主体装置位于新疆维吾尔自治区库车县库车经济技术开发区，塔河炼化现厂区以东8km处。建设以100万t/a乙烯为龙头的10套化工装置，其他9套装置分别为：45万t/a HDPE装置、40万t/a LLDPE装置、20万t/a LDPE装置、20万t/a 1#PP装置、30万t/a 2#PP装置、14万t/a 丁二烯抽提装置、10（万t/a）/4（万t/a）MTBE/丁烯-1装置、65万t/a裂解汽油加氢装置、35万t/a芳烃抽提装置。

8. 镇海炼化220万t乙烯工程

镇海炼化是我国最大的石油化工基地之一，根据中石化整体规划，扩建1 500万t/a炼油、120万t/a乙烯项目已经启动，该项目投资总额500亿元。建成后，镇海炼化将形成年炼油能力3 800万t/a、乙烯220万t/a，成为世界前五位的炼化化工生产基地。

镇海炼化的乙烯绩效已经连续5次在所罗门全球乙烯绩效评价中位列第一群组，这在国内同行中是独一无二的。镇海炼化的乙烯板块累计创造利润超460亿元，其大乙烯装置成为我国百万吨级乙烯成套技术工业应用装置中运行最平稳最有效益的装置，代表了我国科技在乙烯工业创新创造中的最高水平，是"中国创造"的一张"金名片"。

9. 南京扬子石化轻烃综合利用与新材料改造项目

南京扬子石油化工有限责任公司轻烃综合利用与新材料改造项目将新建100万t/a蒸汽裂解制乙烯装置、35万t/a HDPE装置、30万t/a LLDPE装置、40万t/a PP装置等。项目于2022年开工建设，三期项目计划于2027年12月全部建成投产。

千万吨级炼化一体化项目的历史与未来发展

随着炼化一体化成为国内炼厂转型的新趋势，以七大石化产业基地为主基调的一体化项目陆续投产，恒力及浙石化在2018年及2019年相继投产之后，盛虹炼化、广东石化也在2022年逐步投产。七大石化产业基地的山东地区也在顺应一体化趋势，通过整合方式在烟台建设裕龙石化，这也是从"一油独大"向"油化并举"的一大步，预计将在2023年年底投产。

我们正站在大炼油时代的开端，民营独立炼厂与主营炼厂之间的竞争逐步拉开帷幕。

（1）历史及现状　2017—2022年，国内炼油能力继续抬升，民营企业炼油能力增长非常明显，合计有1.2亿t的一次产能投产，主营炼厂有6 850万t的一次产能投产，新增产能多数为七大石化产业基地的炼化一体化项目。预计到2025年，七大石化基地的炼油产能将占全国总产能的40%。表1所示为2017—2022年国内新建及扩建产能一览表。

表1　2017—2022年国内新建及扩建产能一览表

隶属	地区	企业名称	所属集团	新增产能（万t）	投产年份	类型
国营	云南	云南石化	中石油	1 300	2017	新建
	广东	惠州炼化二期	中海油	1 000	2017	扩建
	河北	华北石化	中石油	500	2018	扩建
	江苏	中海油气泰州	中海油	150	2019	扩建
	福建	泉州炼化	中化集团	300	2020	扩建
	河南	洛阳石化	中石化	200	2020	扩建
	广东	中科炼化一期	中石化	1 000	2020	新建
	江苏	镇海炼化	中石化	400	2021	扩建
	广东	广东石化	中石油	2 000	2022	新建

(续)

隶属	地区	企业名称	所属集团	新增产能（万t）	投产年份	类型
民营	山东	清沂山石化	清源集团	300	2017	新建
	山东	永鑫化工	永鑫化工	350	2017	新建
	广东	惠州炼化二期	中海油	1 000	2017	扩建
	山东	山东海化	山东海化集团	240	2018	新建
	山东	东营石化	中海化工	350	2018	新建
	东北	恒力石化	恒力集团	2 000	2018	新建
	浙江	浙江石化（一期）	荣盛集团	2 000	2019	新建
	广东	中谷石化	中谷石化	500	2019	扩建
	广东	珠海华峰	珠海华峰	380	2019	扩建
	山东	金诚石化	金诚石化	290	2019	扩建
	四川	盛马化工	盛马化工	240	2019	闲置重启
	浙江	浙江石化（二期）	荣盛集团	2 000	2020	新建
	辽宁	辽宁宝来	辽宁宝来	1 000	2021	扩建
	江苏	盛虹炼化	盛虹炼化	1 600	2022	新建
合计				19 100		

七大石化产业基地之外的炼化一体化项目中，最受市场关注的当属烟台裕龙石化。2022年是参与整合的10家炼厂拆除完成之年，将有740万t一次产能在2022年完成拆除，分别为成达新能源、海科化工及科力达石化，预计明年裕龙石化也将投产。整合炼厂拆除时间一览表见表2。

表2 整合炼厂拆除时间一览表

拆除时间	炼厂名称	原油一次加工能力（万t）
2020年	金石沥青	300
	滨阳燃化	440
	中海精细	230
	玉皇盛世	230
2021年	恒源石化	350
	富宇石化	220
	联盟石化	210
2022年	成达新能源	300
	海科化工	220
	科力达石化	220
合计		2 720

（2）未来及发展 展望未来，预计2023—2030年，国内新增产能将达到1.23亿t，而落后产能淘汰及裕龙石化二期整合淘汰的产能合计将达6 000万t左右，折算后预计新增产能将在6 060万t。2023—2030年国内炼厂新增及淘汰产能预估见表3。

表3 2023—2030年国内炼厂新增及淘汰产能预估

生产企业	省份	集团归属	常减压产能（万t）	投产时间	性质
裕龙炼化一期	山东	裕龙石化	2 000	2023年年底	在建
宁波大榭	浙江	中海油	600	2024年	拟建
旭阳炼化	河北	旭阳集团	1 500	2025年	规划
华锦石化	辽宁	华锦化学	1 500	2025年	规划
镇海炼化	浙江	中石化	1 100	2024年	规划
裕龙炼化二期	山东	裕龙石化	2 000	2026年	规划
古雷石化	福建	—	1 600	2026年	拟建
恒力石化二期	辽宁	恒力集团	2 000	2028年	拟建
大庆中蓝	黑龙江	中化能源	220	2023—2025年	淘汰
辽宁缘泰	辽宁	鞍炼集团	300		
大连锦源	辽宁	大连锦源	220		
其他可能退出的产能			2 000		
其他可能退出的产能			3 500	2026—2030年	淘汰
合计新增产能			6 060		

随着新能源汽车产业快速发展以及民众需求质量不断升级，对石化产品需求增长加速，国内石化产业正在发生巨大变化，炼化一体化项目不断增多，其发展呈现以下四大新趋势。

控制炼油转向有机化工原料。由于人民生活水平的提高，市场对有机化工原料需求不断增多，尤其是对乙烯、丙烯、芳烃等基础产品的需求增长，支撑炼化一体化快速发展。

整合炼厂园区化、产业基地化。整合低产能炼厂，淘汰过剩产能，响应国家新规划。将新增项目建设在七大石化基地（大连长兴岛、河北曹妃甸、江苏连云港、上海漕泾、广州惠州、福建古雷、浙江宁波）。其中，浙江石化位于浙江宁波渔山岛基地，恒力石化位于大连长兴岛基地。预计到2025年，七大石化基地的炼油产能将占全国总产能的40%。

传统一体化与多维度一体化共存。传统一体化主要是"油头化尾"，以原油开始，以化工结束。现在炼化一体化模式已经向多元化拓展，炼厂自身对氢气需求及汽电或热电联产的需要，再加上当前及未来电力作为二次能源需求的增长，进一步发展出了炼油芳烃一体化、炼油乙烯芳烃一体化、炼油发电蒸汽一体化等多种一体化模式。

技术进步不断向纵深发展。2022年以来，埃克森美孚、沙特阿美和沙特基础工业公司都开发了原油直接裂解制烯烃技术，推进炼化一体化向新领域拓展。沙特阿美和沙特基础工业公司正在沙特延布建设原油制化学品项目，每年可生产1 400万t化学品，化学品转化率可达50%～70%。炼化一体化正在不断向纵深发展，呈现着新的模式和发展动向。

油气管网建设突破3 000km

党的二十大胜利闭幕以来，国家石油天然气管网集团有限公司广大干部员工深入学习党的二十大精神，贯彻落实党的二十大作出的关于加强能源产供储销体系建设、加强能源领域安全能力建设等重大决策部署，全力攻坚、聚力突破，奋力冲刺年度工程建设任务。

2022年年初以来，累计焊接管道里程已突破3 000km大关，较2021年同比增长14%，全国"一张网"进一步织牢织密。

（1）重点攻关，加快推进国家重点项目建设　建立并完善问题协调跟踪三重保障机制、重难点工程日跟踪督办机制，以"精敏、集约、韧性"的供应链管理理念，扩大规模、集中优势，保证钢管等物资供应，有力保障国家重点项目稳步推进。建设项目管理公司完成焊接1 755km，完成年度焊接里程超95%。

中俄东线天然气管道工程安平至泰安段，贯通江苏滨海LNG配套输气管线工程竣工，沈阳联络压气站压缩机组顺利投产。

中俄东线天然气管道工程泰安至泰兴段提前6个月全线贯通，"万里长江第一隧"长江盾构隧道提前一年贯通。

西气东输四线工程（吐鲁番—中卫）将营地搬到戈壁滩上，实行"营地—现场"两点一线通勤，1 219mm口径管道单机组焊接工效创历史新高，平均达13.7道口/天。

（2）克难奋进，推进工程建设项目提质提效　克服疫情、旱情、汛情，擂响进攻战鼓，厚植强大物质基础，有效运用安全专项整治三年行动成果，多维度多层次开展质量安全检查督查，保障工程建设质量、安全、进度全面受控。

西南管道公司工程项目分布于川、渝、滇、黔、桂五省，管道沿线山区众多、危峰兀立、河流纵横。2022年以来，川渝地区气温37℃以上天气长达57天，广西桂林地区爆发历史同期最大暴雨洪灾，云南边陲瑞丽发生2次共计90余天疫情封控。西南管道公司不等不靠，想办法、加防护、定措施，全力有序推动项目建设。2022年完成焊接230km。

广东省管网公司面对广东地区63天持续降雨和北江流域"百年一遇"特大洪水，充分调动各方资源，分解目标，责任到人，真抓实干，攻坚克难，超额完成2022年前三季度焊接任务指标。完成焊接222km，完成年度焊接里程超94%。

西部管道公司在古浪—河口联络管道工程建设过程中，开展百日攻坚劳动竞赛，战疫情、攻外协、保管材，多措并举保工程进度。完成焊接94km，提前完成全年焊接任务。

新气管道广西支干线工程沿线地形地貌多变，地质条件复杂，管道穿跨越形式多、频次高，新气管道公司锚定"12·30"主体工程全面完工的奋斗目标，攻克丘陵水网地带组合自动焊规模化应用及喀斯特地貌大中型河流穿越等施工难题，实现项目建设全面提速。完成焊接191km，完成年度焊接里程94%。

（3）聚力创新，多项工程建设项目指标破纪录　以技术创新和管理创新为引领，以"建管融合"机制为抓手，因地制宜，加大资源投入，深耕挖潜，释放资源效能，为工程建设项目攻坚蓄势增能。双台子储气库双向输气管道工程沿线为连续水田，作业带泥泞不堪，施工期间恰逢辽宁地区百年未有大雨，施工难度成倍增加。北方管道公司打破常规配置和管理习惯，实行一机组一方案，路基箱、钢板桩、钢管排，能垫"脚"的全上，打井降水、引流排水、咸水外运，能治"水"的全用，专家、经理、主管，能出"力"的全来，每个作业现场业主、设计、施工、监理、检测"一个都不少",百里管线到处是攻坚战场。项目控制性工程——绕阳河定向钻更是创造1 219mm口径管道定向钻单穿2 293m世界纪录。北方管道公司2022年完成焊接225km。

2022年11月4日,东营输油站迁建工程一次投产成功。项目从立项到建成投产仅历时9个月29天,创造同类工程建设时间最短纪录。东部原油储运公司2022年完成焊接182km。

在中开线与平泰线互联互通工程建设过程中,西气东输公司首次尝试应用711mm管径全自动焊接技术,开国内先河,并破解壁厚薄、坡口加工难度高、焊接参数要求精确等难题,焊接合格率达98.5%,创下单机组单日焊接94道口的纪录。西气东输公司完成焊接165km,完成年度焊接里程99%。

南海东部油田产原油累计产量超 3 亿 t

2022年12月13日,中海油深圳分公司宣布,南海东部油田原油累计产量突破3亿t,近四年原油增产450多万t,约占同期全国原油总增量的三分之一,充分彰显保障国家能源安全和粤港澳大湾区经济社会发展"压舱石"地位。

南海东部油田位于珠江口盆地东部地区,矿区面积22.5万km^2。自1990年首个油田惠州21-1投产开始,南海东部油田经过30余年勘探开发,已建成7大油气产区,现有50个在生产油气田、41座生产设施,油气年产量位居全国各大油田第七位。

南海东部油田也是中国海洋石油工业走向深水的主战场,已相继建成我国第一个深水气田群和第一个深水油田群。从自主勘探开发200m水深以内油气资源,到构建200~500m油气勘探开发体系,再到500~1 500m深水工程和生产的成功实践,中海油深圳分公司全方位加强深水领域的地质研究、工程装备建造、钻完井技术体系以及配套作业能力建设,带动勘探开发全产业链升级。我国首个自营深水油田群流花16-2油田群自2020年9月投产后持续保持高效开发,目前已累计产油气超800万t,为我国南海日产量最高的油田群。2022年10月,亚洲第一深水导管架平台"海基一号"投产,标志着我国成功开辟深水固定式平台油气开发新模式。

2018年以来,中海油深圳分公司实施国内油气增储上产"七年行动计划",加大油气勘探开发力度,推动年油气产量保持稳步上升。一方面持续加快新区新领域产能建设步伐,探索勘探开发一体化模式,缩短产能设计研究周期,高效投产油田10个、新建海上设施5座,不断实现产量新目标;另一方面加强在生产油田立体挖潜,大胆探索新工艺,向"低、边、稠"等低品位油藏进军,实施调整井近160口、措施井250余井次,形成了多分支井、注水开发、压裂等特色技术系列。

中海油深圳分公司全力冲刺年内油气上产2 000万t油当量目标,提前三年完成"七年行动计划"。公司将持续加大油气资源勘探开发和增储上产力度,进一步深化精细油藏研究,挖掘老油田潜力,加快新油田建设速度,牢牢"把能源的饭碗端在自己手里"。

中国石油油气产量创历史新高

2022年,中国石油开发战线广大干部员工深入学习贯彻大力提升勘探开发力度指示精神,落实集团公司党组决策部署,推进实施"七年行动方案",锚定年度油气开发工作目标,部署并确立了"十四五"期间15项稳产上产重大工程,启动并推进实施了老区"压舱石"工程,全力以赴增储上产,全力保障油气安全平稳供应。

中国石油2022年全年油气产量当量创历史新高,原油产量达1.05亿t,实现4年连续增长,创"十三五"以来最大增幅。天然气加快上产,实现天然气产量1 453亿m^3,在油气产量当量中占比达52.4%,进一步巩固稳油增气基础,再创油气勘探开发佳绩,油气总产量突破2.2亿t(天然气换算原油当量:1 255m^3天然气=1t原油)。

大庆油田坚持稳定松辽、加快川渝、高效建库，持续完善产供储销体系。深挖老井潜力，加快产能建设，2022年新钻井投产4 529口、老井利用1 298口，建成产能217.36万t，提前完成产能建设年度目标任务。实现年原油产量3 003万t，连续8年保持在3 000万t以上，国内原油"压舱石"地位进一步夯实；天然气产量达55.4亿m^3，全年油气当量超3 438万t。

辽河油田面对有水文记录以来最大洪水灾情，精准组织抗洪抢险、安全环保、灾后复产、油气上产等各项工作，全力打赢抗洪抢险阻击战、安全环保保卫战、灾后复产攻坚战、油气上产进攻战，年产原油933.17万t，天然气8.4亿m^3，油气产量当量达1 000.18万t，连续37年保持原油千万吨能力稳产，经营业绩创近八年来最高水平。

新疆油田坚持精细开发，推动新区效益上产，按照"效益优先、减非常规、加中浅层"原则，全面优化产能结构和方案部署，积极扩大"一全六化""大平台、集团式、工厂化"产建模式。2022年累计生产原油1 442万t、天然气38.4亿m^3，油气产量当量达到1 748万t，同比增长100万t，油气当量首次突破1 700万t，创历史之最，连续4年实现百万吨级跨越，是历史上超产幅度最大的一年，提前9天完成全年油气生产任务，实现连续八年油气生产"双超"。

长庆油田突出规模增储，坚持效益建产，精细油藏管理，优化采油工艺，年产原油2 570万t。不断解放思想，转变发展方式，推进技术创新，致密气开发取得新突破，保供能力实现新提升，年产天然气506.5亿m^3。全年油气产量当量攀上6 501.55万t新高峰。天然气产量保持快速增长，年产量跨越500亿m^3，再次刷新历史纪录，实现年产油气当量突破6 500万t，稳产上产"三连冠"。

塔里木油田强化精细油藏描述，持续挖潜增效，老区实现有效稳产，加快富满油田效益建产步伐，年产量达到260万t。持续加大库车地区天然气建产力度，新井完成原油产量89.21万t、天然气产量18.41亿m^3，分别超全年计划9.2万t和400万m^3，油田新井油气产量均提前完成年生产目标。公司全年生产原油736万t；夯实克拉、克深等主力气田稳产基础，加快博孜-大北上产，年产天然气332亿m^3。全年油气产量当量达3 310万t历史新高。

西南油气田全力攻坚页岩气新阵地，夯实常规气"压舱石"，打造致密气增长极，年产天然气376亿m^3，生产原油6.8万t，油气当量突破3 000万t，创历史新高。公司规模实力和创效盈利能力进一步增强，500亿m^3战略大气区建设稳步推进。西南油气田也因此成为继长庆油田、大庆油田、渤海油田、塔里木油田之后我国第五大油气田。产量跨越3 000万t油气当量，具有里程碑式的意义。从支撑国家战略在川落地实施来看，突破3 000万t油气当量，意味着向建成国家天然气千亿立方米级产能基地又迈进了一步。作为西南地区最大的天然气生产和供应企业，西南油气田按照"2025年达产500亿，2035年达产800亿"战略规划，正坚定不移推进油气增储上产和新

能源建设，努力为保障国家能源安全做出新的更大贡献。

吉林油田以稳定松南、快上川南、发展新能源"三分天下"解决方案为抓手，落实转型发展措施，践行低成本战略，持续攻关升级大平台效益建产模式，转变开发方式，攻关压裂提产技术，释放效益开发潜力，规模集成应用控投降本技术成效显著，完成油气产量当量503万t。其中，生产原油417万t，同比增加10万t；生产天然气10.8亿m^3。油气产量当量实现连续五年稳产超产，生产经营业绩创八年来最好水平。

大港油田锚定原油、天然气、新能源任务目标，强化生产组织，优化产量结构，着力稳油增气、创新驱动、提质增效、价值创造，全力推进油田高质量发展。2022年生产原油401万t，生产天然气6.3亿m^3。为落实保供责任，加快驴驹河、白15库2座储气库投运，储气库整体工作气量达26.1亿m^3，保供能力再创新高。

青海油田锚定千万t规模综合能源新高地目标不动摇，着力做好老区稳产、新区快建产等文章，较好地完成了全年生产经营任务。2022年生产油气产量当量713万t，其中，原油产量235万t，连续二十二年保持200万t以上；天然气产量60亿m^3，连续十二年保持60亿m^3以上生产规模。

华北油田围绕油气上产、提质增效工作主线，全面打响"老区稳产、新区上产"攻坚战，全力推进新时期新华北建设。2022年生产原油443万t，生产常规气3.5亿m^3，生产煤层气18.9亿m^3，油气产量当量达到622万t，连续五年保持上升，创三十年来新高。

华北油田山西沁水盆地煤层气生产已完成年度计划的104%，日产水平比去年同期增加近四成，实现了煤层气业务的飞跃式增长。同时，年生产能力突破20亿m^3，成为全国最大的煤层气田。

冀东油田紧密围绕建设"一体两翼两支撑多区域协同发展的新型清洁能源公司"总体战略，坚定不移推动冀东本部效益建产与老油田稳产，全力组织西部探区天然气产建，高效推进储气库与新能源建设。2022年生产原油105万t、天然气2.7亿m^3，全面完成年度各项生产经营任务。

玉门油田坚持"油气并举、多能驱动"战略，大力实施"新区高效上产，老区效益稳产，清洁能源转型"工程，2022年完成原油产量69万t、天然气产量4 000万m^3，油气产量当量实现七年持续攀升。

浙江油田践行效益开发理念，全力推进大安配置矿权区天然气前期评价，落实规模效益建产有利区，狠抓昭通气区稳产工程，奋力提升气田开发效果。2022年生产原油2.3万t、天然气18.4亿m^3，油气产量当量149万t，实现产量十七年连增。

吐哈油田2022年生产原油139万t，生产天然气3.01亿m^3。

南方公司（南方石油勘探开发有限责任公司）2022年油气产量当量达40万t，其中，生产原油32万t。

煤层气公司坚决贯彻集团公司各项决策部署，坚持守

正创新，持续强化技术攻关，深层煤层气效益开发获得新突破，气田上产开启新格局。2022年产气27.9亿 m³，产销量连续十四年保持增长势头，油气产量当量首次突破220万 t。

储气库公司统筹推进储气库生产建设、调峰保供、改革创新、提质增效、安全环保等各项工作，进一步落实公司发展定位，服务一体化管理，推进专业化发展，强化企业化经营，完善创新体系，努力提高竞争力，勇于创造价值，不断开创储气库公司高质量发展新局面。2022年督导在役库、新建库等37座库建设进度，其中，在役库扩容达产项目8个，新库续建项目7个，新库启动建设项目11个。

中国石化油气产量登上新台阶

胜利油田2022年生产油气当量达2 386万 t。其中，生产原油2 340.25万 t，生产天然气8.03亿 m³，整体创效盈利能力持续增强。

西北油田生产油气当量超940万 t，同比增长11%。其中，顺北4号带20口井全部高产，年产油气当量185万 t，占顺北油气田总产量的74%。

江汉油田生产天然气73.37亿 m³、原油115.7万 t，油气当量达到700.3万 t，位列中国石化国内上游第三位，再创历史新高。

西南石油局2022年生产天然气84.01亿 m³，同比增长5%，创历史新高。

中原油田生产原油116.49万 t，超集团公司下达运行计划1.2万 t；生产天然气60.08亿 m³，实现了油气核心业务稳健发展。

华北石油局2022年生产天然气50.01亿 m³。

华东石油局油气当量225万 t，完成年度目标任务107%，超产14万 t。生产原油46.7万 t、页岩气13.84亿 m³、煤层气4亿 m³。

河南油田生产原油114.512 6万 t，超产126t；生产天然气6 897万 m³，超产1 897万 m³。

江苏油田2022年生产原油106.2万 t，圆满完成了年初确定的年度产量目标。

上海石油局2022年天然气份额商品量实际完成8.9亿 m³，超计划0.9亿 m³，油份额商品量完成16.5万 t，超计划1万 t，天然气日产量较年初提升70%，国家重点新区产建项目提前投产，取得预期效果。

东北油气分公司2022年新增天然气探明、控制、预测储量分别完成年计划的279%、207%和103%。

中国海油油气产量再创新高

《中国海洋能源发展报告2022》于2022年12月10日发布。报告预计，2022年中国海洋油气产量再创新高，海洋石油将贡献全年中国石油增产量一半以上。

2022年，受油气价格大幅攀升带动，全球海洋油气投资大幅增长。中国海油集团能源经济研究院发布的《中国海洋能源发展报告2022》显示，2022年全球海洋油气勘探开发投资有望达到1 672.8亿美元，同比增长21.3%，占油气总投资的33.2%，其中，深水、超深水投资显著增长。

分区域看，亚洲和中东是投资最高的区域，我国表现亮眼。2022年，全球海上钻井工作量中，近40%来自我国海域。

2022年是中国海洋油气勘探开发取得重大突破的一年。中国海洋油气获得勘探新发现7个，成功评价宝岛21-1等20个含油气构造，年内计划投产7个新建产能项目。

报告预计，2022年中国海洋石油产量达5 862万 t，同比增长6.9%，增产量占全国石油增产量一半以上，渤海和南海东部是海洋石油上产的主要区域；海洋天然气产量达216亿 m³，同比增长8.6%，约占全国天然气产量增量的13%。其中，渤海油田全年原油总产量3 175万 t、天然气总产量34.8亿 m³，稳居国内第一大原油生产基地，全年生产油气当量超3 450万 t，超过大庆油田国内产量，成为全国第二大油田；南海东部油田全年完成原油总产量1 457.1 万 t，天然气总产量 68.2 亿 m^3，油气当量历史性登上 2 000 万 t 新台阶，提前三年完成七年行动计划目标；南海西部油田全年完成原油总产量 515 万 t，天然气总产量 87.5 亿 m^3，建成我国海上第一大天然气生产基地；中联公司全年完成天然气总产量 42.7 亿 m^3，连续五年保持18% 以上的高速增长，稳居国内煤层气企业第一；海油国际全年完成油气产量 4 624 万 t 油当量，同比增长 697 万 t，生产经营业绩再上新台阶。

展望 2023 年，我国海洋石油产量有望突破 6 000 万 t 大关，继续保持我国石油生产增量的领军地位，海洋天然气产量有望突破 230 亿 m^3。

值得一提的是，在应对气候变化进程中，可再生能源获得更大发展空间，海洋能源在这方面同样潜力可观。海上风能正成为海洋国家发展可再生能源的重要支撑。报告预计，截至 2022 年年末，全球海上风电并网装机规模达到 6 850 万 kW，同比增长 26%，约占全球可再生能源发电装机总量的 2%，未来该比例将稳步提升。同期，中国海上风电累计并网装机容量预计达到 3 250 万 kW，几乎占全球一半。

延长石油油气产量首次突破 1 700 万 t

陕西延长石油集团（简称延长石油）2022 年油气当量突破 1 765 万 t，同比增长 5% 以上，油气当量首次突破 1 700 万 t，创历史最高水平。其中，原油产量 1 148 万 t，同比净增 14.21 万 t，实现连续十六年千万吨以上稳产；天然气产量 75.6 亿 m^3，同比净增 4.2 亿 m^3，近十年年均增长超过 148.5%。

2022 年以来，陕西延长石油集团坚持"扩油""稳油"目标，深入推进适度温和注水、裸眼井区二次开发、CCUS 等提高采收率技术，协同推进新井建产、老井稳产、技措增产、停躺井复产，原油生产实现了"月月主动、季季超产"的良好局面。2022 年新建原油产能 120 万 t，钻井数同比下降 5.3%，采收率同比提升 0.06 个百分点，新建井平均单井日产油同比提高 6%，实现"少打井、多出油、提高采收率"。

"主粮"稳中有增，"新粮"加速上产。在天然气生产方面，延长石油全面启动 150 亿 m^3/a 天然气产能增能项目建设。2022 年 7 月 20 日，甘泉—富县 9 亿 m^3/a 天然气产能项目提前 3 个月建成；2022 年 12 月 11 日，延安气田中区北部、宜川区域产能建设项目正式启动，预计至 2023 年年底建成天然气产能 18.9 亿 m^3/a；2022 年 12 月 22 日，吴起区域一口气井试气无阻流量达 105.46 万 m^3/d，标志着延长石油在下古生界天然气勘探取得新的重大突破。天然气年产量在延长石油油气当量中占比已达 34%，增储上产基础进一步巩固。

在做好常规油气开发的基础上，延长石油不断挑战非常规油气开发极限，依靠自主攻关和集成创新，攻克了致密气、页岩油开发等重大难题，建成鄂尔多斯盆地东南部 40 亿 m^3 致密气高效开发示范区，启动 50 万 t 致密油页岩油示范项目建设，同时探索开展陆相页岩气商业试生产。特别是 2022 年以来，在油田开发方面积极推行"大井丛、多层系、平台化、立体式"开发先导试验，引进国内领先油服企业，建设地质工程一体化示范项目，开创了一条具有延长特色的"大井组、小油田"页岩油开发之路，建成页岩油产能 20 万 t。

中国石油石化设备工业年鉴 2023

装备与产品应用

记载 2022 年石油石化设备行业主要装备与产品应用情况

行业概况

大事记

产业政策与规划

行业活动

行业重点工程

装备与产品应用

重大成果与技术

智能制造与绿色环保

标准化工作

企业动态

专题报告

检测机构概况

产业基地概况

中国石油石化设备工业年鉴 2023

装备与产品应用

随钻仪器与旋转导向系统

海洋油气工程装备

炼化、储气库、制氢与CCUS装备

油气钻采作业装备

油气工程材料

储运与管道

其他装备与产品

随钻仪器与旋转导向系统

1. 渤海装备研制旋转导向螺杆钻具成功应用

2022年2月,"渤海中成"品牌配旋转导向螺杆钻具配合哈里伯顿公司旋转导向工具在川渝大气区页岩气生产井进行水平段钻进施工,完成2 526m的造斜段以及水平段的钻进作业,其中两套螺杆钻具在井下分别使用338h和374h,分别进尺1 046m和1 160m,顺利完成该井的水平段钻进任务。此前,配旋转导向螺杆钻具在该地区邻井施工,单趟钻实现190h进尺1 265m,机械钻速提高30%以上。

川渝大气区是中石油"五油三气"六大盆地勘探开发的重要组成部分,为加快引进高温旋转导向及配套工具,中石油渤海石油装备制造有限公司瞄准这一需求,主动研发旋导用螺杆钻具。通过与哈里伯顿公司、川庆钻采工程技术研究院等交流合作,设计研发出大扭矩、低转速配旋转导向螺杆钻具。通过现场实用验证,"渤海中成"牌178配旋转导向螺杆钻具具备耐高温、耐油基的特性,且提速减震效果明显。

2. 中海油"璇玑"系统生产线建成投产

2022年4月20日,中海油旋转导向钻井与随钻测井系统——"璇玑"系统生产线在广东佛山正式建成投产,标志着由我国自主研发的旋转导向钻井与随钻测井系统正式迈入大规模产业化新阶段。

为满足国内急迫的规模化市场需求,解决旋转导向钻井和随钻测井产品供不应求的矛盾,中海油服以自有科研团队和院校联合实验室为创新源头,联合国内战略合作伙伴建立高质量供应链,以混改制造企业为规模化产业载体,在多年探索中走出了一条突破核心技术和构建完整"智造链"的科技自立自强发展之路。"璇玑"系统智能化生产线就是中国海油建设高端油气勘探装备"智造链"的核心内容之一,标志着我国在旋转导向钻井和随钻测井领域具备了涵盖科研、生产、销售、服务一体化的成熟能力。据悉,该生产线投产后,具备年产100套"璇玑"高端装备的制造能力,一举解决了国内规模化市场应用带来的供不应求问题。

承建该智能化生产线的中海万泰技术有限公司,是中国海油旗下第一家从事高端石油勘探开发装备制造产业的混合所有制公司,将逐步形成技术领先、产能共享、资源互补、物流支撑、辐射亚太的高端技术装备产业化制造中心,对南海的智能制造乃至珠江西岸先进装备制造业发展起到积极促进作用。

旋转导向钻井与随钻测井技术自20世纪90年代诞生以来,因其横跨20多个学科、涉及1 000多道高端工艺、多达几百万行控制代码,被美国三家国际油田服务公司垄断达20余年。中国海油旗下专业技术公司——中海油服经过7年的技术攻关,于2014年成功研发"璇玑"钻井、测井系统并实现海上作业,使我国成为世界第二个拥有该项技术的国家。中国海油"璇玑"系统可以精准控制几千米深地下的钻头"瞄着"油层去,"闻着"油味钻,甚至可以"遥控驾驶"钻具在0.70m的薄油层中横向或斜向稳定穿行1 000m以上,同时实现对地层资料的实时分析,是大幅降低油气田开发成本、高效开发海洋油气资源的重要法宝,代表着当今世界钻井、测井技术发展的最高水平。截至2022年3月,"璇玑"系统已累计完成809井次作业,钻进81万m。

2022年6月,中国海油"璇玑"系统突破限速,跻身5G传输时代。自主研发的旋转导向和随钻测井技术装备——"璇玑"系统高速率泥浆脉冲遥传系统(简称HSVP)在测试中,首次以8b/s的速率实现了传输距离6 000m的高速解码,传输过程中全程2h无误码,解码成功率达到100%。

近年来,"璇玑"系统家族已由单一井眼尺寸规格的工具,发展为475型、675型、950型、非标型多尺寸全系列仪器,实现全规格"旋转导向+探边+四条线+高速传输"作业能力。其中,HSVP作为"璇玑"系统系列化重要产品之一,历经近十年研发,是实现井下随钻测井仪器和旋转导向工具与地面软件系统实时通讯的传输设备,不仅可以挂接全套"璇玑"工具,还能够实现自适应、多模式、高精度的实时数据传输,而且可对井下传送的泥浆脉冲信号进行实时解码,最高传输速率高达20b/s。相当于通信行业从传统的2G进入5G时代,从而达到快速获取随钻测井数据的目的,为及时决策提供可靠的依据,并大幅提高实时数据分辨率和钻井时效。

2016年,在新疆轮台,历经10年攻关的HSVP在中国海油COSL工程技术学院的"探索者"号钻井平台完成了高速率脉冲器首次实钻试验,实现了最高13b/s的高速数据传输。这不仅是高速率传输技术从零到一的重大一步,更是我国旋转导向和随钻测井技术前进的一大步。

2020年12月,在渤海海域上的南堡35-2A平台,HSVP高速脉冲器首次完成海上作业,解码成功率达100%,同比钻井时效提高20%,标志着我国自主研发的旋转导向和随钻测井系统成功突破"限速",正式跻身世界前列,为大规模产业化应用插上了腾飞的翅膀,中国海油也成为世界上第三家拥有此项技术的公司。

2021年6月，在渤中区块某井井口，中海油服自主研制的800型HSVP高速率脉冲器首战告捷，继675型号刷新记录之后，800型号也首战告捷。该井为大斜度调整井，具有临井密集，井眼尺寸大导致信号解码差、测井段长等难点，但依靠HSVP脉冲器的强大解码能力和信号传输能力，依然实现了高达4b/s的数据传输、实时信号解码率达到98%以上、累计进尺1138m等骄人成果，标志着中海油服自研高速率脉冲器成功攻克了浅层脉冲器发射信号解码弱、传输速率低等难题。

2022年6月，475型HSVP顺利完成了国家重点项目中联煤层气有限责任公司在神府南项目某水平井的作业任务，累积进尺1091m，创造了475型HSVP高速率作业进尺最长、作业时效最高纪录。至此，"璇玑"系统实现了3种尺寸全系列高速传输覆盖。

3. 长城钻探旋转地质导向技术获突破

2022年9月24日，由中国石油长城钻探工程分公司（简称长城钻探）自主研制的GW地质导向系统与旋转导向系统互联互通，在现场成功实现了功能造斜、姿态测量、闭环控制、随钻测量、通信传输等核心关键功能，标志着长城钻探旋转地质导向技术在现场钻探作业中取得了重大突破。长城钻探旋转导向互联互通在辽河油田双229区块双229-37-53井试验取得重大突破，钻井周期仅11.3天，提速185.83%，刷新辽河油区双229区块多项施工纪录。

长城钻探致力于旋转地质导向技术研发与推广应用，经过数百次的系统测试与改进，形成了长城钻探首套自研制且具备现场施工条件的旋转地质导向服务产品。长城钻探致力打造的"一区域、一方案、一特色"旋转导向和"三化一低"推广应用模式，已在辽河油区双229平台、沈273大平台井、新疆吉木萨尔等区域现场施工20余口井，施工进尺突破2万m，提升了在国内随钻高端市场核心竞争力。

4. 中国石化研发出国际领先的旋转地质导向系统

2022年11月11日，中石化经纬有限公司自主研发的经纬旋转地质导向钻井系统自2021年首次在涪陵页岩气地区成功应用以来，该系统已实现多场景规模化应用，突破了国外技术壁垒，有效推进高端装备国产化，确保石油工程领域关键核心技术自主可控。经由5名院士参加的专家组鉴定：经纬旋转地质导向钻井系统整体达到国际先进水平，其中导向头工具面测量精度、方位电阻率测量精度达到国际领先水平。

旋转地质导向钻井系统是石油工程领域最前沿、最高端的技术装备，是实现地质目标、提高油气钻遇率、降本增效的关键利器。它可以在钻柱旋转钻进时，使钻头实时完成方向控制功能。简单而言，就是给钻头在地下装上"眼睛"，如同"贪吃蛇"一般自由转身，像巡航导弹一样自动寻找目标、多靶点命中。

该系统能够承受井下165℃的温度、140MPa的高压，具有可靠性高、适应范围广、多参数测量、测录导互补、精准控制轨迹、成本优势明显等多项特点。系统成本较国际同类型产品降低了50%，研发制造过程涉及十几个领域，被称为石油工程技术"皇冠上的明珠"。

该系统已在川渝页岩气、胜利济阳页岩油、渤海湾近海海油陆采、东部复杂结构井等场景应用65口井，累计工作逾5600h，累计进尺超4万m，储层钻遇率96%。

中国石化高度重视石油工程领域关键核心技术自主可控。我国在1999年把旋转地质导向前瞻性研究列入国家"863计划"以来，中国石化科研团队先后完成近6000个电子元器件、31个井下测量控制程序固件的制造定型和升级迭代，编写56万行控制代码，攻破9项核心技术，形成4项创新成果和4项创新点，终于研发出媲美国际同行的产品。

5. 川庆钻探公司国产旋导产品步入产业化运作市场化运营

2022年10月27日，中石油川庆钻探工程有限公司（简称川庆钻探）钻采工程技术研究院定向技术服务公司拿到四川天石和创科技有限公司营业执照。四川天石和创科技有限公司是由川庆钻探和航天科工集团第三研究院第三十三所（简称航天三十三所）共同出资设立，以国产旋转地质导向研发制造为主的钻井高端设备、仪器技术服务科技型公司，旨在解决钻井工程技术关键性难题。这个公司的顺利注册，标志着双方国产旋转地质导向产品研发正式步入产业化运作、市场化运营快车道。

为提升旋转地质导向核心技术，从2011年开始，川庆钻探与航天三十三所联合研发国产旋转地质导向钻井系统，双方充分发挥各自技术特长和市场优势，精心打造科研技术团队，攻克了多项技术难题，先后形成了专利、软件著作及技术成果118项，自主研发的首套国产旋转地质导向系统CG STEER，被誉为油气领域"国之重器"，工具造斜能力和工程适应性达到国际先进水平，国产化率达95%以上。

2021年7月，在国家大力推进科技强国的背景下，在中国石油集团和航天科工集团的强力支持和持续关注下，川庆钻探深入贯彻"技术立企"战略，和航天三十三所正式签订设立项目公司的合作框架协议。一方面，双方持续加大旋转地质导向产品在现场的推广试验，两年内共计完成96口井的现场应用，累计进尺超12万m，作业成功率达到100%。另一方面，主动将旋转地质导向产业化纳入国企改革三年行动重点任务，扎实推动项目可行性研究，全力推进立项审批。

四川天石和创科技有限公司承担着CG STEER这个"国之重器"继续创新突破的历史重任。川庆钻探和航天三十三所表示，要持续加大旋转导向产品研发力度，提升自研产品的"含金量"，打造具备核心竞争力的优势产品，巩固企业立身之本。

6. 中油技服川渝地区旋转导向进尺破20万m

2022年10月31日，中油技服川渝地区自有旋转导向仪器进尺达到21.81万m，完成全年进尺计划的90.9%，进尺比去年同期提高124.4%，创历史新高。

长期以来，高端业务收入占比偏低制约工程技术业务高质量发展。中油技服坚持推动业务高端化，大力拓展储层改造欠平衡、钻井液、旋转导向、测录井、钻完井工具等技术密集型业务，改善业务结构，增强工程技术业务发展后劲。2022年，中油技服精准把握川渝地区对旋转导向工具的需求，坚持问题导向，狠抓市场开发，持续加大业务培育力度，川渝地区自有旋转导向仪器进尺预计全年将达到24万m，年进尺实现4年翻番，展现新业务良好发展势头。

2022年以来，中油技服组织川庆钻探公司钻采工程技术研究院与四川页岩气勘探开发有限责任公司多次沟通对接，总承包四川页岩气勘探开发有限责任公司的旋转导向服务项目。在川庆威远风险合作区块，川庆钻探加强技术攻关和生产组织，自有旋导市场占有率由去年的34.4%提高到现在的50.9%。

中油技服加大统筹力度，编制下发《川渝地区旋转导向业务运行管理办法》和《川渝地区旋转导向工具共享互用试运行细则》等管理规章，组织各钻探公司建立地面设施、成串工具、关键部件等共享互用机制。2022年年初以来，中油技服共开展27次大部件共享，保障井数同比增加12口；成立专项工作小组，开展100h以内故障专项治理，单趟仪器进尺达749m，同比提高15.2%。

旋转导向工具日常维修维保是保证工具正常使用的关键。中油技服结合实际，在四川广汉成立中油技服旋转导向维保中心，先后14次与国际油服公司沟通交流，针对前期引进的核心大部件开展协调，强化维保质量，维保周期进一步缩短。针对伽马探管、电路、机械件等部件开展技术攻关，推进配件国产化，机械配件国产化达24项，成本降低40%以上。2022年前9个月，使用国产化机械配件80余件，降低维修成本600余万元。

海洋油气工程装备

1. 我国首次深水犁式挖沟机海试成功

海洋石油工程股份有限公司（简称海油工程）自主实施的我国首次深水犁式挖沟机海试作业在南海崖城海域取得圆满成功，填补了我国深水海底管线犁式挖沟的技术空白。

本次海试作业的犁式挖沟机是目前国内唯一一台深水海底管道犁式挖沟机（图1），也是目前国际上性能最强的犁式挖沟机之一。设备投影面积超过3个标准羽毛球场，自重达180t，最大作业水深500m，最大挖沟深度可达2.5m。相比传统的喷射式挖沟方式，犁式挖沟机设备土壤剪切力可增加5倍，挖沟效率可提升3倍，是名副其实的海洋油气开发"利器"，代表着国际上挖沟装备技术发展的先进方向。

海底管道输送是海洋油气输送最主要、最快捷且经济可靠的方式。此次海试以3 000米级多功能深水工程船"海洋石油291"为作业母船，模拟真实海管挖沟场景，进行了无管挖沟、有管单次挖沟、有管二次挖沟、转向挖沟等系列测试作业。

本次海试属国内首例，项目人员攻克了挖沟犁深水下放与精准就位、造坡入泥和出泥、水下精准拖曳及动态重量调整等8项关键技术，成功掌握了深水海底管道犁式挖沟成套施工技术，不仅填补了国内深水海底犁式挖沟技术空白，而且形成了海底管道深水开发作业船队配套能力。

近年来，海油工程积极推进装备技术能力建设，建成由"海洋石油201""海洋石油287""海洋石油289"等多艘3 000米级深水工程船领衔、19艘船舶组成的专业化海上施工船队，掌握了包括3万吨级超大型海洋平台浮托、1 500m超深水施工成套技术等一系列核心技术，海上安装与铺管能力达到亚洲领先水平，为保障国家能源安全打下坚实基础。

2. 全球首例海量数据舱启动建造

2022年2月23日，由海洋石油工程股份有限公司（简称海油工程）承建的海南海底数据中心示范工程项目在特种设备分公司天津临港制造场地开工建造，标志着全球首个商用海底数据中心正式进入工程建设阶段。

正在开工建设的海底数据舱（图2），罐体及法兰直径达3.6m，重达1 300t，是目前全球最大的海底数据舱。舱内安装着大量精密元件，罐体上"千疮百孔"分布着管线、电缆，"大罐"下沉至海底后还要长期承受外部海水

图1

压力。因此，从方案研究、工程化设计、建造到测试都存在非常大的技术挑战。海油工程凭借自身在海工装备业务领域的技术优势，组织团队技术攻关，攻克了数据舱外部循环管路可回收设计、耐压密封、海水腐蚀等多项技术难题，顺利完成方案设计并通过专家审查，为项目进入正式建设阶段打下了坚实基础。

图 2

海底数据舱具有能耗低、建设成本低、省地、无需消耗淡水、低时延、高可靠性、可模块化生产、可快速部署等综合优势，既是集科技、大数据、低碳、绿色为一体的创新型海洋工程装备，也是海油工程从传统海洋油气工程产品向海洋新业务拓展的示范项目，对推动数据行业绿色化发展具有深远意义。

3. 我国首套国产化深水水下采油树完成安装

2022年5月11日，我国首套国产化深水水下采油树在海南莺歌海海域完成海底安装。该设备是中国海油牵头实施的500米级水下油气生产系统工程化示范项目的重要组成部分，标志着我国深水油气开发关键技术装备研制迈出关键一步。

水下生产系统是开发深水油气田的关键装备，包括水下井口、水下采油树、水下控制系统、水下管汇等设备。长期以来，全球仅有5家欧美公司掌握水下生产系统的设计建造技术，导致采购周期长、价格高、维保难。

由于水下生产系统通常要求20年免维护，而500m水深环境相当于设备本体要承受50倍的大气压，同时长期承受低于6 ℃的低温环境和海水腐蚀，严苛的环境条件对设备密封强度、材料承压能力、工艺质量提出了世界级技术挑战。为攻克这一关键技术装备，中国海油牵头联合中船集团重庆前卫科技集团有限公司等16家单位持续攻关水下生产、水下控制、水下监测等多项关键技术，在多年技术积累的基础上，历时36个月，掌握了设计、制造及测试技术。

该水下生产系统（图3）将用于开发东方1-1气田乐东平台周边的气藏，使用该水下生产系统的气井每年可生产天然气约2亿 m^3。该水下生产系统应用后，较以往成本降幅约27%。不仅可以使既有设施周边那些独立建平台开发没有经济效益的油气藏得到有效开发，而且将大幅降低深水油气开发成本，对于加快国内油气勘探开发、提高能源自给率具有重要意义。

图 3

4. 国内首套超高温高压CPLog测井装备成功应用

2022年5月15日，中油测井公司自主研发的230℃/170MPa小直径测井系列仪器，成功完成大港油田千探1井的测井任务，创CPLog测井装备213℃最高作业温度纪录。

随着石油勘探开发日益深入，对深井、超深井测井装备要求越来越高，要求测井仪器的外径更小、耐温耐压指标更高。中油测井于2021年成功研制230 ℃/170 MPa高温高压CPLog测井系列仪器，包括遥测伽马、井径连斜、补偿中子、岩性密度、补偿声波、阵列感应、阵列侧向7种测井仪器样机。目前，公司正在开展高温高压小直径阵列声波、微电阻率成像等仪器研制。

中油测井突破基于MCM高集成耐高温电路、高温承压机械结构与工艺、小直径阵列化探测器结构、复杂井眼环境校正处理四大技术瓶颈，解决了超高温高压环境适应性、斜井水平井环境校正等难题，并开发出配套采集处理软件模块、配套工具及辅助测量仪器。该系列仪器能够识别地层岩性，有效划分储层，准确计算储层孔隙度、渗透率、饱和度等参数，满足超深井、水平井、侧钻井等复杂井况的测井需求。

当前，我国剩余油气资源40%以上分布在5 000m以下的深地层。高温高压小直径仪器的成功研制及应用，可大幅节省设备引进成本，具有广阔的市场空间和可持续的应用前景。

5. 我国自主研发的首套深水水下采油树系统正式投入使用

我国自主研发的首套水下采油树在南海莺歌海顺利完成海底气井放喷测试作业并正式投入使用，标志着我国已具备深水水下采油树成套装备的设计建造和应用能力。

水下采油树系统是海上油气田生产的核心设备，它连接了来自地层深处的油气和外部的油气运输管道，通过它可以控制油气的开采速度，能够实时监测和调整生产情况。长期以来，全球仅有5家欧美公司掌握水下生产系统的设计建造技术。我国水下采油树系统依赖进口，导致该装备采办周期长、价格高、维保难。此次投产的采油树重量达到55t，由超过2 500个零部件组成，具备安全隔离储油层、保证井下作业安全等功能。水下采油树要在海底水深超过500m、温度低于6℃的低温高压环境中稳定工作20年，同时实现对气井生产油气流的精准操控，对装备设计水平和建造技术提出了极高要求。

该套深水采油树系统2022年5月成功实现海底安装，并实施了东方1-1气田乐东平台周边天然气开发井的钻完井作业，取得了超过预期的良好效果。放喷测试作业是海洋油气钻完井作业的最后一个环节，国产深水水下采油树在43h的放喷测试作业期间完成水下采油树液控阀门开关、手动阀门开关、井下安全阀开关、井下压力计信号参数设置及数据传输等48项指定作业任务，各项性能指标达到国外同类产品水平。使用国产深水水下采油树比采购进口产品节约成本约27%，同类装备规模化生产后造价有望进一步降低。依托该装备可推动一些此前没有经济效益的油气藏得到有效开发，对带动海洋油气装备相关产业发展具有积极意义。

该套深水水下采油树系统由中国海油牵头联合中船集团重庆前卫科技集团有限公司等国内优秀海洋石油装备研发制造公司，对高压密封、海水防腐、精密加工、深水湿式电气连接等一系列关键核心技术难题展开攻关，最终成功掌握了深水水下采油树总体方案设计、安装工艺及配套工具设计、制造与检验、工程配套服务等关键技术。此次水下油气生产系统工程化示范应用项目的投用进一步验证了该装备的安全性和可靠性，标志着我国深水油气开发关键技术装备研制迈出关键一步。

6. "海洋大功率往复式压缩机研制"项目通过验收

2022年6月15日，中石化石油机械股份有限公司（简称石化机械）牵头研发的"海洋大功率往复式压缩机研制"项目通过工业和信息化部现场验收，标志着我国已形成海洋大功率往复式压缩机自主研发能力，服务国家海洋天然气开发利用取得新的重要成果。

"海洋大功率往复式压缩机研制"项目涉及海洋大功率往复式压缩机系统集成技术、高转速大功率往复式全平衡压缩机曲轴箱总成研制技术、压缩机组减振技术等五项关键技术。该项目中建成了国内唯一大型往复式压缩机试验检测平台，已有100多台压缩机通过该检测平台完成整机实验和性能测试。

石化机械公司依托该项目研制出国产首台套2 250kW海洋大功率往复式压缩机工程样机，并通过船级社认证。研究成果在国家海洋平台、集气增压场景中得到成功应用。

多年来，石化机械致力于端牢油气装备"饭碗"，在天然气增压注采领域，强化自主技术创新，拓展研发制造和压缩机运维等一体化服务优势。特别是近年来，该公司充分把握天然气发展、储气库建设、海洋油气开发、氢能发展等机遇，自主创新解决"卡脖子"技术难题，压缩机创新发展迈上快车道。页岩气压缩机、高含硫天然气增压压缩机、储气库压缩机、酸性湿气压缩机、氢能压缩机等一批新产品涌现出来，压缩机研发和实践应用能力不断跃升。公司瞄准高压工艺流程、高压元件设计等"卡脖子"关键核心技术难题，集智攻关，取得了高压注气压缩机组领域新突破，排气压力最高可达52.14 MPa。

压缩机是天然气增压开采、集中处理输送、注气加气等领域的关键设备，作为中国石化国产化天然气压缩机制造基地，聚焦"打造大国重器、支撑油气发展"，坚持科技自立自强、服务油气开发利用，凭借30多年的天然气压缩机研发制造经验，依托国内唯一大型往复式压缩机综合试验平台，研发制造了能够适应天然气、页岩气、煤层气、LNG等多种介质和工况的增压、集输、注气、加气压缩机，体现了"端好能源装备饭碗，服务国家能源安全""把握发展脉搏，奋进新征程"等发展理念。

在国内天然气增压注采领域，从第一台国产压缩机研试成功到国家页岩气示范区的页岩气压缩机矩阵，再到"天外天"海洋平台压缩机的成功突破，石化机械三机分公司先后自主研制了9大系列、40种机型，大力推行压缩机研发制造和运维服务一体化服务，为国内天然气开发利用提供了运行可靠的"中国心"。

近年来，该公司针对进气压力和排量、排压、排温等具体要求，先后完成中原文23、卫11、胜利永21、东北孤家子等储气库增压装备的研发和制造工作，有效积累了大型储气库压缩机设计开发经验。其中，在文23储气库，石化机械三机分公司提供的储气库压缩机在工艺适应性、振动指标及千小时故障率等方面显现优势，实现率先交付、率先调试、率先投运，以50%的设备台数承担了现场70%以上的注气任务。公司中标我国首个百万吨级CCUS项目所用二氧化碳压缩机，该压缩机可同时应用在高二氧化碳含量、高压力增压的环境。掌握高含硫压缩机组研制与应用技术，自主研发的国内首台高含硫天然气压缩机组，在四川普光气田安全稳定运行，各项数据优于设计要求。自主研制的2台天然气压缩机用于江汉盐穴储气库，助力湖北首座储气库"天然气银行"建成投产。

7. 我国首个海洋油气装备制造"智能工厂"投产

2022年6月26日，中国海洋石油集团有限公司（简称中国海油）对外宣布，我国首个海洋油气装备制造"智能工厂"——海油工程天津智能化制造基地正式投产，标志着我国海洋油气装备行业智能化转型实现重大突破。

"智能工厂"总面积约57.5万m^2，核心设施包括三大智能生产中心、七大辅助车间和八大总装工位，设计年产能为8.4万结构吨，拥有总长1 631m、适合大型海洋工程船舶及浮式生产储卸油装置（FPSO）停靠的优质码头资源。重点发展油气生产平台及上部模块、FPSO模块、液化天然气（LNG）模块等高端海工产品，打造集海洋工程智能制造、油气田运维智慧保障以及海工技术原始创新研发平台等功能为一体的综合性基地。

作为中央企业数字化转型示范基地，海油工程天津智能化制造基地大量应用5G、工业大数据、人工智能等先进技术，通过分析和总结多年来在大型工程结构物方面项目计划、生产组织、车间执行等技术和经验，实现从项目管控、车间建造到厂区管理的全流程智能化，为海洋油气装备行业提供可复制、可推广的数字化智能化运营管理模式。

"智能工厂"主要包括以平面分段生产线、工艺管线生产线、自动化立体仓库为主的生产系统，以数字化智造管理系统、生产执行系统、仓储管理系统为主的软件管理系统，以信息采集系统、智能安防系统、动能监测系统为主的场地支持系统和车间生产物流及材料配送系统等部分，通过智能制造技术应用和各系统的精益集成，有力推动我国海洋装备制造从传统"人力工厂"迈向现代化"智能工厂"。

"智能工厂"应用自动切割、自动打磨、智能组对、智能焊接、智能仓储等先进智能生产设备400余台套，实现了从材料入场到划线、组对、打磨、焊接等车间预制流程的智能化，板材自动切割率达90%，甲板片自动焊接率达70%，总体生产效率较传统模式可提升20%以上，成本控制和质量安全管理水平大幅提高。不仅大大减少了人工投入，而且通过智能设备控制输出工艺参数，避免了人为因素产生的质量隐患，提升工艺的同时保障了人员施工安全。

传统海洋油气装备制造属于劳动密集型产业，具有产品类型多、制造工序长、定制化比例大、标准化程度低等显著特点，各生产环节的数据碎片化现象严重，实现数字化智能化难度极大，成为制约行业质量效率提升的重要瓶颈。海洋石油工程股份有限公司（简称海油工程）组建200多人核心技术团队，联合国内知名高校和科研机构，统筹国内外优质资源，攻克了智能化排产、智能定位组对、自动切割焊接、智能仓储等智能制造关键技术难题，创新应用"海洋油气装备大规模机器人焊接"等10项国内"行业首次"先进技术，实现了海洋油气装备制造工艺管理数字化、生产任务工单化、生产设备自动化和生产过程可视化，填补了我国海洋油气装备数字化、智能化制造领域的多项技术空白。

海油工程天津智能化制造基地（图4）投产，是近年来中国海油积极践行"四个革命、一个合作"能源安全新战略，加快推进数字化转型和绿色低碳发展取得的重要里程碑成果。下一步，中国海油将持续加强原创性、引领性科技攻关，大力提升海洋油气装备制造能力，把装备制造牢牢抓在自己手里，努力用我们自己的装备开发油气资源，为推动海洋科技实现高水平自立自强、保障国家能源安全、建设海洋强国作出新的更大贡献。

图4

8．我国自主研发首个浅水水下采油树投入使用

2022年7月17日，中国海油宣布，我国首个自主研发的浅水水下采油树系统开发项目在渤海海域锦州31-1气田点火成功，深埋于地下2 000多 m的天然气通过水下采油树系统稳定输送到平台火炬臂，单井试采气量达31万 m^3/d，可供1 500个家庭使用1年。

渤海油田是我国第一大原油生产基地，油田所在渤海海域面积约7.7万 km^2，是我国北方地区对外开放的海上门户和环渤海地区经济社会发展的重要支撑，渔业、航运和油气开发产业发达，海区多功能重叠。

为了解决用海问题，保障油气增储上产，自2019年起，中国海油就着手开展浅水水下生产系统技术攻关，探索渤海油田新的开发模式，计划通过水下生产系统来代替海面上的导管架平台，实现在不影响航运等用海需求的情况下有效开发油气资源。

渤海有十余个油气区块的储量动用受到限制，浅水水下采油树的成功研发应用，可释放更多油气探明储量，为渤海油田上产4 000万 t油当量贡献力量。

水下采油树是水下生产系统不可或缺的核心设备之一，它连接了来自地层深处的油气和外部的油气运输管道，可以控制油气的开采速度、实时监测和调整生产情况，就像是油气田井口的智能"水龙头"。长期以来，全球仅有少数几家欧美公司掌握水下采油树的设计制造。

自主研发我国首个浅水水下采油树面临着新技术、新装备、新模式的高难度挑战。中国海油组建了联合攻关团队，历时三年，与材料工程、焊接工艺、水下防腐、海生物防治等10余个专业配合，制作图纸1 264份，编制技术规范450份，整合国内外100余家供应商，完成国产化浅水水下采油树系统的1 358个零部件的设计、加工、组装和测试工作，攻克了浅水水下生产系统技术难题，国产化率达到88%。

该水下采油树总成长宽为3.30m，高仅为2.65m，整体重量24.8t，相较于常规水下采油树高度降低近25%，重量降低35%，具备紧凑型、轻量化特点，同时还专门设计了"全包裹"型外部的防护装置，可有效避免渔网拖挂和船舶抛锚下砸等安全风险，更加适合浅水使用。整体设计理念在国际上处于领先水平，整套系统可以在海底正常运行15年。

该系统于2022年5月23日开始实施水下安装，由于渤海海域所使用的钻井装备和水下环境相较于深水有很大不同，现有的钻完井和水下安装技术无法满足渤海实际需求。此次水下采油树的安装攻克了自升式钻井平台改造、潜水员水下安装和多系统联合作业等多项技术难题，在超过80次潜水作业的配合下，在水下能见度不到50cm的作业环境下，高质量完成了浅水水下采油树的海底安装。

我国首套国产化浅水水下采油树系统的成功自主研发，是用我们自己的装备开发油气资源的切实举措，实现了我国浅水海域水下采油模式从"0"到"1"的历史性突破，不仅解决了渤海油气开发的难题，还可为其他海域同类型油气田的开发提供新的解决方案，对于提高能源自给率，保障国家能源安全具有十分重要的意义。

9. 世界最大海底管卡成功安装

2022年7月26日，由中国石油海洋工程公司EPC总承包实施的国家管网集团册镇海底管道变形缺陷永久修复项目海底管卡安装成功。这是目前世界上使用的最大异形管卡，创6项国内第一、2项世界第一，为全球海底管道缺陷永久性修复提供了全新的解决方案。

册镇海底管道是甬沪宁原油管网的重要组成部分，是保障国家能源安全的重要设施，其维修项目被国家管网集团列为一号安全隐患治理项目。项目维修所使用的管卡最大口径762mm、重24t、长6.15m，安装精度达到毫米级，潜水作业难度世界罕见。

中国石油海洋工程公司组建了强大的科研攻关团队，自主设计制作了专用管卡安装架，采用H形后挖沟机等先进海工装备，在水下高精度定位、超深后挖沟、超高压破拆等方面均创国内第一，安装架安装方式及水下盲装三维角度异形管卡为世界首创。

方案设计和前期准备精益求精。施工方案设计完成后，公司邀请了38位国内知名专家先后4次进行论证，对所有作业工序进行了水下试验及实操训练。管卡安装工序是项目的核心，公司提前组织了为期50天的水上水下培训、模拟训练和安装试验，优化了11项设计方案，扫除了可预见的操作障碍（图5，图6）。

图5

图6

多项新技术创国内第一。要在30m水下进行破拆，施工组织难度国内罕见。通过科技攻关，技术人员对H形后挖沟设备进行适应性改造，实现挖深9.50m，国内第一；采用180MPa全自动水下高压射流破拆设备，既能高效破除管道防腐层和保护层，又保证管线不受损伤，为国内首次应用；采用精度小于10cm的Trimble星站差分GPS导航信号，同时使用三维声呐等进行同步定位，为水下施工提供了三维立体的厘米级定位支持；利用水下全自动三维打点式高精度自动测绘设备，比人工测绘工效提高了10倍，同时以30m水深激光干式仓测量进行精度验证，两项技术均为国内首次成功应用；采用海底管道在位监测系统进行管道沉降量观测，实际沉降量2.5cm，远低于7cm的设计要求，为国内首次成功应用。

项目施工区域位于杭州湾主航道，属世界三大凶险海域之一，最大水深30m，泥沙含量大，潮流动力强，能见度为零。攻关团队设计制作了专用管卡安装架，并采用水下盲装的方式进行管卡安装，这两项技术均为世界首创，攻克了管卡安装世界级难题。

10. 国内建造全球最大FPSO即将起航

随着油气开发日益向深海发展，高端海工装备发挥的作用越来越大。在位于长江入海口的江苏省启东市，近千名工人正在为一艘巨型海工平台做最后的调试。这一海工平台叫浮式生产储卸油船（FPSO），它是海洋油气田开发的最关键设施之一，主要用于海上石油、天然气等能源的开采、加工、储存和外送，因此这个巨无霸也有"海上油气加工厂"之称。2022年年底之前，这艘重量达8万t、有10层楼高、面积相当于2个足球场的庞然大物，将远赴非洲西海岸的毛里塔尼亚和塞内加尔海域服役。

2017年，国际能源公司bp在这一海域发现了大型天然气田，这个被命名为大托尔特·艾哈迈因（简称GTA）的天然气项目，计划在2023年启动一期项目，而这艘FPSO正是为GTA项目的启动做准备。

FPSO——浮式生产储卸油船并非真正意义上的运输船，它是兼具生产、储油、处理和卸油（气）等多种功能于一体的综合装置，一般与水下采油（气）装置和穿梭油轮组成一套完整的生产系统，其设计相当复杂，涵盖动力定位、油气处理、污水处理等20多项功能，是一个压缩版的海上油气工厂。它本身并不具备动力系统，要靠拖拽船移至相关海域。

1977年，在地中海海域，一艘5.9万t的旧油轮被改装成为世界第一条FPSO，由于其投资少、经济性好、抗强台风以及易转移等优点，之后FPSO便获得了快速发展。随着海上油气田的不断增加和油气开发逐步走向深海，目前在全球各海洋中服役的FPSO已经超过了200条。

深海油气开采和陆上不同，由于离岸距离较远，一般从海上油气田用管道将油气接入至FPSO上，在FPSO这个巨大的海上油气工厂内对油气进行净化、干燥等处理。处理流程包括流体接收、气液分离、气体调节、凝析油去除和稳定化等。稳定后的凝析油将存储于船体的舱室中，并通过串列式的卸载方式定期卸载至穿梭油轮，经过处理和脱水的天然气将会被计量，并通过海底管道输送至近岸枢纽，为浮式液化天然气设施FLNG和天然气市场连续供补。

公开资料显示，位于非洲西海岸的GTA天然气田是一个世界级的气田项目，天然气储量预计超过4 500亿 m^3，一期项目年产LNG 250万t。为GTA天然气项目所建设的FPSO，是一个以处理天然气为主的FPSO。该FPSO项目功能强大，具备8个油气处理生产模块和一个生活区，最大可供140人在此工作和生活，项目由来自18个国家和地区的专家团队联合设计，设计复杂程度高。这座即将完工的巨无霸设施，由法国著名海工企业德希尼布能源（Technip Energies）公司与中国造船巨头中国远洋海运集团有限公司（简称中远海运）共同完成，分别为项目总包商和分包商。德希尼布能源作为本项目主要承包商，负责项目的整体管理和执行，本项目大部分的工程设计由位于法国巴黎和印度孟买的运营中心完成，主要设备的采购由位于巴黎的德希尼布巴黎运营中心完成。

据了解，该FPSO拥有强大的天然气处理能力，天然气日处理量高达5亿标准立方英尺（约合1 420万 m^3），相当于上海市、北京市和广州市一天的用气量总和，是迄今为止天然气处理能力全球最大的FPSO之一。

对于中远海运而言，也是第一次承接如此规模且功能强大的深海重器。本项目难度相当大，对每个合作方来说都是一个巨大的挑战，全球能够承受这种规模和复杂程度的船厂屈指可数。尽管该公司有相关建造业绩，并于2022年7月为马来西亚YINSON公司改装交付了一艘大型FPSO，但承建这一世界最大的FPSO还是面临巨大的挑战。业主方bp的建造标准和规范细致而复杂，仅相关文件就有398个、近4万页。能够顺利完成这一巨型项目，对中远海运而言是一个历史性的突破，也是启东中远海运海洋工程有限公司（简称启东中远海运海工）15年发展历程上的一个里程碑。

这一项目需要满足25～30年的设计工作年限，要做到25年的服役期内FPSO不回坞，不仅要选用最好的原材料，还要做到所有的文件控制和管理可追溯。此项目至今建设近40个月，最多的时候2 200人同时在船上施工，达到了1 000万无可记录事故安全工时这一重要节点，意味着在这连续工作的1 000万工时时间里没有出现一个可记录的安全事故。这不仅在中远海运历史上创造了纪录，也标志着我们的安全管理能力达到了世界一流水平。

新加坡、韩国一直是亚洲地区传统造船强国。但近年来，造船业向中国转移的趋势不断加快，尤其是FPSO的建造，中国公司拿到的订单越来越多。即便新加坡和韩国近期拿到了FPSO订单，也往往到我国来建造。因为无论从成本控制，还是从项目执行方面看，我国都具有相当优势。2017年，启东中远海运海工交付了中国第一个小型FPSO，印证了中国有此类复杂海工的制造和交付能力。随后FPSO的建设陆续向我国转移，目前我国建造中的FPSO数量已经超过了新加坡和韩国。2018年和2019年，海洋石油工程有限公司相继为巴西国家石油公司交付了两艘35万吨级FPSO P67/P70项目，并掌握了超大型FPSO的自主建造和集成能力。2022年6月，该公司又承接了巴西石油公司的另一个巨型FPSO P79的建设任务——投产后生产能力为每天18万桶石油和720万 m^3 天然气，储油能力达200万桶原油——是目前全球在建的最大的FPSO之一。

11．渤海油田首条国产脐带缆完成海上铺设

2022年8月5日，渤海油田首条国产脐带缆通过"东方海工01"船尾入水桥顺利下水（图7），圆满完成了海上铺设。

图7

在海洋油气开采水下生产领域，上部控制平台通过脐带缆连接海底设备，承担着为整个水下生产系统提供动力电源、光电液控制及化学药剂注入等诸多功能，在水下生产系统中发挥着至关重要的作用。与单独铺设光缆、电缆、液压管线等相比，铺设脐带缆不仅能够降低成本，还大大节省了海上施工的工作量及施工周期。

此次铺设的脐带缆由中国海油天津分公司联合国内厂家开展技术攻关，突破了卧式成缆线芯位置分布、连续成缆单元续接等多项关键技术难题，并在国内首次由潜水员实施安装，积累了宝贵的设计、制造和安装经验。该脐带缆配备脐带缆终端、弯曲限制器等，集光、电、液一体，是渤海湾首个水下生产系统开发模式的重要组成部分，其总长度约为16.6km，设计埋设深度2m，采用边铺边埋的方式进行安装。

为确保作业安全，项目组从源头起严把方案审查关，系统征询专家意见，借鉴其他海域安装经验，为海上安装的高质量、提前完工夯实了基础保证。同时，现场施工人员时刻秉持安全底线思维，把"抓安全、保质量"放在首位，强化现场风险控制措施的落实及作业管理，确保了整个铺设工作的顺利完成。

12．我国海洋深层勘探取样关键装备实现国产化

中海石油天津分公司进一步攻克制约海上深层潜山油气勘探的关键技术，首次实现潜山地层双封隔器取样装备技术的国产化应用。这意味着我国海上潜山勘探再添提质增效新利器，与应用国外装备技术相比，单次作业成本可降低四成左右。

潜山地层是埋藏在地下数十亿年前的古老地层，蕴藏

着丰富的油气资源，是渤海油田近年开辟的勘探新领域。潜山油气藏油质好储量大，但由于埋藏深，地质结构复杂，勘探开发的技术难度极大。

潜山地层双封隔器取样装备技术，是一项能够直接、快速、准确判断潜山地层是否存在油气的测井技术，是油气勘探的"侦察兵"，可为正确认识储层特征和流体类型提供可靠依据，为确定潜山成藏模式的勘探决策提供重要参考。如果把潜山勘探视为一个大型手术，那么双封隔器取样就像采血，为高成本、高风险的潜山勘探作业提供足够的数据支持。

在千亿方大气田渤中 19-6 以及亿吨级油气田渤中 13-2 的勘探作业中，由于双封隔器地层测试仪的设备制造和技术服务一直掌握在少数国外公司手中，设备及服务费用高昂且服务存在诸多不确定性，一度成为"卡脖子"技术瓶颈之一。为避免核心技术的对外依赖，降低勘探成本，中国海油加大科研力度，十年磨一剑，经过上千次的室内测试，成功研制出了双封隔器地层测试仪。2019 年 9 月，双封隔器地层测试仪在南海首次作业成功并取得地层水样品，随后于 2019 年 12 在渤海、2021 年 1 月在中东均成功取得地层水样品。

2022 年 5 月，通过应用该装备，中国海油在渤海 2 000m 深潜山地层中获得 3 000mL 纯油样。至此，该装备在国内外花岗岩、变质岩、碳酸盐、致密砂岩地层均成功作业，验证了双封隔器地层测试仪地层作业适应性广的性能，解决了各类复杂储层有效性和流体性质评价的世界性难题，标志着我国自主研制的电缆式双封隔器地层测试技术全面应用成功。

13. 我国首套智能深水剪切密封式地层隔离阀研制成功

中海油能源发展股份有限公司工程技术分公司自主研制的智能深水剪切密封式地层隔离阀制造成功，各项性能均达到 DNV（挪威船级社）设计测试要求，中国海油成为全球首家创新研制将剪切和密封融为一体、拥有高端智能深水地层隔离阀核心技术的企业。

智能深水剪切密封式地层隔离阀用于深水水下采油树油管挂坐落管柱，在平台一旦发生油气泄漏或遭遇台风等紧急情况下，通过远程智能控制实现井筒内连续油管、钢丝、电缆自动剪切，同时对井筒密封，防止油气泄漏，保障平台人员安全转移。DNV 专家评价认为，国际上先进的深水地层隔离阀目前剪切和密封分开进行，能够同时进行剪切和密封作业的深水地层隔离阀，属全球首次问世。

中国海油技术团队立足深水（深井）现场应用需求，历时 3 年，针对各技术难题逐个攻关，在充分论证和反复模拟的基础上，集成了液压、机械、力学、密封等学科的前沿技术，通过大量专项试验验证，创新设计出兼具剪切和密封功能的深水地层隔离阀。技术团队对标井下苛刻环境，在 DNV 专家远程在线见证下，两天内连续成功进行两次连续油管及电缆剪切测试，一周内连续成功进行 110 次开关 – 密封循环测试，均满足地层隔离阀关闭后 35MPa 的高压密封要求，以严格的测试标准完成该产品验收定型。

从 2009 年开始，中国海油开启地层隔离阀研制。2018 年，研制的隔离阀取得 API（美国石油学会）认证，成为继斯伦贝谢、哈利伯顿、贝克休斯等世界油服三巨头之后全球第四家通过隔离阀 API 认证的企业。智能深水剪切密封式地层隔离阀的研制成功，攻克了地层隔离阀剪切连续油管和电缆后密封的技术难题，使中国海油 HAILOONG TOOLS 品牌地层隔离阀产品形成球阀式、板阀式、滑套式三大类 14 个品种系列，为深水（深井）油气开发再添安全保障利器。

14. 亚洲第一深水导管架平台"海基一号"投用

2022 年 10 月 3 日，由中国海油自主设计建造的亚洲第一深水导管架平台"海基一号"投入使用（图8），标志着我国成功开辟了深水固定式平台油气开发新模式，深水超大型导管架平台的设计、建造和安装能力达到世界一流水平，对推动海上油气增储上产、保障国家能源安全具有重要意义。

图 8

导管架平台是全球应用最广泛的海洋油气生产设施，主要由导管架、桩腿和上部模块三部分组成。"海基一号"位于珠江口盆地海域，平台总高度达 340.5m，超过北京国贸大厦高度，总重量超 4 万 t，高度和重量均刷新了我国海上单体石油生产平台纪录。

"海基一号"本次同时投产 5 口生产井，初期日产量约 2 700t。依托"海基一号"，将同时开发陆丰 15-1 和陆丰 22-1 两个油田，共 14 口生产井、3 口注水井，全部投产后高峰日产原油达 5 000t，将为粤港澳大湾区经济社会发展注入新的动力。

导管架平台通常用于浅水海域的油气资源开发，此前我国海上 300 多座导管架平台的作业水深均不超过 200m，在 200m 水深及以上海域通常采用浮式生产平台和水下生产系统。"海基一号"是我国首次尝试深水导管架平台开发模式，把生产系统从水下搬到了平台上，具有开发投资低、生产成本低、国产化率高的显著优势，它的成功应用为经济有效开发我国中深水海域的油气资源开拓了一条新路。"海基一号"按照百年一遇的恶劣海况设计，项目团队攻克了南海超强内波流、海底巨型沙波沙脊、超大型结构物精准下水就位等一系列世界性难题，创新应用独立下水桁架、大跨距X撑、数字孪生运维等2项世界首创及21项国内首创先进技术，实现了从设计建造到运维管理的全方位提升。

作为我国深水油气勘探开发的主力军，经过10年快速发展，中国海油组建形成了以"海洋石油201""海洋石油720"等为代表的"深水舰队"，相继攻克了常规深水、超深水及深水高温高压等世界级技术难题，创新了深水开发模式，形成了一系列具有自主知识产权的深水技术体系，具备了从深水到超深水、从南海到极地的全方位作业能力，使我国跃升成为全球少数能够自主开展深水油气勘探开发的国家之一，跻身世界先进行列，实现了深水油气装备技术能力的重大飞跃。

十年来，中国海油深水钻井平台从3座增加到现在的10座，其中超深水钻井平台3座，最大作业水深达3 000m。截至2021年年底，中国海油拥有各类深水船舶平台66艘，其中1 500m作业水深的深海装备15艘。中国海油已在南海北部深水海域共计勘探开发油气田11个，深水油气产量已达上千万吨，成为保障国家能源安全的重要力量。

中国海油表示，我国深水油气勘探开发仍处于初期阶段，增储上产前景广阔。我国南海莺歌海、琼东南、珠江口三个盆地总体探明天然气储量近8 000亿m^3。在珠江口盆地先后发现多个深水油田，实现了我国深水原油勘探重大历史性突破。

15．国内首台卡爪式水下井口液压连接器在宝石机械研制成功

2022年10月8日，国内首台卡爪式水下井口液压连接器从宝石机械公司发往用户现场，即将进行工程化应用前的海试，这是宝石机械为用户提供的订单产品。8月底至9月底，产品进入试验环节。宝石机械组织研发系统人员组成新产品试验项目保障组，先后完成了静水压试验、锁紧功能试验、弯曲内压复合加载试验和气密封试验等15项试验。经过不懈努力，团队顺利完成所有试验内容。9月23日，连接器在宝石机械顺利完成70MPa高压气密封试验，标志着产品研制成功。宝石机械海洋油气装备再添新丁，公司在海洋高端装备国产化方面又迈出坚实一步。

卡爪式水下井口液压连接器是海洋油气开发关键设备之一，主要用于实现水下井口装置和水下采油树之间远程操控快速连接和脱开。为保证卡爪式水下井口液压连接器的生产进度，宝石机械精心组织生产策划，创新管理模式，技术人员全程提供现场技术支持，先后攻克了筒体高精度内外表面加工、分体式卡爪加工装配等制造难题。卡爪式水下井口液压连接器的研制成功，为宝石机械海洋油气装备新产品研发积累了宝贵的试验数据，为相关重点项目实施提供了有力的技术支撑。

16．中海油研制湿式电接头获得DNV认证

2022年10月27日，中海油研究总院有限责任公司（简称中海油研究总院）牵头研制的水下采油树关键配套工具高压湿式电接头取得了挪威船级社（DNV）颁发的产品符合性证书，标志着我国自主研发的水下采油树高压湿式电接头达到国际标准，为国产水下采油树系统的正式运行打通高压电力通道、实现动力连通奠定技术基础。

电潜泵湿式电接头作为水下生产系统的重要组成部分，为井下电潜泵、工况仪提供动力源。因其制作工艺较高，装配过程较为复杂，长期被国外公司垄断，不仅价格居高不下，供货周期也较长，严重制约水下采油树系统的国产化发展。

2020年，中海油研究总院开始着手研制国产高压湿式电接头。研发初期鉴于前期投资和维修成本巨大，通常对水下生产系统要求较高（20年免维护），同时针对水下特殊运行环境，需要满足高压、低温、易腐蚀的条件要求，这对电接头的电气连接、结构密封、材料承压等方面提出了巨大挑战。经过两年的不断探索与反复试验，国产水下高压电接头研制成功并通过国际权威第三方——挪威船级社认证。

挪威船级社（DNV）是世界上现有的50多家船级社之一，现居世界第三大船级社。作为国家海洋石油作业安全办公室授权的海洋石油生产设施发证检验机构，DNV在本次研发的高压湿式电接头设计、加工、组装及测试阶段均提出专属要求，进行了严格的技术把关。尤其是在耐久性测试过程中，先后完成快速插拔测试、电气热学耐久性测试、环境机械测试、电气短路测试、高压击穿测试等11项，总测试时长累计3 000 h，顺利完成国内首个最高级别高压湿式电连接器测试。

国产高压湿式电接头已在流花11-1油田成功使用并投产。国产高压湿式电接头作为水下采油树系统国产化的重要环节，其成功研制及应用证明了国产水下采油树已具备动力连通能力，为今后海上油气田水下开发模式应用突破海况限制、打造拥有自主产权的海洋油气装备体系、推进海洋装备品牌建设、保障国家能源安全具有重要意义。

17．中国海油自主研发浅水水下生产系统获重大突破

2022年11月18日，我国首套自主研发浅水水下生产系统在渤海锦州31-1气田成功投产，这是我国浅水海域油气开发模式的又一创新，可撬动渤海油田数亿吨难动用储量，为保障国家能源安全增添了新的技术装备。锦州31-1气田位于渤海辽东湾海域，平均水深约30m。该气田新建一座水下生产系统，依托锦州25-1南这一亚洲最大连体平台进行开发生产，投产气井2口，高峰日产天然气约41万m^3，年产量相当于40万户家庭1年的使用量。

水下生产系统由井口、采油树及控制系统等构成，是油气开采的关键装备，通常用于深水海域。长期以来，全球仅有少数几家欧美公司掌握水下采油设施的设计制造技术，2021年中国海油成功攻克该项装备技术。在浅水海域，全球海上油气开发基本都采用固定式导管架平台模式，将采油装备建在平台上，方便操作调节。但渤海海域

航运、渔业发达，为了减少对海域的占用，中国海油在全球首创将水下生产系统用于浅海开发，实现了开发模式的新突破。为了研发这一系统，2019年以来，中国海油组建联合技术攻关团队联合攻关。3年来，研发团队整合国内外100余家供应商产品与技术，完成国产化浅水水下生产系统的设计、加工、组装和测试工作，攻克了浅水水下生产系统技术难题。为实现浅水水下生产系统的经济有效运用，中国海油以项目建设为中心，联合14家相关单位和部门，与时俱进创新发展模式，着力打造水下生产系统人才队伍中心和科研攻关创新高地。团队广聚英才，充分发挥自主创新优势，完成18项设备调试和百余项流程优化改造。通过关键技术重点攻关、海陆联动作业提效、生产科研双管齐下等多种形式，实现了首套自主研发浅水水下生产系统从基础概念设计到国产化实践应用的重大跨越。

锦州25-1南平台水下生产系统投用测试过程中，历经百余次潜水作业配合，克服水下安装就位能见度低、水陆联合功能测试精密度高、流程改造点位多、建造工艺要求高等多项技术难题，实现了最终的成功投用，这标志着我国浅水领域油气开发新模式的开启。目前，锦州31-1气田采用无人化开发模式，能够实现水下开采的精确控制及智能监控，降低工程投资和生产运营成本。其作为低成本水下生产系统的国产化示范应用，为后期建立渤海区域水下生产系统的标准技术体系打下了基础。浅水水下生产系统技术有效解决了渤海油气开发的难题，为其他海域同类型油气田提供新的解决方案，这将盘活渤海浅水海域数亿吨的难动用储量，成为未来浅水油气田经济高效开发新的增长点。

18. 我国建成亚洲最大海上石油生产平台

2022年12月7日，中国海洋石油集团有限公司宣布，恩平15-1油田群首期项目正式投入生产。该项目建有亚洲最大海上石油生产平台恩平15-1平台、珠江口盆地首个新建无人平台恩平10-2平台和我国首套海上二氧化碳封存装置等，其建成投产是我国海上油田少人化、无人化、智能化的重要突破，也是海上油田绿色低碳转型的重要成果，对于保障国家能源安全、推进海洋科技自立自强、实现碳达峰碳中和目标具有重要意义。

恩平15-1油田群位于我国珠江口盆地，距深圳西南约200km，所在海域平均水深约90m。油田群包括4个新油田，计划投产生产井48口。全面投产后，油田群高峰日产石油近5000t，将为粤港澳大湾区经济社会发展注入新动力。

恩平15-1平台（图9）是恩平15-1油田群最重要的海上设施，由中国海油自主设计、建造、安装及生产运营。平台总高度约160m，总重量超过3万t，单层甲板面积相当于10个篮球场，安装设备及系统近600台套，相当于常规平台的2倍，可实现钻井修井无人化远程操控、二氧化碳回注封存、自主发电与电力组网、油气水综合处理等多项功能，是目前亚洲甲板面积最大、组块重量最重、设备最多、功能最齐全的海上石油生产平台。该平台从项目伊始便按照无人化标准设计建造，是目前我国智能化程度最高的大型海上无人平台，具备远程遥控测井、压井和恢复生产的能力，可"一键置换"实现陆地对海上设施的远程监控和安全关停等操作。恩平15-1平台井口数量、原油处理能力堪比有人驻守平台，但由于减少了公用系统、生活楼、钻机等大型设备，重量仅为传统平台的三分之一，甲板面积为传统平台的二分之一，降低工程投资约2.8亿元，减少维保工作量三成，每年可节省运维成本超千万元。

图9

恩平15-1油田群是中国海油首次在海上油田新项目中采用抗台风无人生产工艺，可在陆地远程操控油田生产，具备极端工况下的安全关停、海管置换、恢复生产等功能，将极大地保障台风期间油田安全平稳运行。

恩平15-1油田群是我国南海首个高含二氧化碳油田群，若按常规模式开发，二氧化碳将随原油一起产出地面排放。中国海油联合国内厂家集中攻关，应用相态控制、脉冲控制联合振动分析等前沿技术，研制适用于海洋环境的首套超临界大分子压缩机、首套复合材料二氧化碳分子筛脱水橇，实现了海上二氧化碳封存关键设备的国产化突破，形成了海上二氧化碳捕集、回注、封存的技术体系和成套装备。该装置对油田伴生的二氧化碳捕集处理后，再回注到海底一定埋深的地层中永久封存，实现二氧化碳的零排放，对海上油气田的绿色开发具有重要示范意义。该项目预计高峰年可封存二氧化碳30万t，累计封存二氧化碳近150万t，减排量相当于植树近1 400万棵或停开近100万辆轿车。

中国海油在恩平15-1油田群项目中大力推进大型装备的国产化。恩平15-1平台上配备了我国海上首套7 600kW国产原油发电机组，打破了国外垄断，降低工程投资约6 800万元，节省年度维保费用约30%，为我国大功率原油发电机组研发和应用积累了成功经验；首次应用国产中控系统、配电系统；首次通过国产脐带缆为无人平台输送电力、注送化学药剂和实现通信；采用国产随钻测井和旋转导向钻井技术进行钻井作业，攻克了二氧化碳大气顶和大底水油藏开发等世界级难题。通过一系列集成创新和自主创新，中国海油拓展了国产装备在海上平台的应用前景，为我国海洋油气资源增储上产提供技术支撑。

19. 四机赛瓦公司油基钻屑热机械处理设备实现工业应用

油基钻屑是采用油基泥浆在进行钻井作业中产生的一种含油污泥，是一种典型危险废弃物，直接丢弃将会对当地生态环境造成破坏，已被列入2016年版《国家危险废物名录》（废物类别：HW08）。质量技术监督局于2008年颁布的《海洋石油勘探开发污染物排放浓度限值》规定：渤海区域不得排放任何含油钻井废弃物，其他一级、二级和三级海域的排放标准分别为含油率不得超过1%、3%和8%，且Hg和Cd的含量分别不得超过1mg/kg和3mg/kg。2015年我国正式实施新环保法，对油基钻屑这类危险废弃物的管控和安全处理处置提出了更高的要求，具体实施细则规定：在产生、储存、运输和处理的整个过程中，含油污泥均不得落地。

石化机械控股企业四机赛瓦公司自主研发的DTTD-I型油基钻屑热机械处理设备（图10）在北部湾某钻井平台安全、高效地完成油基钻屑处理任务，日处理量超30t，累计处理钻屑2 300t，回收白油300m^3，处理后的钻屑全部达标排海，满足海上平台对含油废弃物无害化、减量化的指导标准，实现了100%源头减排，为绿色低碳开发油气资源提供了又一利器。

图10

20. 我国海上首座智能油田应用国产小型燃气发电设备

2022年12月22日，我国海上首座智能油田——秦皇岛32-6油田首台国产小型燃气轮机（图11）历时60天完成调试，成功并网发电，打破了国内外燃气轮机在我国海上平台安装调试的最短运行时间记录。截至目前，该机组各系统设备运行平稳，主要运行参数全部合格。

图11

国产小型燃气轮机利用海上油田生产的伴生气进行发电，将以往受限于处理设施而无法外输的天然气充分利用，实现了保护生态环境、避免资源浪费、创造经济效益的三重利好，是我国第一大原油生产基地——渤海油田实施绿色低碳发展战略的重要实践及响应国家"双碳"号召的务实举措，为海上油气生产平台加快节能减排、清洁生产、提质增效作出了关键尝试。

该机组投运后，年回收放空天然气将达约673.2万m^3，减少碳排放1.26万t，折算节省外购电费超1 200万元。未来，渤海油田将坚持绿色低碳发展战略，有效提升清洁能源利用率，全力推动生产与环保两手抓两手硬，实现更高水平、更高质量的发展。

炼化、储气库、制氢与CCUS装备

1. 石化机械储气库压缩机在文23储气库一期工程通过竣工验收

我国中东部地区最大储气库——文23储气库一期工程于2月28日通过竣工验收。在文23储气库一期工程建设通过竣工验收的背后，中石化石油机械股份有限公司（简称石化机械）储气库压缩机（图1）成为关键支撑装备。

文23储气库是国家"十三五"重点建设工程和国家发展改革委天然气产供储销体系建设重点项目，是我国中东部地区最大的储气库，现有14台压缩机投入生产运行，其中有7台储气库压缩机是石化机械三机分公司提供。石化机械三机分公司储气库压缩机在工艺适应性、振动指标及千小时故障率等方面显现优势，实现率先交付、率先调试、率先投运，以50%的设备台数承担了文23储气库

70%以上的注气任务。

压缩机是天然气增压开采、集中处理输送、注气加气等领域都要用到的关键设备，好比人的"心脏"。文23储气库提前完成年度注气任务的背后，是国产压缩机装备技术的进步。

图1

2. 沈鼓集团研制的首台国产PDH压缩机通过验收

沈鼓集团基于鲁姆斯（LUMMUS）工艺技术研制的60万t/a丙烷脱氢（PDH）装置产品气压缩机（图2）通过出厂验收。该产品是延长中燃一期项目的关键核心设备和技术密集型重大装备，采用电动机+变速机+高压缸+低压缸的配置，为两缸三段压缩，功率37MW，叶轮直径1.5m。机组首级采用双进气方式，容积流量相当于10万级空分压缩机，是我国首台国产化PDH装置产品气压缩机，打破了国内同类设备对国外技术的依赖，性能指标处于世界领先水平。

图2

低碳烯烃是重要的基本有机化工原料，主要通过蒸汽裂解、炼厂催化裂化过程副产/联产制取，很大程度上受乙烯和汽油、柴油生产的制约，难以满足市场需求的快速增长。而PHD工艺的丙烯总收率可达80%～90%，远高于蒸汽裂解的33%，相应的设备投资比烃类裂解低30%左右。近年来，国内PDH工艺及装备发展迅猛，而PDH装置产品气压缩机普遍采用进口设备，制造周期长、投入资金大、后期维护成本高，设备国产化将为企业带来长远的经济效益。据悉，沈鼓集团在本项目压缩机设计制造的基础上，还签订了福建、山东合计3套90万t/a PDH装置压缩机，装置规模是本项目的1.5倍，流量相当于15万等级空分规模，完工后或将成为世界上最大的单轴离心压缩机。

3. 国内首台百万吨级CCUS用二氧化碳压缩机正式投产

2022年4月，国内首台百万吨级CCUS（二氧化碳捕集、利用与封存）项目用二氧化碳压缩机（图3）顺利试车成功并正式投产，机组各项运行参数均达到优秀水平。

图3

该项目是国内第一个百万吨级CCUS项目，涵盖了碳捕获、碳利用和碳封存等重要环节，主要以该用户第二化肥厂煤制气装置排放的尾气（二氧化碳）为原料，生产液态二氧化碳产品，并送往某油田代替水作为介质打入地下页岩中驱油和封存，整个过程节水、驱油、减碳一举三得，原油覆盖地质储量6 000万t，年注入能力100万t。

该项目的核心设备二氧化碳压缩机由沈鼓集团提供，汽轮机由沈鼓集团辽宁汽轮动力有限公司提供。项目建成投产后将成为我国目前规模最大的CCUS全产业链示范基地和标杆工程，为国家推进CCUS规模化发展提供应用案例，对搭建"人工碳循环"模式具有重要意义，标志着沈鼓集团紧跟国家"双碳"目标，在节能环保领域实现了技术新突破。

4. 国产首台高含硫天然气压缩机组投入运行

2022年4月中旬，由石化机械三机分公司自主研发的国产首台高含硫天然气压缩机组（图4），在某气田实施500h工业试验增压开采期间，压缩机组运行安全稳定，各项数据优于设计要求，其中振动数值达到优级，机组运行正常。这标志着该公司突破关键核心技术难题，成为国内首家掌握高含硫压缩机组研制与应用技术的企业，打破国外垄断、填补国内空白。

石化机械三机分公司先后攻克结构设计、耐腐材料、焊接工艺、整机试验等难关，掌握了高含硫压缩机开发的核心科技和自主知识产权，解决了抗腐蚀、防泄漏、安全性、可靠性等难题，在国内率先掌握适用于含硫化氢8%以上天然气体环境下运行的压缩机研发与制造技术。

高含硫压缩机对抗腐蚀性、密封性、安全性要求高，是天然气压缩机中的高端品种，此前依赖进口。国产高含硫天然气压缩机组的推广应用，将为我国酸性气田的开发、稳产和增产提供核心装备支撑。

图 4

5. 国产新一代 10 万 m³/h 等级空分压缩机组研制成功

2022 年 5 月 16 日，拥有我国自主知识产权的全新型"3H 轴流 + 离心"复合式 10 万 m³/h 等级空分装置配套压缩机组（图 5）在西安陕鼓动力股份有限公司（简称陕鼓）试车成功，标志着我国全新型 10 万等级空分机组达到国际同类机组先进水平。这是陕鼓继 2014 年第一代 10 万 m³/h 等级空分压缩机组在陕鼓动力试车成功后，大型空分压缩机组技术的再升级和再创新，是中国重大装备国产化的又一历史性突破。

图 5

该机组在轴流段采用了高压比、高可靠性、高效率的 3H 高性能叶型技术；在离心段采用了升级的离心基本级技术。整机具有级数少、结构紧凑、可靠性高、整机运行效率优、重量低等显著特点。据测算，单机每年节约用电量将达到 600 万 kW·h 以上，每年至少减少标准煤消耗 5 900t，减少二氧化碳排放量 15 500t 以上。机组经合肥通用机电产品检测院、国家压缩机制冷设备质量监督检验中心检测，机械性能和热力气动性能符合相关国际标准要求，机组各项指标优于设计值。

空分装置配套压缩机组是保障能源化工产品原料生产所需氧气以及仪表空气、氮气供给的关键设备，广泛应用于石油化工、煤炭深加工、化肥及冶金等领域，特别在煤炭深加工领域的煤制气、煤制油、煤制氢、煤制烯烃、煤制乙二醇以及冶金炼钢等装置中是核心动力设备，对于整个空分装置的能耗指标影响巨大。

陕鼓自主研发的全国产化空分机组分多个系列，已形成了空分全领域全流程解决方案，涵盖 1 万～15 万 m³/h 制氧装置，市场应用达 328 套，国产机组市场占有率近 80%。其中，8 万等级以上大型空分机组已在国内外煤化工、油气化工等领域应用。

此前，在 2018 年 4 月沈鼓集团宣布：我国首套自主研制的 10 万大空分（10 万立方米等级空分装置用空气压缩机组）已在神华宁煤集团稳定运行一周年，并通过了中国机械工业联合会等机构组织的专家鉴定。

10 万立方米等级的大型空分压缩机，要保障每小时从 50 万 m³ 的空气中，压缩分离出 10 万 m³ 的氧气，技术非常复杂，制造工艺难度大，一直被国外少数几家公司垄断。为了满足 10 万大空分装置的大流量、大压比、高效率要求，研发团队首创了空压机轴流 + 离心共轴结构，增压机创新采用多轴多级齿轮组装结构，解决了叶轮直径大、效率低等难题，并实现一键式启车、黑屏式稳定运行。

沈鼓集团的 10 万大空分填补了国内空白，打破国外技术垄断，使企业成为世界上少数几个拥有 10 万立方米等级大型空气压缩机核心技术的企业，标志着我国企业已成功实现大型空气压缩机的自主化研制，对促进我国能源产业安全起到重要保障作用。

6. 中石化第三代国产芳烃技术首套装置建成投产

2022 年 6 月 8 日，中国石化第三代芳烃技术首套工业应用装置——九江石化 89 万 t/a 芳烃联合装置（图 6）一次开车成功并产出合格产品。芳烃联合装置采用的是中国石化自主知识产权的第三代芳烃技术，具有投资成本低、能耗低、催化剂应用效率高等优势。该技术首次开发应用单塔吸附分离成套技术，将双塔吸附变为单塔吸附，吸附剂利用率提高 10%，投资成本降低近 20%，操作运行也更加稳定。同时，通过对芳烃联合装置全流程优化、整体化热联合及低温热高效利用等能量集成综合优化利用，能耗小于 220kg 标油 /t，比同类芳烃装置减少能耗 30%，达到国际领先水平。

芳烃成套技术以生产对二甲苯为核心，是代表一个国家石油化工发展水平的标识性技术。第一代和第二代高效环保芳烃成套技术曾先后于 2013 年、2019 年在中国石化海南炼化成功开车投产。为进一步巩固芳烃技术的领先优势，中国石化芳烃技术研发团队步履不停，在短短的两年时间内又接连开发出单塔芳烃吸附分离工艺、芳烃装置数字化控制等系列新技术，形成具有国际领先水平的第三代芳烃成套技术。

图 6

九江石化芳烃项目是国家产业布局的重点项目，作为我国中部地区首个大型芳烃项目，它的建成投产将对推动我国中部地区崛起、撬动炼化一体化产业链发展起到重要作用。芳烃联合装置于 2020 年 5 月 9 日开工建设，历时 20 个月艰苦鏖战，2022 年 1 月 20 日实现高标准中期交工。

经过多年的发展，中国石化已形成更为完善的石油化工主体技术，芳烃、有机原料、煤化工及合成材料等关键核心技术取得新突破。2013 年 12 月，采用自主开发的高效环保芳烃成套技术建设的海南炼化 60 万 t 芳烃联合装置成功投产，使我国成为继美国、法国之后第三个掌握该技术的国家。"高效环保芳烃成套技术开发及应用"项目获得 2015 年度国家科学技术进步奖特等奖；双氧水法制环氧丙烷（HPPO）工业示范装置成功运行，使我国成为世界上第三个掌握 HPPO 技术的国家；世界最大规模 360 万 t/a 煤制烯烃装置成功投产，中国石化成为第一个掌握全流程 MTO 反应及分离技术的供应商；突破了 48K 碳纤维大丝束工业化技术，在全球首次实现碳纤维连续抽油杆在油田领域大规模应用。

7. 国内首套自主技术 PDH 装置投产

2022 年 6 月 19 日，濮阳市远东科技有限公司（简称濮阳远东科技）总投资 11 亿元的 15 万 t/a PDH 装置开车成功。该装置采用中国石油大学（华东）重质油国家重点实验室研发的 ADHO 工艺，是国内首套自主技术的 PDH 装置。

濮阳远东科技还计划投资 40 亿元建设 75 万 t/a 的 PDH 二期项目，建设地址在河南省濮阳市范县濮州化工工业园，二期全部投产后，该公司 PDH 产能将达到 90 万 t/a。此外，中石油呼和浩特石化的 5 万 t/a PDH 项目从 2020 年起开工建设，于 2022 年投产。项目亦采用国产 ADHO 工艺，这将是濮阳远东科技 15 万 t/a PDH 装置之后，我国第二套采用该工艺的 PDH 装置。

国产化 ADHO 技术是中国石油大学（华东）重质油国家重点实验室李春义教授课题组开发出的新型丙烷/异丁烷脱氢（ADHO）技术，无毒无腐蚀性的非贵金属氧化物催化剂，是具有自主知识产权的绿色环保型催化剂，并为之配套开发了高效循环流化床反应器，成功实现脱氢反应、催化剂烧焦再生连续进行，填补了国内空白。该技术烷烃转换率为 80%，氢气收率为 4%，C4 烯烃收率为 16%；反应方式为循环流化床反应，温度为 600 ℃，能耗为 12 600 MJ/t 左右。

ADHO 技术优点为：①原料不需要预处理即可直接进装置反应，省去了脱硫、脱砷、脱铅等复杂过程；②既适用于丙烷、异丁烷单独脱氢，也适用于丙烷与丁烷混合脱氢；③反应与催化剂再生连续进行，效率高；④催化剂无毒，对环境无污染；⑤催化剂为难熔氧化物，无腐蚀性，有利于装置长周期安全稳定运行；⑥催化剂机械强度高，剂耗低等。

国内已经投产的丙烷脱氢项目所用催化剂几乎全部被国外公司垄断。国产化的新型高效丙烷脱氢制丙烯催化剂的问世，对于打破国外技术垄断具有重要的意义。正在建设中的中石化北海炼化 1 000t/a PDH 中试项目也采用了自主研发的中石化 SRIPT 丙烷脱氢技术。

近几年，依托于丙烯消费缺口较大、下游产业链产品丰富等优势，丙烯产能迅速扩张，PDH 工艺因其为专产丙烯的工艺，并且成本及利润状况较为良好而迅速崛起。伴随全球烯烃生产工艺多元化，传统工艺路径供应趋缓，PDH 成为丙烯主要扩张方向。2022 年将有共计 1 014 万 t/a 丙烯新增产能。未来四年内，我国 PDH 项目或持续处于井喷阶段，有超过 3 000 万 t 以上的 PDH 装置处于拟建、在建或规划建设阶段。虽然未来产能释放仍以多元化为主，炼化一体化、PDH 工艺依旧是新增产能的主力军。随着碳达峰政策的深入，丙烷脱氢在各工艺路线中的占比将逐渐增加。

到"十四五"末，丙烯单体将达到供需平衡，届时除了难以替代的高端产品，丙烯市场将逐渐呈现供需平衡甚至供应过剩的态势。因此，新规划 PDH 项目的企业需要密切关注市场行情变化，对装置的产品结构、消费需求等进行全面分析。从 PDH 项目的经济性来看，新建项目具有一定的盈利空间，但与催化裂化、石脑油裂解工艺相比，PDH 工艺产品单一、产业链一体化优势不足，市场承受力较弱，从而影响 PDH 项目的整体竞争力，这是企业进行 PDH 项目投资应予考虑的重要因素。同时，PDH 企业应重视 PDH 生产过程副产品氢气的高值利用。丙烯单程收率按 42% 计算，采用 PDH 工艺生产 1t 丙烯可同时副产氢气 54 kg。随着近年国内氢能产业快速发展和炼厂加氢工艺的深入应用，PDH 已成为石化企业推动烯烃原料多元化、增产"蓝氢"、助力炼化行业转型升级和 CO_2 减排的一条重要途径。

8. 广东石化 120 万 t/a 乙烯装置中交进入投料试车

中国石油广东石化炼化一体化项目 120 万 t/a 乙烯装置建成中交，全面进入投料试车攻坚阶段。该项目是中国石油"十三五"时期一次性投资规模最大的项目，也是中国石油南方战略的重大项目，对于保障国家能源安全、实现炼化产业转型升级具有重要意义。

120 万 t/a 乙烯装置是化工区的"龙头"装置，主要生产乙烯、丙烯等产品，同时副产氢气、富甲烷气、裂解碳四、裂解汽油和燃料油等。

装置由中国寰球工程有限公司（简称寰球公司）EPC 总承包，由寰球北京公司和寰球六建公司联合执行，采用寰球公司自主开发的乙烯成套专利技术，设计建造了国内单台生产能力最大的液体裂解炉，应用了国产功率最大的裂解气压缩机，首次在炼化工程领域打通了"六化"全流程。

自 2020 年 9 月土建全面开工以来，乙烯项目建设一直面临着新冠疫情、雨季、台风和酷暑带来的种种困难。寰球公司在广东石化项目成立了总项目部统筹协调，充分发挥"总－分"管理优势、EPC 统筹优势和总承包管理优势，实现资源的一体化调配。寰球北京公司和寰球六建公司组建联合管理团队，充分践行"一家人、一条心、一盘棋"理念，设计、采购和施工三个环节高度融合，深度交叉，无缝衔接，以协同联动的模式提升了项目建设的速度和效率。设计团队放弃周末休息，与现场同步加班，及时提供现场施工所需的图样和技术服务；采购团队根据施工需求计划，合理划分标段，第一时间确定供货厂商，逐台安排生产计划；现场施工以"开工即冲刺"的态势，组织系列劳动竞赛，奋力推进项目建设。

项目联合管理团队践行"六化"理念，通过深度的标准化设计，实现了数字化交付的协同设计，并为工厂化预制、模块化建设提供技术支撑。施工阶段，项目团队通过工序前置、工艺创新等方式，创造了裂解炉辐射段 88 天完成 16 吊、裂解炉主体结构 13 个月全部封顶的新速度。

该项目首次在汽油加氢单元中开展数字化交付和模块化设计试点，打通了大型工艺单元模块化设计、制造、运输和安装的全流程。所有塔器采用整体吊装模式，千吨级的急冷双塔 146 天完成制造，3 天吊装完成，实现"塔起灯亮"。8 条自动焊生产线、40 台自动焊设备、2 种焊接新工艺的数字化管道预制工厂，每天预制量稳定在 3 000 英寸（1 英寸 =2.54cm）以上，实现了从图样到成品交付的全过程数字化信息跟踪，成为提升项目建设效率的最大"助推器"。

9. 我国首套自主研发的橇装天然气制氢装置投用

我国首套自主研发的橇装天然气制氢装置在佛燃能源明城综合能源站（图7）（简称明城站）正式投用。该套装置满负荷条件下 $4.8m^3$ 天然气可制取 $11m^3$ 氢气，制氢纯度达到 99.999%，单位产品消耗、装置紧凑度等指标均达到国际先进水平，填补了国内行业空白。

该套装置由中海石油气电集团有限责任公司（简称气电集团）与合作单位共同研发，可即时生产供燃料电池汽车使用的燃料氢气，具有集成度高、自动化程度高、制氢效率高、占地面积小等特点，在一键开停车、一键负荷调整的智能化、数字化设计等方面处于国际领先水平。

氢能具有零碳、高效、可储等显著优势，是我国能源绿色低碳转型的关键一环。当前限制我国氢能产业发展的瓶颈主要是满足燃料电池汽车使用要求的氢气供应有限、价格较高等问题。该套自主研发的橇装天然气制氢装置采用天然气和水蒸气重整工艺制氢，可从城市天然气管道就地取气，无须从集中制氢厂使用长管拖车运氢到站，可降低氢气终端成本 20%～30%。不仅有效解决用氢难、用氢贵的问题，对减少城市道路运氢风险也具有积极作用，为我国首批燃料电池汽车示范城市群建设提供了本地化氢源解决方案。

明城站天然气制氢规模为 1 500kg/d，兼具加氢、加气、充电等功能，可满足公交车 125 车次或物流车 250 车次的加氢需求。在 $250m^3/h$ 橇装天然气制氢设备的成功应用基础上，气电集团已启动 $500m^3/h$ 橇装天然气制氢设备的研发工作。

中国海油高度重视氢能技术和产业，已在氢能的制、储、运、用等环节开展了一系列研发和示范工作，努力促进我国天然气产业与氢能产业的深度融合和协同发展，为加快构建"清洁、低碳、安全、高效"的能源体系，推动能源绿色转型和经济高质量发展作出积极贡献。

图 7

10. 我国首个百万吨级 CCUS 建成投产，碳捕集环节全部设备国产化

2022 年 8 月 29 日，中国石化宣布，我国最大的碳捕集、利用与封存全产业链示范基地、国内首个百万吨级 CCUS 项目——齐鲁石化 - 胜利油田百万吨级 CCUS 项目正式注气运行，标志着我国 CCUS 产业开始进入技术示范中后段——成熟商业化运营。中国石化齐鲁石化公司（简称齐鲁石化）的碳源来自公司第二化肥厂煤气化装置，该装置排放的二氧化碳尾气属于优质的二氧化碳资源，排放量大且性能稳定，纯度高达 90%。齐鲁石化通过液化提纯技术，回收煤气化装置尾气中的二氧化碳，更加节能、成本更低，且碳捕集端全部装置均实现国产化。同时，该 CCUS 项目采用多项绿色技术，降低装置运行能耗，减少碳排放。

CCUS 可以实现石油增产和碳减排双赢，是化石能源低碳高效开发的新兴技术。碳捕集、利用与封存简称 CCUS，即把生产过程中排放的二氧化碳进行捕集提纯，继而投入新的生产过程进行再利用和封存。齐鲁石化 - 胜利油田百万吨级 CCUS 项目由齐鲁石化捕集提供二氧化碳，并将其运送至胜利油田进行驱油封存，实现了二氧化碳捕集、驱油与封存一体化应用。该项目覆盖特低渗透油藏储量 2 500 多万 t，共部署 73 口注入井，预计 15 年累计注入 1 000 余万 t，增油近 300 万 t，采收率提高 12 个百分点以上。该项目每年可减排二氧化碳 100 万 t，相当于植树近 900 万棵，对搭建"人工碳循环"模式具有重要意义，将为我国大规模开展 CCUS 项目建设提供更丰富的工程实践经验和技术数据，有效助力我国实现"双碳"目标。

作为减碳固碳技术，CCUS 已成为多个国家碳中和行动计划的重要组成部分。虽然我国 CCUS 正处于工业化示范阶段，与国际整体发展水平相当，但是部分关键技术仍与国际先进水平有所差距，不同地区的陆上封存潜力差异较大，面临诸多挑战。

该项目所用二氧化碳压缩机由沈鼓集团设计制造，试车顺利成功并正式投产，机组各项运行参数均达到优质水平。沈鼓集团提供的离心压缩机及沈鼓辽汽提供的汽轮机得到了设备使用方齐鲁石化的高度认可。该机组在 CCUS 项目中的成功应用，标志着沈鼓集团紧盯国家"双碳"目标，在节能环保领域实现了技术新突破。

我国二氧化碳地质封存的潜力巨大，并且具备大规模捕集利用与封存的工程能力。实践证明，发展 CCUS 可以较大幅度提高低品位资源开发利用率，为保障国家能源安全提供支撑。

在碳利用与封存环节，中国石化拥有多项核心技术。CCUS 项目要提高封存率和采收率，全过程密闭是核心。在注入端，针对液态二氧化碳易气化外排及多井同时注入计量分配难度大的难题，胜利油田攻关研发全密闭高效注入技术，形成了具有完全自主知识产权的注入系列装备，破解了零排放、低温计量、分压分注等核心技术难题；在采出端，创新实施采出气液全程密闭集输与处理工艺，采出气分水后输送至回注站直接增压回注至地层进行二次驱油与封存，确保"油不落地、水不外排、气不上天"。胜利油田形成了"二氧化碳高压混相驱"核心技术并取得矿场应用突破，已在20个区块累计注入二氧化碳64万t，封存50多万t，增油10多万t。

在输送环节，即将实现国内首次二氧化碳长距离超临界压力管道输送。目前，齐鲁石化捕集的二氧化碳采用陆上车辆运输方式，送至胜利油田进行驱油封存。根据中国石化的规划，到2022年年底，齐鲁石化至胜利油田的百公里二氧化碳输送管道投产，届时将在国内首次实现二氧化碳长距离超临界压力管输，真正做到制、输、用全过程全密闭。

2012年，国内燃煤电厂首个CCUS项目在胜利油田启动，形成燃煤电厂烟气二氧化碳捕集、驱油及封存一体化工程综合技术和经济评价技术。2015年，中国石化集团南京化学工业有限公司（简称南化公司）、中国石化集团华东石油局（简称华东石油局）携手合作，由华东石油局液碳公司采用产销承包模式回收南化公司合成氨、煤制氢装置二氧化碳尾气，用于油田压注驱油，开启了中国石化内部上下游企业之间二氧化碳资源综合利用的先河。2021年，中国石化捕集二氧化碳量已达到152万t左右，CCUS应用效果良好，在提高原油采收率和降碳减排上取得了较好成效。

"十四五"时期，中国石化将加大建设力度，实现CCUS产业化发展。截至目前，中国石化实施二氧化碳驱油项目36个，为CCUS技术快速发展规模应用奠定坚实基础。"十四五"时期，中国石化将研究建立碳捕集利用与封存技术研发中心，重点部署CCUS+风光电、CCUS+氢能、CCUS+生物质能等前沿和储备性技术攻关，加大二氧化碳制备高价值化学品、二氧化碳矿化利用等技术应用力度，突破碳捕集、输送、利用、封存等各环节核心技术和关键设备难题，建成"技术开发-工程示范-产业化"的二氧化碳利用技术创新体系，延展清洁固碳产业链，打造碳减排技术创新策源地。"十四五"时期，中国石化将依托胜利发电厂、南化公司等企业产生的二氧化碳，力争在所属胜利油田、华东油气田、江苏油田等再建设2个百万吨级CCUS示范基地，实现CCUS产业化发展，为我国实现碳达峰碳中和目标开辟更为广阔的前景。

11. 国产首台特大型高温苯乙烯尾气螺杆压缩机组成功投产

中国船舶集团七一一研究所（简称七一一所）与中国石化集团茂名石油化工有限公司（简称茂名石化）、中国石化上海工程公司联合开发的中国石化重大国产化项目——40万t/a苯乙烯装置尾气压缩机组（图8），在茂名石化现场成功投产，这是国产首台特大型高温苯乙烯装置尾气螺杆压缩机组。

图8

该项目是目前国内投产的单体最大规模的苯乙烯装置，主机采用七一一所研制的800系列螺杆压缩机组，将上游产生的脱氢尾气加压后输送至下游PSA提氢装置再利用。该项目的成功投运，标志着七一一所实现了国内40万t以上苯乙烯尾气压缩机组国产化，是七一一所在石化重大装备国产化道路上的又一个重要里程碑。

12. 济柴动力成都压缩机分公司研制重点项目压缩机组启运

2022年10月27日，塔西南天然气综合利用工程项目首批2台DTY1250压缩机组和2台DTY500压缩机组，在中国石油集团济柴动力有限公司（简称济柴动力）成都压缩机分公司完成厂内生产，发往新疆应用现场。

塔西南天然气综合利用工程项目是中国石油2022年重大建设项目，也是国家提升战略资源安全保障的重要工程，建成后对新疆喀什地区天然气应急调峰和冬季民生用气保供意义重大。作为项目核心装备，济柴压缩机组将为项目平稳有序运行提供特种保障性气体支持。同时，该项目用机组的研制供应，还肩负着国家重大装备国产化试验的重要任务，对于保障国家能源安全、解决国产压缩机装备"卡脖子"难题，具有重要的实践意义。

济柴动力公司高度重视该项目机组研制工作，成都压缩机分公司更是把该项目列为分公司"1号工程项目"，从研发设计、工艺制造、质量控制等方面严格把关。分公司全体干部员工克服高温限电和疫情反复的不利影响，启动保障重点项目应急预案，全面开展闭环生产，力保项目用机组如期完工发运。该项目其他型号5台压缩机组也将陆续发往应用现场。

油气钻采作业装备

1. 全球最大单机功率7000型电驱压裂橇组投入应用

2022年2月20日,宝石机械成都宝石专用车公司4台7000型电驱压裂橇在四川泸州叙永县境内的阳102H25平台正式投入商业应用,实现了"制造+服务"模式的运用。4台7000型电驱压裂橇顺利完成了20段加砂压裂施工,施工期间设备性能稳定,运行情况良好。

7000型电驱压裂橇是由宝石机械、川庆钻探、西南油气田共同承担的国家科技攻坚项目"系列电驱压裂车(橇)"的定型产品,2020年12月被中国石油天然气集团公司成果鉴定为国际先进水平,并入选国家能源局2021年度能源领域首台(套)重大技术装备项目。橇组配备的压裂泵具备全球最大柱塞杆承载能力,同比国内外压裂泵承载能力提高约1.8倍,满足页岩气压裂长时间连续作业的可靠性要求。

2. 国内首盘CT130超高强度变壁厚连续管成功下线

国内首盘长度8 500m、直径44.45mm、壁厚3.68~4.80mm、钢级CT130超高强度变壁厚连续管在中国石油宝鸡石油钢管有限责任公司(简称宝鸡钢管)成功下线,再次刷新国内单盘长度、壁厚跨度最大超高强度连续管纪录,标志着我国连续管制造技术实现了新的飞跃。

近年来,随着国内深层油气勘探开发力度不断加大,超深井、超长水平井、超高压作业对连续管的强度和长度提出了更高的要求。CT130超高强度变壁厚连续管作为当前连续管顶尖产品,具有超高的管材强度,超强的抗挤溃、抗扭能力,同时通过变壁厚技术,在长度增加的情况下,重量变化不大,对深层油气资源和页岩气等非常规油气开发意义重大。产品研制过程中,宝鸡钢管解决了8 500m长度对钢带盘取、超高强度对成型和定径装备带来的难题,攻克了壁厚范围跨度大、径厚比小对制造工艺造成的难关,经过近7h连续稳定生产,打造出国内首盘8 500m、CT130钢级超高强度变壁厚连续管。经检测,产品各项性能均符合标准要求。

作为中国石油唯一的连续管研发和制造企业,宝鸡钢管依托国家管研中心的技术、人才优势以及十余年来积累的制管技术,加大科技研发力度,不仅将连续管产品钢级从CT70提升至CT150,还定制开发了2205、超级18铬等耐蚀合金连续管,非金属连续管、多通道连续管等高端产品,在满足各大油气田勘探开发的同时,出口到10余个国家和地区。2021年,宝鸡钢管连续管产销量双双突破1万t,创历史新高。2022年1月,连续管产量达700余t,创造了投产以来同期最好成绩。

3. 石化机械超大功率全电动压裂成套装备再创佳绩

2022年3月22日,隶属于中石化石油机械股份有限公司(简称石化机械)的中石化四机石油机械有限公司(简称石化机械四机公司)提供的超大功率全电动压裂成套装备圆满完成涪陵页岩气田最大规模"井工厂"电驱压裂施工,创下国内页岩气开发单平台压裂井数最多、段数最多、加液量最多、加砂量最多、单机组效率最高等5项施工纪录,拉开全电动大排量压裂新时代的大幕。

该作业所用全电动压裂机组是目前国际上首套单泵结构连续满载压裂机组,突破连续满载长寿命压裂泵、小体积交变频系统、电动混砂混排电动直驱等技术难题,实现了电驱压裂、电动配液、电动输砂等全流程电驱和24h连续作业。与国内同类技术装备相比,具有施工效率高、装备体积小、能源消耗少、单泵排量大、施工噪声低、连续负载能力提升60%、占地面积减少30%等优点,实现了成套机组在自动化、数字化的全面升级。此前,石化机械四机公司超大功率全电动压裂装备已在川渝、新疆、大庆、山东等油气田成功投用,为用户创造了良好经济效益和社会效益。

石化机械紧跟国际技术前沿、紧贴油气开发需求,在大型压裂装备自主研发方面牵头承担"十二五""十三五"国家科技重大专项。研制的3000型油驱压裂装备,荣获国家科技进步奖二等奖,该成套压裂机组沙盘亮相"伟大的变革——庆祝改革开放40周年大型展览",并移交至中国国家博物馆收藏;超大功率全电动压裂成套装备作为专项标志性成果亮相国家"十三五"科技创新成就展。

随着页岩油气向深层、规模化、低成本开发方向发展,以及绿色、低碳、环保的持续推进,对压裂装备提出了更高要求。石化机械在前期工作的基础上牵头承担了中国石化集团科技项目"全电动数智压裂成套装备研制与大规模应用",并于2022年3月25日召开项目启动会,该项目将进一步推动全电动压裂装备数字化、智能化,使压裂装备拥有更大压裂效能。

4. 国内最大吨位带压作业装置投入使用

石化机械四机公司不断完善带压井作业机产品系列,推出国内首套适应高压气井作业的2 250kN带压作业装置,成功完成"深层页岩气带压作业装备研制"课题,带压作业装备研制能力显著提升,为深层油气田低成本、高效率开发提供了国产装备支撑。

该课题依托"十三五"国家科技重大专项"深层页岩气开发关键装备及工具研制"项目,攻克了微痕夹持液压卡瓦、双向承载动力转盘、同步控制重载油缸、高性能液控旋塞阀等核心部件制造关键技术，适用于深井、超深井、长水平井等高压作业环境，先后在国内陆地及海洋油气田完成起下原井管柱、打捞、磨铣、刮管、倒扣、冲砂洗井、查漏封堵、下电潜泵等作业 30 余井次，设备稳定、安全、优异的性能得到充分验证。

带压作业机可在不需要压井、放喷的情况下直接进行井下作业，有助于节约能源，实现对油气层和环境的保护，广泛应用于国内外油气开发。

石化机械四机公司研制了最大提升载荷 400～2 700kN 7 个级别的带压作业设备，包括独立式、辅助式，可采用撬装、拖装、车装结构，适用陆地、海洋等各种环境油气开发。该公司开发的 160t 海洋带压作业机填补了国内海洋液压修井机高端装备的空白，取得国家专利 8 项。石化机械四分公司着眼提升带压作业装备本质安全，正进一步采取完善逃生通道、固定防顶卡瓦配置、加强视频监控等措施，开展页岩气开发带压作业安全提升专项工作。

5. 石化机械推出世界首台全电驱 XJ900 自动化修井机

2022 年 5 月，石化机械四机公司推出的世界首台全电驱 XJ900 自动化修井机在山东东营投入工业应用，进一步引领修井机装备电动化发展。

该设备最大钩载 90t，配备 8×8 纯电重载特种底盘，整车行驶和修井作业全部采用电能驱动，最大续驶里程 80km。修井作业时连接井场 30～50kVA 井场变压器，能量管理系统采用"网电优先"控制策略，实现"小网电、大功率"输出。搭载多款新型自动化设备和多重安全控制保护系统，自动化装备与主机一体化集成运输，设备安装方便，作业时通过集成控制系统协调控制，有效降低能耗和操作工劳动强度，可实现小修作业井口无人化，具备节能、降碳、低噪等优势，与传统燃油修井机相比整体能耗降低 65%，作业全过程零污染、零排放。

此前，石化机械四机公司已形成最大钩载 60～315t、修井深度 500～10 000m 的 8 大系列车载作业装备，拥有自动化修井机、万米超深井修井机、绿色能源修井机、沙漠修井机、无绷绳/自紧绷绳修井机以及双快绳修井机等特色装备。特别是结合国家节能减排要求，应用油电双驱、超级电容储能等技术，研制出油电双驱修井机、电驱修井机、储能型网电修井机、全电动修井机电动底盘，节能环保效果突出，有效解决了常规柴驱修井机作业污染大、能耗高等问题。

6. 石化机械研制世界首台稠化酸连续配酸车实现工业应用

石化机械所属的四机赛瓦石油钻采设备公司围绕提升效率、减少污染、实现作业数据存储，提高安全系数等现场应用需求，历时 7 个月的工业试验，自主研制了世界首台大排量稠化酸连续配酸车，并于 2022 年 6 月在西南某平台井进行连续四天的现场应用，设备性能稳定，得到了用户的好评。

酸化压裂技术是油气井增产的有效措施，稠化酸作为有效措施的中介介质，主要是指在酸液（如盐酸）中加入稠化剂（或称增稠剂、胶凝剂等），使酸液黏度增加，以降低酸岩反应速度，提高酸液对深部地层的溶蚀和沟通能力，作用距离较常规酸更远，是现在酸化压裂的主流酸液体系种类。

以前的酸化压裂液的配置过程需要长时间使用水罐、酸罐以及其他辅助设备，每次配酸作业需要约 15 人配合完成。作业前要根据油田地质层现场情况，提前设计和配置相应配方的酸液，现场采用酸液、水、药剂总量控制混配方案，施工过程需要在酸车、水罐、稀释酸罐、成品酸罐之间来回运转，劳动强度大、酸液浪费大、作业数据无法记录、作业精度低、作业安全系数低，不仅现场作业效率较低，且造成环境污染。

最新研制的稠化酸连续配酸车可以有效地促进配酸作业集成，降低传统配酸作业过程设备分散导致的施工风险，具有酸液配置质量高、操作简便、作业效率高、生产成本低等优点。

此次现场应用的连续配酸车连续配置稠化酸 90m³，搅拌供液超 1 000m³，配置酸液密度为 1.095kg/L，运动黏度为 42cP。

7. 国内深层页岩气平台井最大规模电动压裂施工圆满完成

东方电气集团所属宏华集团有限公司（简称东方宏华）所属四川宏华电气有限责任公司（简称宏华电气）顺利完成渝西地区某平台电动压裂施工。该平台共部署 6 口井，平均井深 6 774m，平均垂深 4 300m，加砂强度 3.9t/m，单日最高压裂 4 段，创国内深层页岩气单平台深度最深、注入液量最多、注入支撑剂量最多 3 项新纪录。在平均施工压力 110MPa 工况下，宏华电气多措并举，顺利保障设备稳定、高效运行和项目顺利实施，树立了行业新标杆。

针对该平台井埋藏深、水平井段长带来的地面施工压力高、加砂强度大、加砂难、缝网改造难等压裂挑战，采用全电动实现持续压裂施工，进行大排量、精细化排量，实现施工目标，并有效避免压裂车存在的加油频繁、保养时间长等问题。为了解决电网容量不足的问题，宏华电气部署了 4 台燃气发电机组，实现网电+燃气发电双供电，有效保障施工用电，并安排专业的电力工程师定期巡视保养高压设备，打消了客户对潜在全电网供电故障导致井下复杂事故的顾虑。

8. 中国制造低排放超静音自动化钻机启运乌干达

2022 年 8 月 22 日，由东方宏华为中国石化中原石油工程有限公司研制的低排放超静音自动化钻机——乌干达 1500HP 低排放自动化静音钻机从四川省德阳市广汉生产基地正式发运。这台我国自主研发制造的超静音智能钻机，是国际同类产品中最安静的机型之一。该钻机将从青岛港出发，沿着 21 世纪海上丝绸之路，抵达非洲乌干达国家森林公园服役。

非洲乌干达森林公园蕴藏着丰富的石油资源，如何在保护国家森林公园原始丛林和野生动物的前提下，进行绿色高效的石油开采，是乌干达政府和开发商法国道达尔公司都高度重视的问题。为此，受承接方中国石化集团公司委托，东方宏华积极进行技术创新，成功研发出国内首套超静音智能钻机，具有超静音系统和全程零排放的特点，在安静降噪的同时，实现绿色、高效、智能、环保等多个创新，达到国际先进水平。

早期的石油天然气钻井作业现场，经常是井队机器轰鸣的景象。而此次东方宏华着重对降噪问题进行研发，实现了在钻机井场边界处噪声不大于55dB的要求，避免钻机工作时对乌干达国家森林公园的野生动物的干扰，最大限度降低了石油开采对生态环境及野生动物的影响。同时，整个钻机还采用伪装涂装和可调光变色的灯具，减少对井场周边动物栖息地的物理和生物等环境因素影响。钻机配置钻井废弃物回收处理系统，能够实现全井场所有设备泥浆、油污完全回收，实现钻井过程的废物废液的零排放。

东方宏华超静音钻机研发过程中，在节能降耗和减排方面做了极大创新。该钻机对发电机组尾气排放和能源消耗进行严格控制，可使一氧化碳（CO）排放量减少90%、碳氢化合物（HC）排放量减少90%、颗粒物（PM）排放量减少90%。发电机组配置智能控制系统（PMS）对运行机组进行整体控制，可及时关闭低负载运行机组，自动进行机组的启停，实现机组最优化运行，减少机组的运行数量，提高机组的负载效率。

乌干达1500HP低排放自动化静音钻机除了静音以外，自动化是一大特色。在这套钻井平台上，再也看不见满身油污的工人去换钻杆，只需要一个司钻人员在操作间即可完成所有任务。东方宏华创新研发了"一键联动"举升式排管系统，颠覆了传统的作业工艺流程，使起下钻效率创下了30柱/h的新纪录，在国内国际处于领先水平。同时，集成区域管理系统（ZMS）解决了钻机台面上众多自动化设备协同工作的安全问题，保证了各设备之间不影响、不干涉、不碰撞。

该钻机配套了东方宏华自主研发的OPERA智能钻井系统，实现了钻井操作的智能化。OPERA是行业领先的智能钻井系统，集成了多个智能化应用程序（App），为钻井活动提供了精准控制和高度一致性，实现钻井领域的"自动驾驶"功能。

中国石化中原石油工程公司海外工程公司总经理表示，东方宏华创新研发的中国造静音钻机，受到了乌干达政府和甲方公司的高度认可，是中国智造、绿色智造的有力实践。作为目前自动化智能化程度最高、降噪效果最好、配套最为先进的钻机在乌干达投入使用，将为我国钻机向高端化发展奠定坚实的基础。

同日，绿宇新材料公司（河南省噪声控制技术工程研究中心）在河南濮阳发布消息，我国首套采用欧洲标准的静音降噪系统的乌干达1500HP低排放自动化静音钻机的静音降噪系统由河南省噪声控制技术工程研究中心科研人员历经1年时间，采用区域性、主噪声源设备噪声控制技术自主设计研发成功。这也是世界首例在石油钻井领域厂界噪声验收采用英国标准BS 4142-2014、国标标准ISO 4142和我国GB 12348双对照标准。

降噪的传统治理手段是在局部厂界安装隔声屏障或在个别噪声设备上安装隔声罩。由于本项目石油钻机将被安置在乌干达最大的野生动物公园，所处环境生态脆弱、环保压力大，客户提出设备各方向厂界噪声小于55dB、所有噪声源1m处小于75 dB等的高标准。针对这些要求，绿宇新材料公司科技人员在无资料、无现场、无既有参考设备的情况下，组织专家反复论证，创新提出"全井场源头治理、全体部件可拆装"工艺技术方案，对固控区域和钻井平台的30余台高噪声设备采取了不同工艺的吸声、隔声和减振构造。最终，该静音降噪系统顺利通过了法国道达尔集团、法国船级社检验集团、中石化集团及第三方检测公司的24h联合考核验收。钻机噪声源最高达115 dB，经过静音措施，厂界噪声减低到40～55 dB。在此指标下，可最大限度降低石油开采对生态环境及野生动物的影响，达到自然保护区生态、作业职业健康、周边生活区安静等多重标准。

该静音系统采用多款航天级新材料，总体量达1 500 m³，在石油钻机领域规模最大。为方便运输和检修，技术人员确保系统实现可整体拆解，即每个静音单体的每片墙板均可拆解。这套石油钻机配套静音降噪系统设计科学，性能考核严谨，静音集成系统水平一流，开采噪声控制技术达到了世界先进水平。

此前，由宝鸡石油机械有限公司（简称宝石机械）为中海油油田服务有限公司乌干达项目量身定制的国内首台8 000m静音型自动化钻机，2022年7月12日从位于陕西的宝鸡石油机械公司新区井场启运出厂，将沿着"一带一路"的脚步奔向非洲大地，成为中非人民友谊的新见证，续写中非传统友谊的新篇章。

该型钻机采用全井场噪声控制技术，配置零排放系统、全套管柱自动化系统，具有环境适应能力强、自动化程度高、作业安全性高等特点，可实现生态自然保护区和生活区作业环保的双重要求，是名副其实的自动化、环保化产品。

该钻机的成功交付，标志着中海油服一体化钻完井服务业务进军非洲的号角已经吹响，向建设中国特色国际一流能源服务公司又迈出了坚实的一步。加快推进国产石油装备建造，用自己的钻机开采石油资源，是中国海油和宝石机械保障国家能源安全的重要举措。

乌干达当地时间2022年11月6日，宝石机械为中海油服量身研制的中国首套8 000m静音型自动化钻机LR8001在乌干达Kingfisher油田顺利起升。钻机发运后，为了确保用户在国外顺利作业，海洋石油装备分公司、国家研究中心、钻机分公司、自动化设备分公司、配套厂家等单位14名员工组成的服务团队陆续进驻油田井队，积极开展钻机售后服务工作。在Kingfisher油田，宝石机械售后服务团队尽职尽责、辛勤付出，仅仅40余天就完成了钻机起升工作，为钻机的后续调试赢得了宝贵时间，让中国制造的首套8 000m静音型自动化钻机巍然屹立在东非大地。

9. 国产连续管作业机研发再获突破

由中石化石油机械股份有限公司（简称石化机械）自主研制的国内首台SLG630电驱自动化连续管作业机出厂发运，标志着石化机械连续管作业机迈向电动化、自动化取得实际成果。相对于第一代自动化样机，石化机械SLG630电驱自动化连续管作业机核心关键控制系统技术优化提升率超28%，配套系统功能优化提升率达43%，具备强大承载能力和绿色高效特性。

连续油管作业机适合气举、冲砂、解堵、切割、打捞、拖动压裂、钻塞、速度管柱等百余种作业工艺，广泛应用于钻井、完井、修井作业。石化机械积极把握绿色发展趋势，加快推进连续油管电驱自动化改造升级，实现从柴油驱动到电力驱动，同时适应用户注入头最大提升能力等需求，不断拓展自动化功能，并取得实效。通过聚焦自动化连续油管设备关键核心技术，在样机技术储备基础上，优化升级核心控制系统中的硬件系统、软件系统、执行终端系统以及配套系统，结合各功能模块实际工况要求、自动化模块采集信号方式，识别执行端控件关键控制参数，开展关键部件国产化替代升级，调试配套装置功能参数等，进一步优化系统性能，对比、优化自动化控制系统与常规液控系统，去除功能叠加或冗余配置。

此前，石化机械于2020年7月研制推出国内首台一键式SLG450柴驱自动化连续管作业机，可实现一键式自动起下油管作业，自动调压调速，到达作业位置自动停止，井下异常超压超载自动停机。在我国西南页岩气勘探开发施工现场，年累计作业时长超过4 000余h，入井106趟，完成80余口井次井下作业，到达6 293.50m的作业井深，累计作业里程380万m，超同期设备近2倍作业量。该设备操作方便快捷，作业效率高，作业安全性好，人机交互体验好，易于自动化精确控制，维护成本降低60%以上，得到用户青睐和好评。对于新组建的连续油管队伍，能够大幅度降低操作人员技能要求，可为用户快速创效。同时配置作业安全紧急处置功能，提升特种作业安全性。

石化机械自动化连续管作业机正以其安全、高效、便捷的操作方式和低维护成本优势，成为连续管油气田开发领域主力装备。

10. 国产首台井架连续油管作业设备在阿尔及利亚应用成功

由烟台杰瑞石油服务集团股份有限公司（简称杰瑞）自主研发制造的井架连续油管作业半挂车（图1）发往阿尔及利亚，这是我国此类高端装备产品首次进入阿尔及利亚市场，彻底打破了欧美国家对井架连续油管作业设备的长期技术垄断。

截至2022年3月，杰瑞井架连管作业设备已完成二十余口井作业。这台定制化的井架连续油管作业设备自身配备作业井架，作业过程无需使用吊车，整体井控设备在井口上与井架连接，结构稳定，安全性能大大提升。井控装置可实现一体化翻转，通过绞车运动实现注入头平台的平稳升降及定位，平台上配有可视化系统，可实时监控绞车的运行情况，让作业更安全、更安心。相比常规连续油管作业设备，注入头可以在井架上前后左右上下移动，快速对接井口，整体准备时间节省70%左右。

图1

井架连续油管作业设备在阿尔及利亚井场应用成功，再一次擦亮了杰瑞高端能源装备"制造+服务"解决方案提供商这一"名片"，让世界看到中国智造水平。

11. 科瑞油气研制新型电驱修井机组奔赴海外

近日，由山东科瑞油气装备有限公司（简称科瑞油气）自主研发制造的四台套新型修井机组成功下线，奔赴海外。项目的顺利发运，彰显了科瑞油气强大的交付实力，提升了科瑞油气在中东地区的市场占有率与品牌影响力。

随着石油开采技术的发展，客户对设备作业效率、自动化程度、安全性、人工劳动强度、环保等多方面不断提出更高要求。科瑞油气坚持以客户为中心，以市场为导向，积极顺应市场发展趋势，依靠强大技术实力，在常规修井机基础上做了先进的技术应用和设计创新，使设备具备自动化程度高、安全措施可靠、搬迁快速便捷等特点，进一步提升了科瑞油气的市场竞争力。

该批设备采用全球首创参数化动力水龙头控制系统和PLC闭环控制的开闭一体式综合液压站。高度集成化的设计将修井机主要配套设备集成到2个拖车单元上，减少了转场模块数量，提高了搬迁效率。自绷绳井架、旋转电控司钻房、小修平台及防喷器控制装置的随车移运设计，能够将修井机设备拆装时间缩短至少三分之一。

科瑞油气的研发工程师首次将交流变频绞车应用到修井机上，将盘刹液压站、润滑泵站组合在绞车撬座上，实现绞车自成一体。将传统式的机械承重块改为液压销锁止，并配锁止、解锁到位指示，简化了操作流程，增强了安全性，提高了效率。首次实现大功率发电机组双机并排布置的降噪设计，能够在机组满功率的工况下将发电机房外的噪音控制在85dB以下，并应用司钻房及喷雾系统，改善了工人的工作环境。

12. 石化机械四机赛瓦公司研制自动液氮泡沫发生橇

2022年10月，中石化石油机械股份有限公司控股的四机赛瓦公司研制的WPFS-90型自动液氮泡沫发生橇（图2）在长庆油田顺利完成连续管氮气冲砂试验，装备性能稳定，自动化程度高，作业效果好，具有良好市场推广应用前景，为油气井冲砂解堵施工作业再添新装备。

图2

水平井冲砂解堵作业受井筒各种因素制约，存在冲砂难、整体施工效率低、卡钻故障发生率较高等问题。在老井、低产井冲砂恢复产能时，采用传统水基液体作为携带介质时，表现出携砂性能差、漏失严重缺陷，造成油气井产量急剧下降，直接影响老井后期挖潜增产。

四机赛瓦公司自动液氮泡沫发生橇搭载新型泡沫混合技术，集成机械注氮高压发泡混配、AFS控制及智能监控技术，能够按照用户需求自动混配泡沫流体，具有泡沫细小、均匀、密度易控制等优点。同时，泵注氮气泡沫流体黏度大、携砂能力强，大幅提高环空返速，较常规水基液提升作业效率50%。

该设备整体结构布局更紧凑，管汇系统承压更高，同时集液氮蒸发、高压发泡与配液密度实时监控于一体，智能化程度高，可根据地层压力情况，实时调整冲砂液密度，最大限度恢复产能，实现致密油气储层的低伤害冲砂作业，有效助力油田低产井恢复产能、拓展油井增产手段，由此带来冲砂洗井装备一项重大技术革新。

13. 杰瑞涡轮压裂橇组在我国首次实现大规模应用

2022年7月，全新一代杰瑞涡轮压裂橇在新疆准噶尔盆地AHHW2035井完成国内首秀，成功通过玛湖油田井场施工的先导性试验，为国内推广燃气涡轮压裂设备提供了宝贵的数据支撑。8月，中石油专家组对涡轮压裂橇组试用项目进行了四新应用评审。11月，涡轮压裂橇组（图3）在长庆油田苏14-17-14井组开展了大规模应用，作业历时10天，全程采用CNG燃料，稳定高效的作业效果赢得了客户的认可与高度好评。这是烟台杰瑞石油服务集团股份有限公司（简称杰瑞）自主研发制造的涡轮压裂装备在我国首次实现大规模应用，标志着国内油气开发进入崭新的涡轮时代。

作为我国第一大油气田，长庆油田多年来在保障国家能源安全工作中始终居于排头兵位置。然而，长庆油田地质条件"先天不足"，是国际上典型的"三低"（低渗、低压、低丰度）油气田，开发难度世界范围内堪称罕见，常规技术难以实现经济有效开发。

图3

针对客户的关注，杰瑞通过持续创新解决了油气资源高效开发与经济性能并存的难题。杰瑞涡轮压裂橇组具有功率密度大、无级调速、提速迅猛、低碳环保、节能减排等优势，为长庆油田增储上产、提升井场作业经济性做了良好的保障。

14. 中国石油工程材料研究院首套增材制造试验研究平台投运

2022年3月，由中国石油集团工程材料研究院有限公司（简称工程材料研究院）自主设计的中国石油首套增材制造试验研究平台——电弧增材技术研究系统，在西安进行首次联机调试，并成功制造出变直径变壁厚复杂连接鹅颈管等产品。这标志着工程材料研究院金属材料增材技术研发已取得实质性进展。

增材制造通常被称为3D打印。按照热源类型的不同，金属材料的3D打印可分为激光增材、电子束增材、电弧增材等。其中，电弧增材制造采用金属丝材作原料，成形效率和材料利用率高、成本低，力学性能可达到同等锻件水平，特别适合大尺寸复杂构件的快速、高性能生产。

2020年，工程材料研究院凭借雄厚的科研实力，承担了集团公司科技基础条件平台建设项目"电弧增材技术研究系统"的开发任务。两年多来，工程材料研究院加大创新力度，与相关专业公司密切合作，在国内率先采用电弧增材技术打印出大口径低温厚壁三通、钻井大钩钩体等重要产品，并探索掌握了设计方法、材料、工艺、质量评价等全套制造流程，建成了具有自主知识产权的电弧增材试验研究平台。

增材制造试验研究平台通过集成多种电弧热源、采用机器人和数控机床两种运动系统、结合视觉控制系统动态调整工艺参数、利用激光扫描快速修复缺陷部位、软件内置可二次开发工艺库等一系列创新技术，使产品成形精度、均匀度等大幅提高，并可进行碳钢、合金钢、铝合金、不锈钢、镍基合金等多种材料的增材制造，打印产品重量最大可达20t，成形尺寸最大为2.0m×2.0m×1.8m，生产效率最高达 8 000g/h，为中国石油后续科研项目的开展和增材产品的制造推广奠定了坚实基础。

15．中石化机械四机公司研制成功连续油管自动化排管倒管器

中石化机械四机公司于 2022 年 4 月成功完成连续油管多功能重型自动化排管倒管器试验，标志着国内首套连续油管自动化排管倒管器研制成功，中石化机械四机公司连续油管装备自动化水平再上台阶。此前，中石化机械四机公司成功研制国内首台"一键式"SLG450 自动化连续油管作业机、国内首台自动化 SLG630 连续油管作业机，不断推进连续油管自动化控制系统研发与应用。

中石化机械四机公司研制的多功能重型倒管器能满足连续油管常规倒管作业要求，让发运滚筒体不经倒管，直接安装为工作滚筒作业，可用于海洋平台作业、连续油管应急抢险等任务，应用前景良好，即将首秀于川渝地区非常规油气开发市场。

连续油管倒管器创新采用 PLC、编码器、液压马达等装置，闭环控制优化排管，可实现自动排管和不同管径"菜单式"切换，相比传统倒管器手动排管，作业效率提升 30% 以上，大幅降低连续长时间作业疲劳风险；采用双边驱动，驱动力矩提升 1 倍，最大可满足 3.5″（1″=2.54cm）管径、50t 的连续油管作业；底座及排管臂伸缩式设计，适应 70″～115″ 宽度的发运滚筒；作业、运输状态液压操控，快速切换，劳动强度低、拆装效率高；集成 105MPa 的高压泵注管汇系统，适用范围广泛。

16．电驱动连续管作业机助力井下作业绿色低碳转型

2022 年 11 月 1 日，中国石油集团工程技术研究院有限公司（简称工程技术研究院）江汉机械研究所自主研制的首套 LG180/38-3000E 电驱自动化连续管作业机在江汉油田试验井场测试获得成功。测试情况表明，设备运行高效低噪，操作精准灵敏，拆装快速便捷，操控环境友好，标志着中国石油连续管作业装备由传统柴驱液控向新型电驱自控转型之路迈出关键一步。

在碳中和与零排放战略推动下，全球正兴起新一轮电动科技与产业革命，电驱动在压裂机组、混砂橇、钻机、顶驱等石油装备上已经得到推广应用。作为转变井下作业生产方式的核心装备——连续管作业机，亟待提高技术性能。2021 年，工程技术研究院江汉机械研究所专门成立电动化连续管装备攻关团队，瞄准连续管装备电网+储能式电动直驱、电驱滚筒及电动排管系统等关键技术展开攻关研制。

本次试验全面检验了电驱自动化连续管作业机的各项性能，为下一步电动化产品推广应用奠定了坚实基础。测试结果表明该设备具有五大优势。一是高效低噪，整机上装采用电驱电控，取代传统柴驱冗长低效传动链，网电工况下有望实现施工能耗成本较同规格柴驱设备降低 60% 以上，施工噪声降低 30% 以上，环境友好。二是控制精准，定制开发永磁同步电动机内置高精度编码器，实现注入头大范围无级变速和超低速稳定灵敏控制。三是优化结构，采用割缝管内置单螺纹丝杆+螺母+挡杆滑动套的电动排管结构，实现对传统链传动排管系统的完美替代，提高了排管精度及稳定可靠性。四是拆装方便，一体化车装式结构紧凑，自升式井架可搭载注入头前后、左右、上下、倾角多自由度无线遥控调节，可在 15min 内快速拆/装井口，且施工过程吊装零成本。五是操控便捷，手动模式操控极简，自动模式全方位故障诊断、异常工况主动防御、一键自动巡航，提高作业安全性的同时降低劳动强度。

油气工程材料

1．工程材料研究院牵头制定的陶瓷内衬油管国际标准正式发布

由中国石油集团工程材料研究院有限公司牵头制定的国际标准 ISO 24565《石油天然气工业陶瓷内衬油管》于 2022 年 1 月正式发布。该项国际标准的发布填补了我国主导石油管材产品国际标准的空白，表明我国在石油管材领域技术能力和国际标准话语权得到显著提升，也将为有效避免国际贸易壁垒、促进行业技术水平进步和产业绿色低碳发展奠定基础。

陶瓷内衬油管是利用自蔓延高温合成法，将陶瓷层结合在油管内壁的一种高技术产品，具有耐磨、耐热、耐腐蚀、防结垢等特点，防腐性能是普通油管的 30 多倍，特别适用于腐蚀、结垢、结蜡严重的油井、水井工况。该标准规定了油气工业用陶瓷内衬油管的制造工艺、材料要求、力学性能、检验试验等技术要求，适用于采油、注水用陶瓷内衬新（旧）油管的制造和再制造。

工程材料研究院依托国家和省部级科研项目，与装备制造企业合作，历时十余年，攻克了陶瓷内衬油管制造的关键技术，规范了陶瓷内衬油管制造工艺，实现了产业化生产和规模化应用，开发出 6 项陶瓷内衬油管实物管材评价试验新技术和新装备（全部授权发明专利），确定了陶瓷内衬油管关键性能测试方法及技术指标，明确了陶瓷

内衬油管的应用技术要求，开辟出旧油管"微能耗、零排放、无污染"的绿色制造及再利用新领域，使其成为减少碳排量的有效措施。

由于发达国家在传统石油管材产品制造领域有着悠久的发展历史和技术积淀，长期以来一直主导石油管材产品国际标准的制定，形成了体系化的技术壁垒，我国在石油管材国际标准领域主导制定产品标准困难重重。2018年5月，工程材料研究院依托研究成果，提交了《石油天然气工业陶瓷内衬油管》国际标准提案。经过1年多的反复研讨、沟通与协商，2019年10月经SC5分委会投票成功立项，牵头成立WG5（内衬油管和套管）国际工作组，由工程材料研究院李厚补博士担任召集人。WG5工作组的成立，将SC5的领域范围由传统的钢制油井管扩大至内衬油井管，为ISO/TC67绿色低碳标准化转型提供了示范。

标准立项成功后，在国家市场监督管理总局、中国石油科技管理部、陕西省科技厅和市场监督管理局的领导与支持下，工程材料研究院成立了一支技术素养高、英语能力强、掌握国际标准制修订规则的"全能团队"，与来自加拿大、荷兰、澳大利亚、韩国、法国、意大利和德国的15名国际专家，共同开展国际标准的编制工作。同时，组建了国内包括科研院所、制造企业、油田用户、检测机构、高等院校等19家单位50余名专家在内的"智囊团"参与标准的制定。经过近3年的博弈磋商和试验验证，先后召开了3次国际工作组会和3次国内工作组会，征集意见225条，最终通过了ISO投票，标准获得正式发布。

2. 宝鸡钢管公司研制全球首盘CT150连续管

2022年6月15日，全球首盘最高强度级别的CT150连续管从我国焊管的发源地——中国石油宝鸡石油钢管有限责任公司（简称宝鸡钢管公司）启程，走出工厂迈向井场，奔向油气勘探开发的最前沿。该盘CT150钢级、直径50.8mm、壁厚4.0mm、长度7 000m的连续管钢管在连续油管工厂制管机组成功下线。

近年来，超深井、超长水平井、高压油气井等非常规油气资源的开发，对连续管的强度、性能、品质提出越来越高的要求。面对超高强度连续管研发和生产中遇到的一系列挑战，宝鸡钢管公司钢管研究院和连续油管公司产研合作，携手攻关，历时两年时间，经过上百次反复试验研究，攻克了超高强度与强韧性匹配技术和超高强度材料焊接技术等一系列技术难题，自主研发出超高强度CT150连续管产品。

CT150钢级连续管的强度级别超过1 100MPa，具有良好的抗屈曲、抗扭转和承压能力，以及强度高、承压大、使用寿命长等诸多优点，是目前全球最高强度级别的连续管产品，可用于国内外深井、超深井、页岩气超长水平井及超高压力井的复杂作业需求。随着该产品的成功研发、生产及发运，既为国内外非常规油气资源勘探开发提供了强有力的装备利器，也填补了国际空白，标志着国产连续管的研发能力和制造技术开始领跑全球。

3. 全球首盘超级18Cr不锈钢连续管在CCUS项目成功下井应用

2022年7月3日，由宝鸡钢管公司研发制造的全球首盘超级18Cr不锈钢连续管，在吉林油田CCUS-EOR项目（二氧化碳捕集、利用、埋存与提高原油采收率）国家级示范区成功下井应用，各项性能满足CCUS注采管柱作业要求，获用户高度好评，这是国产连续管在自主创新方面取得的又一重大成果。

近年来，为响应"碳中和、碳达峰"战略目标，CCUS-EOR项目成为绿色低碳转型的重要抓手。CCUS-EOR是通过把收集来的CO_2注入油层中，让CO_2与原油相溶，使原油体积膨胀、黏度降低、界面张力减小、流动性增强，进而达到提高原油采收率的目的。此方法同时可以使大量工业CO_2埋存地下，起到减排温室气体的作用。长期以来，油田采用常规油管作为CO_2注入管柱，其存在耐CO_2腐蚀性能差、接头多、螺纹易泄露等老大难问题，成为了制约CCUS-EOR项目高效运行的"痛点"。油田用户迫切需要一种新型管材，既可以抵抗CO_2腐蚀又不含有螺纹连接接头，大幅提高作业效率，并实现安全可靠长期服役。

针对用户需求，宝鸡钢管公司依托国家油气管材工程技术研究中心技术优势，联合国内一流冶金企业、科研院所和油田用户，创造性地提出了新型耐CO_2腐蚀连续管的解决方案。经过两年多的攻关，设计出一种耐CO_2腐蚀性能和力学性能优异、经济性又好的超级18Cr连续管。攻克了管材连续稳定成形、焊接、热处理、组织调控等一系列制造关键技术，成功研发出了全球首盘超级18Cr不锈钢连续管。该研发团队还积极依托中国石油集团重大专项，主动介入油田CCUS-EOR注入管柱选用方案，结合工况开展一系列试验评价，最终成为了产品试点应用成功就立刻批量应用的经典范例。目前，该产品已获得740余吨订单。

和普通碳钢油管相比，超级18Cr连续管耐CO_2腐蚀性能提高数倍，一盘管柱长度可达8km，不带螺纹接头，韧性和强度高，下井作业快捷高效，管柱长期服役安全可靠。该产品的研制和批量化应用，将会进一步降低CCUS-EOR项目成本，成为CO_2安全高效注入的装备利器。

储运与管道

1. 陆上LNG全容薄膜罐技术在国内首次成功落地

2022年8月17日,我国首座陆上LNG全容薄膜罐项目——华北油田华港燃气集团河北河间LNG调峰储备库主体工程,顺利通过第三方气密性检测,达到了内罐焊接零漏点、零修补的质量要求,标志着陆上LNG全容薄膜罐技术在国内首次成功落地,同时表明河间LNG调峰储备库达到全面保供要求。

河间LNG调峰储备库建成后,可保障河北河间、任丘及周边地区80万余户居民的生活、供暖用气,为优化京津冀地区天然气储备库整体布局、助力国家"双碳"目标实现作出贡献。

LNG储罐技术一直是LNG储罐建设中投资最高、工期最长、难点最多的关键环节。在河间LNG调峰储备库项目中,华北油田综合考虑储气设施安全、建设成本与施工周期等因素后,与中国石油工程建设有限公司华北分公司(简称CPECC华北分公司)合作,由CPECC华北分公司采用薄膜罐技术为其建造一座2.9万 m^3 储罐,以满足河间、任丘等周边地区的储气调峰和应急保供需求。

与常见的9%镍钢罐相比,薄膜罐结构设计更为紧凑,不但总存储量比镍钢罐增加10%以上,而且由于绝热材料和不锈钢钢板采取了预制厂批量生产和模块化设计,施工周期也显著缩短。

虽然薄膜型储罐具有单方造价低、有效容积大、建设周期短、抗震性能好等优势,但其需在厚仅为1.2mm左右的不锈钢钢板上进行焊接,难度很大,任何一点微小损伤都可能导致薄膜罐整体失效。为此,CPECC华北分公司所有焊工不仅全部通过法国GTT公司关于薄膜罐焊接的生产技术考试并取得资质认证,而且每次进场施工前还要进行若干试件试焊,试焊全部合格后才能正式进罐施工,以保证内罐焊接零漏点、零修补。

2. 董东原油管道成功投产

2022年8月24日,国家石油天然气基础设施重点项目董家口—东营原油管道(董东管道)投产一次成功。这是"十四五"期间我国投产的首条1 500万吨输量级输油管道,对满足山东省、长江中下游地区经济发展能源需要,优化中东部地区供能结构,推动双循环新发展格局加速构建具有重要意义。

董东管道年设计输油能力1 500万t,全长365km,主要输送青岛董家口港区接卸的进口原油,在东营站与东临复线(东营—临邑)连接,输往鲁宁管道(临邑—仪征),服务山东省及长江沿线炼油炼化企业。该管道投产后,将逐步替代已运行30余年的东黄线(东营—黄岛)等老旧原油管道,提升输油能力260万t/a,日输量达到4.3万t,对国家管网集团老旧管道综合治理、山东区域油气管网布局优化、进口原油资源统一调配等都将发挥重要作用。

在工程建设过程中,国家管网集团坚持推行"建管融合",突破多项"卡脖子"工程,优质安全高效完成工程建设任务。在穿越诸城泰沂山脉陡崖的施工过程中,采用1 350mm小管径顶管机成功穿越水平长度358m的极硬岩石,创造了小管径长距离极高强度岩石顶管施工的国内记录。在穿越青州阳河湿地公园和淄博段大武地下水富集区等环境敏感区的施工过程中,通过增加管道壁厚、防腐等级、防渗保护等措施,夯实管道本质安全,保护周边生态环境,用心打造绿色管道。

本次投产创新使用自主研发的具有国内领先、国际先进水平的管道智能检测设备和管道地质灾害监测预警系统,对管道本体焊缝质量、几何应力变形点进行了严格的检测。

3. 我国自主研发制造国内最大尺寸液化天然气卸料臂正式投用

2022年9月1日,中国海油宣布:我国自主研发制造的国内最大尺寸液化天然气卸料臂(图1)在江苏正式投用。

图1

卸料臂是连接运输船与接收站管线,输送液化天然气的重要通道,被称作接收站的"咽喉"。在作业中,卸料臂不仅要承受-162℃的液化天然气的超低温考验,自动适应5m左右的潮汐落差和高达65m/s的风荷载影响,还要具备快速对接、紧急脱离、自动关闭等复杂功能,世界上仅少数国家掌握设计与制造的关键技术。此次投用的卸料臂在国内率先具备装卸一体化功能，既可以接卸液化天然气，也可以实现向运输船反输，灵活性更高。卸料臂在低温密封稳定性、安全脱离可靠性、高效驱动与精准控制等方面都达到或者超过了国际先进水平。

中国海油联合江苏长隆石化装备有限公司共同开展技术攻关，历时近十年，成功研发制造了这套具有完全自主知识产权的液化天然气卸料臂。在材料选型、结构设计等方面实现创新突破。首创具备专利的双层环空结构快速连接器，即便在冬天也能确保卸料臂连续工作30h不结冰。其紧急脱离装置采用更为可靠的机械互锁方式，可在5s内快速断脱和自锁。旋转接头采用摩擦系数低、可靠性能高的国产特殊唇式密封圈，在-196℃超低温环境下通过了40万次的动态性能测试。

进口卸料臂每套售价在千万元以上，供货周期长达18个月，维保和售后服务无法确保及时响应。国产卸料臂实现技术突破，可降低设备采购费用40%，缩短供货周期8个月，对于我国液化天然气产业的发展具有重要意义。

中国海油盐城"绿能港"是国家天然气产供储销体系建设及互联互通重点规划项目，可接卸来自全球各种类型的液化天然气运输船，一期工程10个储罐年接收能力达600万t。未来，在盐城"绿能港"二期项目规划配置8到10台国产卸料臂，用我们自己的装备保障液化天然气产业链的安全稳定。

4. 寰球公司LNG全产业链攻关成效显著

2022年12月26日，中国寰球工程有限公司（简称寰球公司）总承包建设的北京燃气天津南港LNG（液化天然气）应急储备项目T6203薄膜罐进行封闭式洞工作，即将全面收尾、正式投用。这是国内首次建设、世界陆上最大的薄膜罐，项目有力推动了寰球公司储罐技术和LNG业务多元化发展。寰球公司通过薄膜罐技术的推广、应用，直至顺利建设完成，再一次彰显了科技创新对企业高质量发展和行业进步的引领作用。

寰球公司是国内LNG领域具有影响力和实力的工程公司和科研攻关单位，已承接超过100个LNG项目，涉及技术开发、科研、设计、EPC总承包等。在多年的工程实践中，寰球公司深耕LNG全产业链关键核心技术研发应用、转化创效，以"金刚钻"树立"金招牌"，为企业发展、行业进步贡献了科技力量。

在天然气的供应形式中，LNG具有方便储存、运输便利、安全高效等特点。国际上，天然气液化技术研究从20世纪20年代启动，40年代开始工业化应用，历经百年的发展，在工艺技术、工程设计、低温材料、设备制造及相关标准规范方面取得了丰硕的成果，为LNG产业发展和国际贸易奠定了坚实基础。

我国受资源不足、工艺和装备技术的制约等多重因素影响，LNG接收站及天然气液化工厂建设起步较晚，早期建成投产的LNG接收站全部由国外的工程公司主导，最初的小型液化工厂也采用国外技术。近年来，全球LNG贸易灵活性不断增强，贸易占比持续上升，国内外LNG工程建设市场活跃，给我国LNG工程技术的发展带来了机遇与挑战。

天然气是继煤炭、石油后社会消费的第三大能源来源，许多能源企业将天然气产业视为市场竞争的"第三赛道"。面对国家战略的需求、市场竞争和企业发展的需要，寰球公司勇闯"第三赛道"，成为国内最早介入天然气液化技术研究和开发的单位之一。

20世纪末，在国内LNG起步阶段，寰球公司就已经涉足LNG相关领域，掌握乙烯、液氮、液氦、LPG（液化石油气）等相关低温领域的技术，拥有大型低温工程技术的引进、消化、吸收和再创新等实践经验。2003年，公司承担了国内第一个大型LNG接收站——广东大鹏LNG接收站的详细设计，并独立完成了其工程扩建项目的工艺及工程设计。

近年来，寰球公司持续攻关，攻克了天然气液化、LNG接收及再气化、大型LNG储罐设计建造等核心技术，自主研发了关键装备和材料。实现江苏如东等LNG接收站的自主设计、建设、开车，助力建成陕西安塞中型液化工厂，并实现商业化生产。自主LNG技术全面完成工业化应用，引领和推动国内LNG技术发展及项目建设的快速发展。

得益于良好的基础条件、全面的技术储备和丰富的工程业绩，2012年2月，以寰球公司为主要依托单位成立的"国家能源液化天然气技术研发中心"正式挂牌，通过与国内外研究单位、制造厂、高校等单位建立共建共享、协同创新的合作关系，构建围绕LNG领域的跨行业创新研发平台，持续推动LNG行业技术发展和科技进步。

从天然气预处理、液化，到LNG储存、LNG接收及再气化、气液相外输，寰球公司经过多年研发，在各环节均拥有自主核心技术，实现了全产业链的贯通。

在天然气预处理环节，寰球公司拥有天然气脱酸、脱水、脱烃及凝液回收和尾气处理等一系列具有自主知识产权的工程技术，可满足不同规模的天然气处理及天然气液化工程的需求。

在天然气液化环节，寰球公司研发了14项天然气液化工艺及装备成套技术，拥有自主知识产权的单循环（HQC-SMR）、双循环（HQC-DMR）制冷等数十项发明专利和专有技术，已具备采用自主技术设计建造单线550万t/a天然气液化工厂的能力。液化技术成功应用于国内的安塞、泰安等LNG项目，并为吉布提、加拿大WoodFiber、俄罗斯Yamal等大型LNG项目提供技术方案和技术支持。

在LNG接收及再气化环节，寰球公司形成了自主知识产权的千万吨级LNG接收及再气化成套技术，成功应用于江苏、大连、唐山等LNG接收站；建成了我国首个自主技术LNG项目；首次实现了开架式气化器（ORV）低温海水运行，并助力集团公司实现了浸没燃烧式气化器（SCV）和ORV国产化。

在储运环节，寰球公司形成了有自主知识产权的大型低温液态烃储罐设计建造成套技术13项，涵盖低温储存、储罐设计建造、储罐置换及冷却和低温材料应用等方面；率先实现9Ni钢国产化、低温钢筋国产化，攻克大型储罐拱顶气顶升施工国家工法。公司已设计建造各类低温储罐99座，单罐最大容积为22万 m^3，罐型涵盖单容罐、全容罐和薄膜罐。

这些技术利器的成功应用，节约了建设支出约40亿元，带动工程合同额超百亿元，打破了国外工程公司在LNG领域的技术垄断，实现了超低温材料和绝大部分核心装备设计和制造技术的国产化。

随着天然气在能源消耗中的占比不断增大，全球LNG基础设施建设进入了新一轮的活跃期，并呈现出建设规模大型化、工艺技术多元化、装置功能需求多样化、工程建设方案最优化等新特点。面对新趋势带来的新挑战，寰球公司将把降低建设投资、缩短建设工期、减少装置运行与维护费用、提升装置运行效能、减少GHG（温室气体）排放作为关键突破点，在新一轮的竞争中勇立潮头。

寰球公司持续开展大型LNG站场设计建造关键技术研究，开发LNG装置新型（浮式和重力基座平台式）的设计建造方案与施工模式，拓展应用环境；建立海上和近海LNG装置设计与建造总体方案，开发关键工艺技术、核心设备，以及配套工艺与辅助系统；完成水上设施、支撑储存系统和水下生产系统；打通海上气田开发、可燃冰开采等业务价值链，为未来海洋油气开发应用奠定坚实的基础。同时开展大型LNG接收站安全高效智能运行技术研究，聚焦LNG冷能利用、关键设备状态监测、自动化监测集成平台建设，提升LNG接收站安全高效智能化水平；应用新材料、新工艺，开发储罐新型结构，提升LNG储罐安全性与经济性；开发新型结构LNG气化器，扩展气化器应用场景，增加年运行时间、降低运行成本；升级大容积LNG储罐与气化器设计建造的自主技术，增强国产化技术与装备的竞争力。

其他装备与产品

1. 宝石机械建成大功率超高压压裂泵试验台

2022年9月21日，宝石机械国内首创大功率超高压压裂泵试验台建成，这是宝石机械在数字化转型智能化发展道路上取得的又一重大成果。

新建成的大功率超高压压裂泵试验台，集试验验证、数据分析和性能评价于一体，采用了一套具有自主知识产权的压裂泵检测评价技术，是国内首创的综合性大功率超高压压裂泵试验台。

同时，宝石机械同步产出五缸泵、压裂泵"双百台"新产品。宝石机械自2009年开始研制压裂泵和五缸泵，经过13年的自主创新，相继研制出了适用于高压喷射井、大位移水平井、深井/超深井、海洋平台等领域的大功率、大排量、高压力、高效率的QDP-2200系列五缸泵，以及满足压裂作业开发的QPI-7000等七大系列9个品种的压裂泵，完善了产品种类，满足了页岩气压裂长时间连续作业的可靠性。

2. 绿色装备利器750kW燃气发电机组上市

2022年4月18日，济柴动力有限公司（简称济柴动力）发布了750kW燃气发电机组。该机组是为满足瓦斯和沼气等气体发电市场需求、践行低碳发展理念而全新打造的绿色装备利器，填补了济柴动力该功率段产品空白，将整体提升我国气体发动机装备水平。

750kW燃气发电机组以天然气、瓦斯、沼气等清洁能源为燃料，广泛适用于分布式能源、管道集输、储气增产、瓦斯及沼气发电等领域。机组配套单机为济柴C12V190气体发动机，缸径为190mm，行程230mm，额定功率达800kW，转速为1 000r/min。发动机采用先进的控制系统，精确的空燃比控制使燃烧更快更稳，燃气消耗更低，在相同输出功率下，均效压力和爆压也进一步降低，具有节能环保、动力强劲、安全可靠、经济实用、寿命更长等特点。

机组发布后，将重点面向贵州、四川等我国瓦斯和天然气储量丰富地区市场提供服务。同时，依托产品优良性能，将为餐厨厨余、工业污水处理等各类沼气领域用户提供优质发电及动力设施解决方案。与济柴动力原有气体发动机产品相比，这款产品实现了功率提升、性能提升、价格不增。

3. 中国石油创国内陆上9 010m最深气井

2022年6月23日，中国石油川庆90011钻井队在西南油气田双鱼001-H6井安全钻至9 010m井深完钻，创造我国陆上最深气井。

双鱼001-H6井是双鱼石区块田坝里构造的一口超井深、超高温、超高压水平井。钻井日志显示，该井井温超过180℃，地层压力超过130MPa，硫化氢含量6g/m^3。超深井的世界级难题，在这口井都遇到了。

水平段井眼轨迹控制是施工最大难关，首先要精准判断深埋于地下数公里外几米厚的储层在哪里，必须中靶"甜点区"才能保证找得到油气。中国石油川庆钻探采用CQ-IGS水平井一体化地质导向技术，精细化控制实时钻井轨迹在地下近8 000m处的储层中稳定高效穿行超过1km。储层"甜点区"定好位了，能否确保钻头一直在储层中前进，真正考验川庆钻探的技术实力。在双鱼001-H6井水平段施工中，钻头通过一根根钻具从地面延伸至地下9km远。要想控制9km外149.2mm直径的钻头沿着储层走，难度不亚于百米外穿针引线。川庆钻探依靠先进成熟的定向井技术，确保了水平段井眼轨迹平滑稳定。

川庆钻探采用自主研发的抗高温强封堵的油基钻井液体系，在水平井段钻井中实现井壁稳定无垮塌、最大井斜92.16°，最高井温180℃起下钻通畅无阻卡。同时，创造性探索利用抗高温强封堵的油基钻井液体系加固体润滑剂玻璃微珠等方式，成功解决超深井定向脱压问题，为该井的顺利钻探提供了有力支撑。

中国石油积极探索"三高"（高温、高压、高含硫）气井高效勘探开发模式，强化科技创新驱动，通过采用我国自主研发的9 000m超深井电动钻机、全过程精细控压钻完井等核心技术和装备，一举在超深层油气勘探领域实现重大突破，为扩大油田含油气范围、寻找深部天然气资源具有十分重要的意义。9 000m的突破，攻克了"超高温、超高压、超井深"等地质复杂难题，为钻井工程技术发展提供了宝贵经验，也实现了数代石油人的夙愿。

4. 现役石油井架及海洋结构装备安全评价关键技术获奖

2022年7月28—30日，第二十二届中国国际石油石化技术装备展览会（CIPPE2022石油石化展）在深圳举办。由东北石油大学和东北石油大学三亚海洋油气研究院共同研究完成的"现役石油井架及海洋结构装备安全评价关键技术"，经11位资深专家组成的专家评审团一致评定，获得"CIPPE展品创新金奖"，并经由中国石油科技管理部评审鉴定具有国际先进水平。

由于陆上井架经常拆装运输、海洋井架与结构装备常年处于高盐海洋腐蚀环境，钻井作业动载、超载作用、海洋环境飓风巨浪等因素的影响，井架及海洋结构装备在服役期间易产生变形、疲劳、裂纹和锈蚀等各种损伤，导致井架及海洋结构装备承载能力及耐久性大幅降低，严重影响着陆海油气钻探开发生产的安全。

现役石油井架及海洋结构装备安全评价关键技术，通过实物原型/室内模型/数字模型的试验研究、宏观（变形）与微观（裂纹）损伤检测、数字孪生模型仿真试验，并按照强度稳定理论判据给出了井架及海洋结构装备安全承载科学客观评价，同时对井架及海洋结构装备的各种损伤提出了修复建议。

该项技术创新了实物模型与试验装置、损伤识别检测技术、结构性能测试技术、数字孪生与安全评价技术，为确保陆地与海洋油气资源勘探开发安全生产提供了保障。该技术项目累计授权专利6件，制（修）订标准规范3项，发表论文30篇。

2016—2021年，东北石油大学、东北石油大学三亚海洋油气研究院项目组共检测各型井架446部，对其中330部在役的井架提出了降级使用意见，对5部在役的井架提出报废意见，消除了安全隐患。项目组在海上其他检测方面，完成了中海油1部海上钻机底座检测、23部海上吊机检测、3个海洋平台结构监测、2个陆地终端管线监测。为确保陆上与海洋油气资源勘探开发安全生产提供了可靠保障，为各油田的安全生产提供理论依据与技术服务。

5. 全自动钻井液在线监测系统现场测试获得圆满成功

2022年8月3—11日，中国石油集团工程技术研究院（简称工程技术研究院）研制的"全自动钻井液在线监测系统"在大港油田某重点井现场测试获得圆满成功。测试情况表明，设备运行稳定可靠，数据采集全面准确，同步回传便捷高效，标志着中国石油前端钻井液性能自动采集技术和传输技术实现新突破，在"全面感知、自动操控、预测趋势、智能决策"业务转型实现路径上又迈出了关键一步。

在全球数字化变革的大背景下，国外油田技术服务公司正积极推进钻井业务数字化转型和智能化发展，工程技术研究院紧跟国内外钻井技术发展趋势，牢牢抓住钻井业务转型发展机遇，着力打造数字化产品和服务。2020年在中石油科技管理部和中油技服的支持下，瞄准作业现场全自动钻井液在线监测系统这一前端智能采集和传输关键设备展开研制攻关，经过不懈努力，研发团队完成了系统的功能设计、结构设计和软件开发，于2021年8月20日研制出第一台全自动钻井液在线系统原理样机，并在渤海钻探50292井队进行为期5天的现场测试，取得初步成功。

2022年8月，升级改进后的全自动钻井液在线系统工业样机在渤海一钻70104队连续稳定运行96h，密度模块（温度、密度、流速）、流变模块（表观黏度、塑性黏度、动切力、初切、终切、流变系数）、漏斗黏度模块、离子含量模块（氯离子、钙离子、pH值）等13项自动测量参数完整准确，同步远传工程作业智能支持中心（EISC），现场测试获得圆满成功。

本次试验全面验证了系统在作业现场从自动取样、自动测录到数据远传、决策应用等的全流程工作状态，表明系统不仅可减轻现场测试人员人工定时取样测试的劳动强度，而且能实时反映钻井液性能状态和变化趋势，对于及时规避井下钻井施工风险、提高钻井效率有极大帮助，得到现场领导和工作人员的高度认可和欢迎，为下步产品化和规模化推广应用奠定了坚实基础。

6. 废旧金属石油管材绿色再制造质量控制技术研究及应用项目获质量技术奖

在2022年度中国质量协会质量技术奖评选中，中国石油工程材料研究院牵头申报的"废旧金属石油管材绿色再制造质量控制技术研究及应用"项目获一等奖。

工程材料研究院牵头攻关的"废旧金属石油管材绿色再制造质量控制技术研究及应用"项目，历经10余年研究，通过内衬陶瓷技术对废旧金属管材进行再制造，在恢复管材力学性能的同时，大幅提升耐蚀、耐磨性能。该项目在世界范围内首次填补了油气工业用陶瓷内衬管材的制造空白，解决了油气金属管材废旧处理及延寿应用的重大难题。

中国石油石化设备工业年鉴 2023

重大成果与技术

介绍 2022 年石油石化设备行业重大技术成果情况

中国石油石化设备工业年鉴 2023

重大成果与技术

石油工程十大核心技术和十大特色产品

2022年十大油气勘探发现成果

2022年十大勘探关键技术

海油工程十大装备与十大技术

石油石化装备行业新产品新技术新材料创新成果发布

2022年全国油气勘探开发十大标志性成果

机械工业重大技术装备推广应用导向目录

船舶与海洋工程重大技术装备推广应用导向目录

石油工程十大核心技术和十大特色产品

中国石化石油工程公司召开公司成立十周年技术交流会。会议发布了十年来中国石化在石油工程领域培育形成的十大核心技术和十大特色产品。其中，超深井钻完井关键技术等达到国际领先水平，全力打造石油工程技术原创"策源地"，引领我国石油工程核心技术实现跨越式发展。

此次发布的十大核心技术包括：超深井钻完井关键技术、复杂结构井钻完井技术、安全高效智能油气长输管道建设技术、单点高密度地震采集技术、Log900网络成像测井技术、页岩气工厂化高效压裂试气技术、复杂地质环境下防漏堵漏技术、随钻方位电磁波电阻率边界探测技术、深层超深层三高试油测试技术、海洋平台设计及施工技术。

十大特色产品包括：旋转导向、钻井管柱自动化系统、大功率牵引器、综合录井仪、节点仪器、金刚石钻头、数字化钻井参数仪、油气高效处理模块化工艺装置、可溶桥塞、高温高压测试完井工具。

中国石化表示，石油工程战线将继续对标世界一流，向工程要储量、要产量、要效益，在打造技术利器、服务保障勘探开发、提升竞争力、深化改革、安全绿色低碳发展5个方面再立新功、再创佳绩，不断开创各项工作新局面，为中国石化油气勘探开发高质量发展、保障国家能源安全作出新的更大贡献。

2012年12月28日，中国石化将旗下的石油工程业务、资产、人员整合重组，揭牌成立石油工程公司。十年来，公司大力推动深层特深层、页岩气、高酸性油气藏勘探开发集成配套工程技术迭代升级和页岩油工程技术创新发展，支撑旋转导向、高温随钻测控、高效压裂、储气库工程建设等关键核心技术实现自主可控，助力我国页岩气勘探开发工程技术实现从起步到领跑，助推油气工程技术向超深层迈进，全力保障新东营原油库、文23储气库等国家重点工程建设。在新疆，助力发现10亿吨级特深层整装大油气田；在四川，助力建成威荣深层页岩气田，助力发现中国石化第二个万亿立方米页岩气资源阵地；在内蒙古，助力高效建成东胜大气田；在山东，积极投身胜利济阳页岩油国家级示范区建设，为页岩油勘探突破和规模建产提供了强力支撑。

2022年十大油气勘探发现成果

中国海洋石油集团有限公司（简称中国海油）召开2022年度勘探会。会议发布了2022年中国海油十大油气勘探发现成果。

1. 渤海湾盆地隐蔽型潜山勘探获得亿吨级油气田重大发现

渤南潜山历经自营—合作—自营勘探，40年无商业发现。勘探人员解放思想，大胆创新，明确了勘探方向。钻探井7口均获超百米油层，平均单井油层厚168.5m，单井最大油层厚度318.7m；3口井测试获高产，最高日产油325m^3，石油探明地质储量超亿t，是国内近10年来探明储量规模最大的整装变质岩潜山油田。

2. 琼东南盆地深水深层勘探获得大型天然气田重大发现

南海深水深层勘探长期以来一直没有获得突破。科研人员通过技术攻关，创新油气富集成藏模式，多口井古近系发现气层超百米，测试获高产气流，天然气探明地质储量超500亿m^3，实现了南海深水深层勘探历史性突破，发现首个深水深层大型整装气田，展现宝岛凹陷北部转换断阶带双古领域广阔的勘探前景。继"深海一号"之后，时隔7年，南海深水深层再获大型气田发现。

3. 渤海湾盆地渤中凹陷浅层大面积岩性油气藏勘探获得重大发现

渤中凹陷西南次洼浅层经历多年勘探没有获得大的发现。科研人员以浅层大面积岩性勘探思路为引导，应用新模式、新技术，推动该区浅层油田发现和高效评价。明下段测试获日产油330m^3、日产气8.9万m^3的高产高效集束评价，探明石油地质储量超5 000万t，将为渤海油田上产稳产4 000万t作出重要贡献。

4. 鄂尔多斯盆地东缘深层煤层气勘探获得重大突破

科研人员转变思路，推动鄂尔多斯盆地东缘煤层气勘探由中浅煤层向超 1 500m 深煤层拓展。通过创新"多气源互动式"勘探理念，深化鄂东缘系统成藏理论新认识，形成高效评价技术体系，证实了深煤层万亿立方米资源潜力。利用超大规模体积压裂技术和防偏磨高效排采工艺技术，开启深煤层气勘探开发一体化快速上产新通道，展现了深煤层广阔前景。

5. 珠江口盆地开平凹陷深水古近系勘探获得重大发现

为解决珠江口盆地开平凹陷勘探难题，科研人员通过多轮理论创新和技术攻关，推动大中型油田的发现和高效评价。在古近系恩平组发现油层超百米，两层测试均获高产，探明储量近 3 000 万 t 油当量，证实凹陷烃源潜力，开辟了勘探新区，实现开平凹陷四十年勘探的首个商业突破。

6. 海域复杂断裂带构造-岩性天然气勘探获得重大发现

科研人员解放思想，坚定转变勘探思路，创新提出复杂断裂带构造控制下岩性油气藏"纵向叠置、横向连片"和"局部富集"等地质理论，明确海域复杂构造带规模岩性天然气勘探方向，获 2 个商业发现，其中一口探井测试日产天然气超百万立方米，翻开了大中型气田勘探的新篇章。

7. 海外圭亚那中深层勘探获得重大发现

科研人员立体勘探、挺进深层，通过创新深水平静型被动大陆边缘盆地超压成藏理论和纯岩性圈闭定量描述与烃类检测技术，在浅层获得重大油气发现，同时，证实了区块中深层具有较大勘探潜力，将储层经济门槛推进至 6 000m 以上（含水深），为中深层勘探开辟了广阔天地。

8. 北部湾盆地页岩油勘探获得重大突破

全球海上页岩油勘探从未有成功先例。科研人员不断探索，建立北部湾盆地"源储一体、高有机质丰度和中高成熟度控富集"的页岩油富集模式，准确识别地质、工程"双甜点"。采用常非一体化勘探思路，创新海上压裂技术，实现海上页岩油勘探领域重大突破，进一步增强了中国海油向海上非常规领域进军的信心。

9. 渤海辽东湾古近系岩性油气藏勘探获得重大突破

辽东湾地区历经半个世纪勘探，急需寻找新的接替领域。近年来，科研人员创新性地提出辽东湾古近系全面开展岩性圈闭勘探思路，明确了大规模岩性油气藏的勘探方向。在这种思路引导下，风险勘探 2 个构造岩性圈闭均取得成功，在沙二段获高品质油藏，测试日产油 702m^3，日产气 11.1 万 m^3，一举获得领域性突破，打开了渤海油田古近系岩性领域探索的新局面。

10. 珠江口盆地顺德凹陷深水勘探获得重大突破

珠江口盆地顺德凹陷水深超过 300m，科研人员基于新采集三维地震资料，开展各项基础研究工作，首次提出"斜向伸展-走滑叠加控藏"模式，创建"低探区"烃源岩识别与评价技术，完成顺德凹陷立体解剖与整体评价。首口领域探井在古近系发现厚层油层，测试获得高产油流，实现深水新凹陷、原油新领域重大突破，展现顺德凹陷广阔的勘探前景。

2022 年十大勘探关键技术

中国海油在 2022 年度勘探会上发布了 2022 年中国海油十大勘探关键技术。

1. 海上页岩油压裂技术首次应用获得成功

北部湾涠西南凹陷页岩油资源量巨大，是涠洲油田未来重要的油气接替领域。压裂改造是页岩油增储上产的关键，科研人员通过一系列技术创新，建立了适应北部湾盆地油页岩岩石特性的海上小规模压裂工艺技术，突破海上钻井平台上压裂排量上限。该技术在中国海上首口页岩油参数井 WY-1 井压裂应用成功，实现日产油 19.5m^3，拉开了海上非常规油气勘探开发的序幕。

2. 深煤层气水平井大规模压裂技术首试成功

该技术在深煤层气水平井首次试验获得成功，测试最高产量 6 万 m^3/d，连续稳产 3 个月以上，标志着中国海油陆地油气勘探开发从浅煤层成功向深煤层迈进，助力我国煤层气高质量发展。

3. 底辟模糊区地震采集处理技术获得革命性突破

科研人员针对莺歌海盆地浅层气屏蔽及底辟核部极低信噪比"模糊区"问题，进行一系列技术创新，东方底辟模糊区地震成像获得突破性进展，重构了底辟区的地质认识，拓展了新层系，开辟了天然气勘探新领域。

4. 强屏蔽下超深老地层地震成像技术获得重大进展

该技术突破了崎岖强反射界面屏蔽下的深层地震成像不清的瓶颈，精细落实了中-古生界老地层的构造形态，精准预测地层速度和埋深，深度预测误差小于 2‰，在新区勘探中发挥了重要作用。

5. 自主成套装备 12 缆物探船首次工业化应用

中国海油自主研发的国内首套拖缆采集成套技术装备，连续攻克 30 余项核心技术，突破作业深度等技术限制，各项性能指标达到国际先进水平。2022年9月，我国首艘12缆物探船"海洋石油720"完成列装并投产应用，已完成近2 000km²的三维地震信息采集，标志着我国海洋油气勘探关键技术装备研制取得重大突破，对提升海洋油气装备一体化整体研发能力、推进海洋高端装备国产化海油化、保障国家能源安全具有重要意义。

6. 深水深层低渗储层测试关键技术获得进展

为解决琼东南部超深水区深层低渗产能释放的难题，科研人员提出低损伤高流动效率射孔方案，建立了超深水含酸性气体水合物/蜡沉积堵塞定量评价技术，制定了井筒流动保障措施。该气田测试分别获得58.71万 m³/d、42.43万 m³/d高产气流，实现了深水高压低渗储层产能突破，支撑了南海大型天然气田的发现。

7. "虎鲸"热举高效排液技术首获成功

海上低孔低渗储层产量低、原油凝固点高，长期面临测试举升难的问题。科研人员创新研发了"虎鲸"热举高效排液技术，首次在南海东部探井测试中应用并获得成功，使天然气日产由8 000m³提升到30 000m³、原油日产由微量上升至19m³，该技术填补了海上深层高凝固点原油排液的空白，为海上深层勘探提供了坚实的作业技术支撑。

8. 探井水下井口保留回接关键技术海试成功

针对受限区作业窗口短与深层钻井周期长之间的矛盾，科研人员创新性地提出了井口二次回接策略，通过改进回接工具及优化施工工艺，形成了海上探井井口回接技术，达到了钻井平台临时撤离与复员后的井眼完整性安全要求，并在深层探井海试成功，为后续受限区深层勘探积累了宝贵经验，有望彻底解决深井作业窗口短的难题。

9. 小井眼大颗粒高温旋转井壁取芯仪工业化应用

中国海油全球首创具有完全自主知识产权、适用于6in（1in=25.4mm）井眼的大颗粒井壁取心仪。仪器耐温达205℃、岩心直径1.5in、长度2.15in，一趟下井可收获岩心60颗。该项技术填补了高温深层大颗粒岩心获取技术空白，获得4件国际专利，达到国际领先水平。该设备在渤海油田多口探井成功应用，取心成功率达100%，解决了深层潜山地层6in井眼岩心获取的难题。

10. 富煤条件下薄储层高精度宽频地震技术获得重要进展

针对富煤条件下薄储层描述精度低的难题，中国海油创新形成了以"宽频小面元提升纵横向分辨率、去煤显砂聚焦岩性优势信息"为核心的拖缆双宽高密采集处理解释一体化技术体系，4 000m以上深度可有效分辨15～20m储层，实钻砂岩（厚度15m以上）预测吻合率达到87%，显著提升了复杂小断裂控制下的岩性圈闭刻画精度，有效助力规模岩性油气藏勘探。

海油工程十大装备与十大技术

2022年是中国海油成立40周年，也是海油工程上市20周年。从中国海油梦开启的地方登上历史舞台，到2021年建成"深海一号"大气田投产推动我国海洋石油开发能力全面进入"超深水时代"，在星途大海的漫漫征程中，海油工程完成了国内95%以上海上油气工程建设，钢材加工量超过70个国家体育馆（鸟巢）钢结构总重，铺设海底管道管缆总长6 000多km，超过我国从南到北最大距离，充分发挥了海洋油气工程建设国家队作用。

在高速发展历程中，海油工程持续推进重大装备和技术能力建设，形成"十大装备"和"十大技术"，为保障国家能源安全提供了"尖兵""利器"，依靠科技力量让中国人在大海中"站稳了脚跟"。

十大技术内容如下。

1. 深水浮式生产设施设计、建造、安装、调试技术

完成全球首个十万吨级半潜式生产储油平台"深海一号"能源站、35万吨级超大型FPSO巴油P67/P70、我国最大作业水深FPSO海洋石油119等大型浮式装备，形成超深水半潜平台EPCI总承包技术能力，突破大型深水FPSO一体化设计技术，掌握复杂单点及上部模块高精度集成技术。

2. 超大型海上结构物及模块化设计、建造、安装技术

形成3万吨级超大型海上结构物设计、建造、安装技术，完成全球首个极地LNG工厂——亚马尔LNG项目和首个一体化建造核心工艺模块——加拿大LNG项目，模块化建造技术达到国际先进水平。

3. 海上油气平台浮托安装技术

攻克高位、低位、动力定位等主流浮托技术，具备全天候、全海域浮托施工能力，浮托安装种类数量、作业难度和技术复杂性等均位居世界前列。

4. LNG全容储罐工程技术

牵头总包30多座LNG储罐和接收站，形成从3万m³到27万m³的LNG全容储罐EPCM一体化工程技术，稳居国内LNG工程建设行业第一梯队。

5. 1 500米级海底管道及水下生产系统设计、建造、安装及调试技术

突破1 500m深水海管设计、S形敷设、管端结构物舷

侧安装、水下整体联合预调试等关键技术，形成深海水下生产系统设计、建造、安装及调试技术。

6. 300米级深水导管架设计、建造、安装技术

完成亚洲第一深水导管架工程总包，300米级深水导管架设计、建造、安装成套技术处于亚洲领先水平。

7. 海上固定平台工程设施标准化系列化设计、建造、安装、调试技术

形成一套能够重复使用和批量建造的海上固定平台标准化、系列化技术成果，工程设施标准化技术水平处于行业前列。

8. 海洋工程智能制造及海上作业仿真技术

建成我国首个海洋油气装备制造智能工厂，研发国内首套海洋工程安全作业仿真测试平台，智能制造和仿真技术处于国内海洋工程行业领先水平。

9. 海洋工程数字化与全生命周期检测与评估技术

形成海洋工程设施完整性检测评估技术体系，数字孪生技术在多个深水项目中成功应用，掌握海洋工程设施数字化及全生命周期检测评估技术。

10. 海洋油气田在役设施IMR（检测、维护、维修）技术

依托国家深水管道应急维抢修基地，形成海洋油气田全生命周期运维与IMR（检测、维护、维修）技术体系与服务能力。

十大装备内容如下。

1. 深水多功能作业船舶及柔性管缆铺设装备序列

拥有5艘3000米级深水多功能作业船舶（"海洋石油285""海洋石油286""海洋石油287""海洋石油289"与"海洋石油291"），深水安装、调试、维修作业能力达到国际先进水平。

2. 起重敷管船序列及海底管道焊接设备系列

拥有3艘起重铺管船（"海洋石油201""海洋石油202""蓝疆号"）和1艘起重船（"蓝鲸号"），"海洋石油201"为亚洲首艘3000米级深水起重敷管船，"蓝鲸号"吊装能力处于亚洲前列。

3. 建造场地及建造施工装备

场地总面积近410万 m^2，年设计加工能力超过75万t，场地和施工装备能力亚洲领先。青岛场地是亚洲最大的海洋工程基地之一，天津临港场地为我国首个海洋油气装备制造智能工厂。

4. 挖沟作业船海床处理及挖沟装备系列

"海洋石油295"为国内首艘自主设计建造的挖沟工程船，搭载国内首台深水犁式挖沟机和先进冲喷式柔性管缆挖沟机，挖沟能力达世界先进水平。

5. 世界先进的ROV序列

拥有ROV（水下机器人）装备17台，实现从轻型、浅水、观察级到重型、深水、作业型全覆盖，形成1500m超深水作业能力，装备能力达到世界先进水平。

6. 大型下水驳船序列

拥有3艘大型下水驳船（"海洋石油221""海洋石油228""海洋石油229"），"海洋石油229"是目前世界上最大的导管架下水驳船之一，载重能力近9万t，导管架下水能力超过3万t。

7. 海洋工程作业仿真装备

建成我国首个海洋工程数字化技术中心，配备专业模拟器十余套，为"深海一号"等十多个项目提供仿真预演评估支持，实现主流船舶装备半物理仿真环境全覆盖。

8. 深水及水下工程应急维抢修中心及系列化装备

建立国内首个深水管道应急维抢修基地，拥有适用水深2000m的海管应急救援装备和常规维抢修专用设备200多台（套），海上油气田应急抢修能力国内领先。

9. 水下产品研发测试中心及系列测试装备

建立水下产品研发测试中心，研发系列专用测试装备，配套4000m超深水成套测试装备，水下"卡脖子"设备研发测试能力在国内处于领先水平。

10. 海洋工程无损检测装备

形成以AUT、PAUT、CR等为核心的先进无损检测装备体系，无损检测装备全面进入数字化时代。

石油石化装备行业新产品新技术新材料创新成果发布

为宣传和推广行业科技创新成果，加快实施创新驱动发展战略，畅通产学研用对接渠道，助推我国石油石化装备产业高质量发展，创新引领石油石化装备产业发展和技术进步，中国石油和石油化工设备工业协会根据《新产品、新技术、新材料评选及推介实施办法》，组织开展了2022年度中国石油石化装备行业新产品、新技术、新材料征集、遴选活动。

经企业自主申报、行业专家最初筛选和最终审定，推选出中国石油化工股份有限公司石油工程技术研究院"深层页岩气水平井体积压裂技术"等杰出创新成果13项，辽宁索能环保能源科技有限公司"分子闪解有机固废循环利用成套设备"等优秀创新成果19项，经研究决定予以

发布,并在"2022第二届石油石化装备产业科技大会暨科技创新成果展览会"期间进行宣传展示推广。2022年度石油石化装备行业新产品、新技术、新材料创新成果见表1。

表1 2022年度石油石化装备行业新产品、新技术、新材料创新成果名单

杰出创新成果

序号	单位名称	成果名称
1	中国石油化工股份有限公司石油工程技术研究院	深层页岩气水平井体积压裂技术
2	杭州大路实业有限公司	离心式高压加氢注水泵及智能化控制技术
3	宝鸡石油钢管有限责任公司	第三代大输量油气输送管
4	中石化江钻石油机械有限公司	172/244型KD Force超大扭矩螺杆钻具
5	北京石油机械有限公司	低噪节能永磁直驱顶驱
6	中石化江钻石油机械有限公司	硬地层"龙"系列混合钻头
7	中国石油化工股份有限公司石油工程技术研究院	封隔式分级注水泥器
8	中国石油化工股份有限公司石油工程技术研究院	复杂油气井泡沫水泥浆固井装备与技术
9	北京捷杰西石油设备有限公司	钻完井复杂工况超高压机械密封关键技术
10	海洋石油工程股份有限公司液化天然气工程技术分公司	LNG储罐内立缝自动焊接装备技术
11	宝鸡石油钢管有限责任公司	双金属大口径厚壁复合管制备技术
12	中国石油化工股份有限公司石油工程技术研究院	高温高密度钻井液技术
13	宝鸡石油机械有限责任公司	QDP-2200/3000五缸钻井泵

优秀创新成果

序号	单位名称	成果名称
1	辽宁索能环保能源科技有限公司	分子闪解有机固废循环利用成套设备
2	中石化江汉石油工程有限公司	SSC江汉全可溶桥塞
3	青岛兰石重型机械设备有限公司	新型重整反应器研制
4	北京捷杰西石油设备有限公司	智能铁钻工
5	中国石油集团工程材料研究院有限公司	抗硫非金属复合连续管
6	德帕姆(杭州)泵业科技有限公司	智能固液两相高压管式过程泵
7	上海神开石油设备有限公司	140MPa多通道多级节流智能测试管汇
8	南阳二机石油装备集团股份有限公司	智能网电储能一体化修井机
9	中石化四机石油机械有限公司	全电驱XJ900自动化修井机
10	中石化石油机械股份有限公司研究院	35MPa加氢站成套装备研制
11	南通大通宝富风机有限公司	高速直驱MVR蒸汽压缩机
12	西安陕鼓动力股份有限公司	高压比轴流压缩机技术及大型空分压缩机
13	宝鸡石油钢管有限责任公司	耐蚀合金连续管关键技术
14	渤海石油装备制造有限公司兰州石油化工装备分公司	提高烟气轮机可靠性及效率技术开发
15	中石化石油机械股份有限公司沙市钢管分公司	钢管内壁的无溶剂内减阻涂料喷涂技术
16	北京石油机械有限公司	高速信息传输有缆钻杆技术
17	中国石油集团工程材料研究院有限公司	全尺寸非金属管材气体渗透性能测试新技术
18	国科瀚海激光科技(北京)有限公司	激光光谱检测技术在石化产业中的应用
19	宝鸡石油机械有限责任公司	远程控制顶部驱动旋转水泥头

2022年度石油石化装备行业新产品、新技术、新材料科技创新成果推荐目录见表2。

表2 2022年度石油石化装备行业新产品、新技术、新材料科技创新成果推荐目录

序号	项目名称	申报单位
新产品		
1	"一键式"自动化连续油管装备	中石化四机石油机械有限公司
2	140MPa多通道多级节流智能测试管汇	上海神开石油设备有限公司
3	165～170ksi（1ksi ≈ 6.895MPa）超高强度石油套管开发及应用	天津钢管制造有限公司
4	172/244型KD Force超大扭矩螺杆钻具	中石化江钻石油机械有限公司
5	35MPa加氢站成套装备研制	中石化石油机械股份有限公司研究院
6	4 000m³不锈钢复合板球罐	合肥通用机械研究院有限公司
7	5000/7000型电驱压裂橇	宝鸡石油机械有限责任公司
8	CT130连续管	宝鸡石油钢管有限公司
9	DYJ110/70DD带压作业机	宝鸡石油机械有限责任公司
10	F5470大口径高压力防喷器	上海神开石油设备有限公司
11	GX/F型钻井液脉动负压分离振动筛	宝鸡石油机械有限责任公司
12	QDP - 2200/3000五缸钻井泵	宝鸡石油机械有限责任公司
13	SSC-江汉全可溶桥塞	中石化江汉石油工程有限公司
14	超级奥氏体型不锈钢SB-690 N08367换热器研制	兰州兰石重型装备股份有限公司
15	超级剪切闸板	河北华北石油荣盛机械制造有限公司
16	超深井液压动力卡瓦	江苏如通石油机械股份有限公司
17	储气库高压大功率压缩机	中石化石油机械股份有限公司三机分公司
18	大型钛材焊接板式热交换器	上海蓝滨石化设备有限责任公司
19	低噪节能永磁直驱顶驱	北京石油机械有限公司
20	第三代大输量油气输送管	宝鸡石油钢管有限公司
21	顶部驱动修井系统	北京石油机械有限公司
22	顶驱扭摆减阻控制技术与控制系统	北京石油机械有限公司
23	多功能液压翻转吊卡	江苏如通石油机械股份有限公司
24	沸腾床加氢催化剂加排罐的研制	兰州兰石重型装备股份有限公司
25	分子闪解有机固废循环利用成套设备	辽宁索能环保能源科技有限公司
26	封隔式分级注水泥器	中国石油化工股份有限公司石油工程技术研究院
27	复杂油气井泡沫水泥浆固井装备与技术	中国石油化工股份有限公司石油工程技术研究院
28	钢级L555规格D1422×21.4螺旋焊管	辽阳石油钢管制造有限公司
29	高速直驱MVR蒸汽压缩机	南通大通宝富风机有限公司
30	高性能可溶桥塞	北京石油机械有限公司
31	高压比轴流压缩机技术及大型空分压缩机	西安陕鼓动力股份有限公司
32	高压特材板壳式换热器	上海蓝滨石化设备有限责任公司
33	基于运维管理平台的数字化防喷器控制装置	北京石油机械有限公司
34	甲醇合成回路中间换热器的研制	兰州兰石重型装备股份有限公司
35	减压蒸馏装置用全机械泵的抽真空技术研究	浙江杭真能源科技股份有限公司
36	近钻头随钻伽马成像系统	中国石油化工股份有限公司石油工程技术研究院
37	抗硫非金属复合连续管	中国石油集团工程材料研究院有限公司
38	抗扭耐疲劳高气密封特殊螺纹产品	宝鸡石油钢管有限公司
39	控温原位摩擦性能试验机研制	中国石油集团工程材料研究院有限公司

(续)

序号	项目名称	申报单位
	新产品	
40	离心式高压加氢注水泵及智能化控制技术	杭州大路实业有限公司
41	离心式溶剂萃取成套装备	合肥通用机械研究院有限公司
42	纳米复合保温管壳	北京中耐科技股份有限公司
43	气相法聚丙烯工艺反应器浮动端轴承恒温控制装置及方法	陕西延长中煤榆林能源化工有限公司
44	全电驱 XJ900 自动化修井机	中石化四机石油机械有限公司
45	全冷凝反应器	大连金州重型机器集团有限公司
46	石油钻井管柱自动化成套装备研发与工业化应用	中石化胜利石油工程有限公司
47	陶瓷纳米复合衬里	北京中耐科技股份有限公司
48	特大型精馏单元低阻降冷凝器	上海蓝滨石化设备有限责任公司
49	无侧门螺栓闸板防喷器	河北华北石油荣盛机械制造有限公司
50	无线流量控制器	浙江奥新仪表有限公司
51	新型重整反应器研制	青岛兰石重型机械设备有限公司
52	压裂支撑剂前处理用振荡机	中国石油集团工程材料研究院有限公司
53	一种梳齿形偏心法兰密封堵漏结构	陕西延长中煤榆林能源化工有限公司
54	一种振动筛进料口的接料设备	陕西延长中煤榆林能源化工有限公司
55	硬地层"龙"系列混合钻头	中石化江钻石油机械有限公司
56	油膜轴承蒸汽压缩机	南通大通宝富风机有限公司
57	油套管第四代接箍特殊螺纹 TP-G4 开发及应用	天津钢管制造有限公司
58	远程控制顶部驱动旋转水泥头	宝鸡石油机械有限责任公司
59	长寿命高性能螺杆钻具	北京石油机械有限公司
60	指向式旋转导向钻井系统试验配套系统研制	甘肃蓝科石化高新装备股份有限公司
61	智能固液两相高压管式过程泵	德帕姆(杭州)泵业科技有限公司
62	智能铁钻工	北京捷杰西石油设备有限公司
63	智能网电储能一体化修井机	南阳二机石油装备集团股份有限公司
64	智能型远程控制钻井液循环管汇系统	江苏双鑫集团有限公司
65	组合式氨冷器	大连金州重型机器集团有限公司
	新技术	
1	LLDPE 装置尾气回收技术创新及实践	陕西延长中煤榆林能源化工有限公司
2	SEW 高抗挤套管制造技术	宝鸡石油钢管有限公司
3	YL 系列智能液力无杆排采技术	河南中原总机泵业有限公司
4	超大口径钢制弯管自动化防腐技术的研究与应用	郑州万达重工股份有限公司
5	防喷器流量监测系统触摸屏与控制器程序设计与应用	中石化海洋石油工程有限公司
6	钢管防腐前表面清洗方法	辽阳石油钢管制造有限公司
7	钢管内壁的无溶剂内减阻涂料喷涂技术	中石化石油机械股份有限公司沙市钢管分公司
8	高速信息传输有缆钻杆技术	北京石油机械有限公司
9	含油污泥"化学破乳－原油回收"处理技术	中国石油集团工程材料研究院有限公司
10	激光光谱检测技术在石化产业中的应用	国科瀚海激光科技(北京)有限公司
11	加氢高压设备单层堆焊焊材国产化开发及应用研究	青岛兰石重型机械设备有限公司
12	连续油管光电测试技术	中石化江汉石油工程有限公司
13	耐蚀合金连续管关键技术	宝鸡石油钢管有限公司

(续)

序号	项目名称	申报单位
新技术		
14	浓盐废水处理与资源化利用工艺开发及成套装置应用	甘肃蓝科石化高新装备股份有限公司
15	全尺寸非金属管材气体渗透性能测试新技术	中国石油集团工程材料研究院有限公司
16	深层页岩气水平井体积压裂技术	中国石油化工股份有限公司石油工程技术研究院
17	石油管材显微分析智能检测技术及解决方案	中国石油集团工程材料研究院有限公司
18	双金属大口径厚壁复合管制备技术	宝鸡石油钢管有限公司
19	提高烟气轮机可靠性及效率技术开发	渤海石油装备制造有限公司兰州石油化工装备分公司
20	无磁石油钻具冷滚压工艺的研发	河南神龙石油钻具有限公司
21	无人值守同步回转排水采气技术	宝鸡石油机械有限责任公司
22	线性-非线性多功能超声相控阵成像检测技术	合肥通用机械研究院有限公司
23	相控阵和TOFD检测技术在螺旋埋弧焊管生产线的应用	辽阳石油钢管制造有限公司
24	压裂支撑剂移动检测平台	中国石油集团工程材料研究院有限公司
25	在役井控装置健康监测系统	荆州市世纪派创石油机械检测有限公司
26	中压大功率变频驱动供电系统实验平台	青岛海洋工程水下设备检测有限公司
27	钻完井复杂工况超高压机械密封关键技术	北京捷杰西石油设备有限公司
新材料		
1	高抗盐免混配乳液压裂液	西安康布尔石油技术发展有限公司
2	高温高密度钻井液技术	中国石油化工股份有限公司石油工程技术研究院
3	陶瓷纳米纤维管壳(利旧)	北京中耐科技股份有限公司
4	陶瓷纳米纤维喷涂衬里+涂抹料+硬板(利旧)	北京中耐科技股份有限公司

2022年全国油气勘探开发十大标志性成果

1. 原油产量时隔6年重返两亿t

2022年,围绕老油田硬稳产、新油田快突破、海域快上产,大力提升勘探开发力度,全年原油产量2.04亿t,时隔6年重上2亿t,完成"七年行动计划"重要节点目标。

东部老油区持续深化精细勘探开发,推广应用大幅度提高采收率技术,实现原油产量硬稳定,大庆油田连续8年实现3 000万t稳产,胜利油田连续6年稳产2 340万t以上,发挥我国原油稳产"压舱石"作用。新盆地实现新突破,河套盆地巴彦油田快速发现、快速建产,3年探明地质储量2.6亿t,高效建成年产百万吨油田。

中国海油大力实施稳油控水、稠油热采、低渗压裂、"新优快"钻井、工程标准化、智能油田建设、岸电应用工程等专项工作,原油产量近5 800万t,增量占全国增产总量的60%以上。渤海湾盆地隐蔽型潜山勘探获得亿吨级优质油气田重大发现,渤海油田原油产量3 175万t,继续保持第一大原油生产基地。南海东部油田首次实现2 000万t油气当量重大突破,海上第二大油气生产基地作用更加凸显。

2. 天然气连续6年增产超百亿m^3

加大新气田勘探开发力度,推动非常规快速上产,2022年天然气产量约2 200亿m^3,年增产量连续6年超百亿m^3。

大气田持续快速增储建产是关键。苏里格气田突出技术创新,强化效益建产,推进高质量二次加快发展,产量突破300亿m^3;安岳气田持续推进滚动勘探开发,大型碳酸盐岩气田持续保持150亿m^3稳产;普光、元坝气田持续加强剩余气精细描述、精细挖潜、加密调整和滚动建产,加大气井控水治水、分类治理和优化配产,保持100

亿 m³ 稳产；博孜－大北气田升级超深层气藏勘探开发技术，加强大斜度井、水平井提速和规模应用，产量增至 67 亿 m³。海上通过深化气藏研究和精细生产管理，推进老气田调整挖潜、低效井措施治理和新气田快速建产，天然气产量首次突破 200 亿 m³。

非常规气持续快速上产，产量占全国总产量的 1/3。页岩气做好中深层稳产，加快深层上产，推进新层系勘探。深地煤层气勘探开发取得重要突破。

3. 深地工程推动超深层油气实现新突破

塔里木盆地分布有我国最大超深海相碳酸盐岩油气田，具有超深、超高温、超高压等特点，通过创新建立断裂控储成藏地质理论，强化工程技术攻关，高效建成富满、顺北等大型油气田，突破超深层效益勘探开发极限。

富满油田（埋深 7 500～8 500m）（图 1）累计探明石油地质储量 4.81 亿 t，天然气地质储量 1 812 亿 m³。2022 年，富东 1 井奥陶系断控高能滩勘探获重大突破，测试获日产气 40.5 万 m³、油 21.4m³ 高产油气流。全年油气产量达到 328 万 t，成为我国深地领域上产速度最快油田。

图1　富满油田井架林立，向地下超深层挺进

顺北油气田（埋深 7 300～9 000m）累计探明石油地质储量 2.5 亿 t、天然气地质储量 1 417 亿 m³。2022 年，7 口探井测试获千吨高产，累计千吨井 20 口，落实了 2 个亿吨级油气富集带，新增油气探明储量 5 760 万 t、1 226 亿 m³。全年原油产量 118.9 万 t、天然气产量 16.2 亿 m³，成为我国第一个以"深地工程"命名的油气项目，被誉为"深地一号"。顺北 4 号断裂带的 4 口千吨油气井如图 2 所示。

图2　顺北4号断裂带的4口千吨油气井

4. 深海油气勘探开发，助推海洋强国建设

深海是我国油气储量的重要接替区之一。随着水深超过1 500m的"深海一号"超深水大气田投产，我国海洋油气勘探开发能力全面进入"深水时代"。2022年，深海区域地质研究、油气田开发、装备建造、钻完井技术体系以及配套作业能力建设进一步加强，实现了深水油气勘探开发新突破，基本具备了深海油气勘探开发全产业链技术装备的能力。

宝岛21-1新增天然气探明地质储量518亿 m^3，最大作业水深超过1 500m，完钻井深超过5 000m，挺进深层，成为继"深海一号"（图3）之后首个深水深层大型整装天然气田。开平－顺德新凹陷新增探明储量超3 000万t，实现深海原油战略性勘探突破。我国首个深水自营油田群流花16-2油田群全面投产，亚洲第一深水导管架平台"海基一号"顺利投用，世界首次形成深水钻井新型防台风应急技术，我国首套国产深水油井水下采油树成功投用，"深海一号"二期工程加快开发建设。深水油气成为我国油气产量重要的增长极。"海基一号"导管架精准就位于"海洋石油229"如图4所示。

图3　"深海一号"大气田投产一周年累计生产天然气超20亿m^3

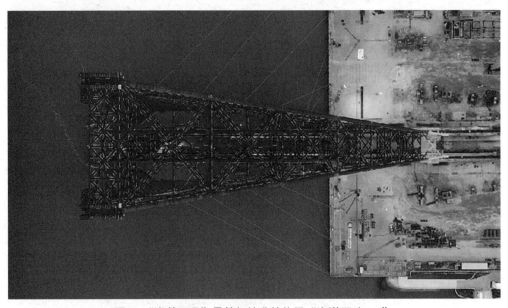

图4　"海基一号"导管架精准就位于"海洋石油229"

5. 页岩油加快发展，成为原油稳产生力军

通过加强地质工程一体化攻关，不断完善配套技术工艺，鄂尔多斯盆地庆城、准噶尔盆地吉木萨尔建成百万吨级页岩油产区，大庆古龙、胜利济阳不断扩大页岩油建产规模。2022年页岩油产量突破300万t，是2018年的3.8倍。

新疆吉木萨尔创新互层型页岩油地质认识和管理方式，全面进入规模效益上产阶段；大庆古龙深化泥纹型页岩油综合地质评价，迭代升级主体压裂工艺，局部多点已实现产量突破。2022年8月25日，胜利济阳页岩油国家

级示范区启动建设，成为继新疆吉木萨尔、大庆古龙后我国第三个国家级页岩油示范区，已初步落实5个洼陷有利区资源36亿t，新增控制、预测储量11.5亿t。长庆庆城油田加大产能规模，全方位优化地质工程技术路线，加强实施过程管理，产量突破164万t，近3年年均增长30万t。大庆古龙页岩油国家级示范区现场如图5所示，新疆吉木萨尔页岩油国家级示范区现场如图6所示，胜利济阳页岩油国家级示范区现场如图7所示。

图5　大庆古龙页岩油国家级示范区现场

图6　新疆吉木萨尔页岩油国家级示范区现场

图7 胜利济阳页岩油国家级示范区现场

6. 页岩气持续快速上产，实现跨越式发展

持续深化页岩气成藏和富集理论，创新发展水平井优快钻井技术、水平井体积改造技术、复杂山地工厂化作业技术等关键工程技术，大幅提升单井产量和最终可采储量，推动页岩气跨越式发展。2022年页岩气产量达到240亿 m^3，较2018年增加122%。

2022年，川南寒武系筇竹寺组页岩气和吴家坪组页岩气新层系新领域勘探取得重大突破，开辟了四川盆地页岩气规模增储新阵地，探明了深层整装綦江页岩气田。涪陵、长宁-威远和昭通国家级海相页岩气示范区建设加快推进，通过采取多层立体开发模式，大幅度提高采收率，其中涪陵焦石坝区块两层立体开发调整采收率从12.6%提高到23.3%，实现了采收率整体翻番，三层立体开发评价取得积极进展，同时加强精细管理控制老井递减，井间加密、重复压裂等精准施策提高储量动用程度。拓展评价长宁北部常压区、威远次核心区以夯实稳产基础，努力保持中深层页岩气产量规模稳定，泸州、威荣、渝西等深层页岩气建产工程全面展开。川南页岩气田如图8所示，涪陵页岩气田如图9所示。

图8 川南页岩气田

图9 涪陵页岩气田

7. 长庆油田建成首个 500 亿 m³ 战略大气区

长庆油田是我国陆上天然气管网中心和"一带一路"能源合作枢纽，多年来持续加快天然气业务发展，已落实苏里格、鄂尔多斯盆地东部、下古生界碳酸盐岩 3 个万亿立方米级大气区，连续 14 年保持国内第一大产气区地位。2022 年，长庆油田积极推进新层系、新领域勘探，新增天然气探明储量 2 600 亿 m³，加快致密气开发，抓好老油田稳产，努力打造低渗透及非常规气勘探开发原创技术策源地和科技创新高地，天然气增储上产基础进一步稳固。苏里格气田作为全国陆上最大整装气田（图10），2022 年产量突破 300 亿 m³，助力长庆油田天然气产量达 507 亿 m³，占全国天然气产量的近 1/4，全面建成国内首个年产 500 亿 m³ 战略大气区。

图10　苏里格气田是我国陆上最大整装气田

8. 油气勘探开发助力"双碳"目标，CCUS 年注入二氧化碳超过 100 万 t

CCUS 是全球公认的主要碳减排手段。目前，我国在 CCUS 理论技术攻关与现场试验方面均取得了重要成果和重大进展，工程技术基本实现全流程配套，正从理论技术、现场试验、工业应用等方面，加速推进 CCUS 全产业链发展。

2022 年，中国石油 CCUS 项目多点开花，在吉林、长庆、新疆等油田加大实施力度，注气能力明显提升，二氧化碳年注入量突破 100 万 t，产油 30 万 t。中国石化构建"捕集-运输-注入-采出-监测"全链条技术系列，推动"齐鲁石化-胜利油田百万吨级 CCUS"项目加快建设，累计捕集 35.3 万 t、注入 35.2 万 t，启动首个百公里二氧化碳输送管道工程。中国海油完成国内海上首个百万吨级恩平 15-1 CCS 示范工程关键设备国产化与安装调试，启动全球首个海上千万吨级大亚湾区 CCS/CCUS 集群示范项目研究工作。延长石油 CCUS 项目累计注入二氧化碳 6.6 万 t。胜利油田全国首个百万吨级 CCUS 示范区——莱 113CCUS 生产现场如图 11 所示，恩平 15-1 CCS 示范项目如图 12 所示。

图11　胜利油田全国首个百万吨级CCUS示范区——莱113CCUS生产现场

图12　恩平15-1 CCS示范项目

9. 油气勘探开发技术装备利器——"一键式"人机交互7 000m自动化钻机显著提升钻井自动化水平

自动化钻机是油气勘探开发提速提效重大核心装备，在国内尚没有一键操控等关键核心技术。成功研制"一键式"人机交互7 000m自动化钻机，突破了多设备联动协同控制等技术瓶颈，首创了具有并联作业模式的独立建立根系统，突破了虚拟重构、视觉识别等关键技术，开发了智能安全管控系统，建立了钻机在线监测与远程运维平台。实现了流程自动化、作业少人化、操控一键化。钻机在四川长宁-威远页岩气国家级示范区完钻2口水平井、胜利济阳页岩油国家级示范区完钻11口水平井，进尺超过5万m，实现了关键工艺流程全自动化，井口、二层台等高危作业区域无人值守。建立根、甩钻具与钻进同步进行，显著提升作业时效。井队人员配置减少1/3，劳动强度降低90%。钻机的成功研制与应用，在我国钻井装备史上具有重要意义。

10. 油气勘探开发技术装备利器——深水水下生产系统总体性能达到国际同等水平

水下油气生产系统是深水油气田开发的主要模式。2022年，我国水下自主油气开发技术体系与装备制造取得重大突破，首个采用自主设计、自主研制的国产化水下生产系统在我国南海东方1-1气田东南区乐东块成功使用，实现了水下油气生产系统关键国产化核心装备从0到1的突破。攻克了南海深水水下油气田自主开发设计技术难题，自主研制了水下采油树、水下控制系统、水下多功能管汇、水下井口4大关键核心装备及13类首台套水下设备，整套水下生产系统设计水深500m（部分设备实现1 500m水深），示范产品全部取得业界权威第三方认证，总体性能达到国际同等水平，建立了适用于我国的深水水下生产系统技术体系。标志着我国深水油气资源开发核心技术装备水平迈上新台阶，实现了深水水下油气生产系统关键设备自主设计，对南海深水油气自主开发具有里程碑意义。

机械工业重大技术装备推广应用导向目录

2022年6月，中国机械工业联合会编制发布了《重大技术装备推广应用导向目录——机械工业领域（2022年版）》，其中，石油化工行业相关装备见表1。

表1　大型石油和化工装备

一、陆地油气钻采装备

1. 特种钻机

（1）特深井钻机

主要参数：钻井深度≥15 000m

（2）低温车载钻机

主要参数：最大额定载荷≥1 800kN；钻井深度≥5 000m；最低工作环境温度≤-40℃；结构件满足验证载荷SR2-1.2

2. 大型顶部驱动钻井装置

（1）常规顶驱/直驱顶驱

主要参数：工作扭矩≥40kN·m；钻井深度≥7 000m；最大载荷≥4 500kN；主电动机额定功率≥640kW

（2）液压顶驱

主要参数：最大转速≥120r/min；钻井深度≥2 000m；最大载荷≥1 350kN；主电动机额定功率≥200kW

3. 电驱连续油管作业机

主要参数：承压等级≥105MPa；最大提升力≥450kN；最大注入速度≥48m/min；最低运行速度≤0.01m/min

4. 高温高压成像测井系统

主要参数：最高工作温度≥200℃；最大工作压力≥140MPa；具备伽马、电阻率、中子、密度、阵列声波、微电阻率扫描成像、核磁共振测井评价能力

5. 卧式五缸高压钻井泵

主要参数：额定输入功率≥1 800kW；额定工作压力≥7 500psi（1psi≈6.895kPa）；额定排量：74L/s（直径180mm缸套）

6. 大功率电驱压裂装备

主要参数：最高压力≥135MPa；单机输出功率≥5 000hp（1hp=745.7W）；压裂柱塞泵单泵流量≥2.5m³/min；整机尺寸≤7.7m×2.5m×2.8m

7. 大功率固井车

主要参数：最高压力≥110MPa；最大排量≥3.5m³/min；采用双混合系统，混浆能力≥3m³/min；整机重量≤42t

8. 页岩气气举排液采气压缩机组

主要参数：排气压力≥25MPa；最大工作转速≥1 200r/min；排量≥5×10⁴m³/d

9. 油气污染物处理装备

主要参数：生产能力≥50t/h；处理固相指标TPH≤0.1%；连续不间断作业时间≥100d

10. 石油钻采用超高压管汇

主要参数：公称通径≥100mm；压力≥140MPa

二、油气管道集输装备

1. 天然气长输管道集成式压缩机组

主要参数：电动机额定功率≥18MW，压缩机额定功率≥15MW；最大工作压力≥12MPa；额定转速≥6 000r/min；变工况调速范围：55%～105%

2. 天然气田用离心压缩机组

（1）丙烷冷剂压缩机

主要参数：流量≥40t/h；转速≥6 000r/min；额定功率≥5 000kW；入口温度≤-40℃，入口压力≥0.2MPa（a）；出口温度≥85℃，出口压力≥1.5MPa（a）

（2）丙烷闪蒸气压缩机

主要参数：额定功率≥1 000kW；流量≥30t/h；转速≥5 000r/min

3. 液化天然气用浸没燃烧式气化器

主要参数：天然气出口温度≥3℃；气化能力≥200t/h；工作温度范围：-160～5℃；最大工作压力≥15MPa

4. 液化天然气用中间介质气化装置

主要参数：气化能力≥200t/h；工作温度范围：-170～65℃；最大工作压力≥12MPa；天然气出口温度≥3℃

5. 液化天然气高压外输泵

主要参数：电动机功率≥1 800kW；流量:400～530m³/h；扬程：2 000～2 700m；最大工作压力≥16MPa；最低工作温度：-196℃

(续)

6. 液化天然气装船泵

主要参数：电动机功率≥460kW；流量≥2 000m^3/h；扬程≥180m；最低工作温度：-196℃

7. 液化天然气接收站大口径岸基装卸臂

主要参数：装卸能力≥4 400m^3/h；公称直径≥400mm；设计压力：1.89MPa；介质温度：-196～65℃；紧急脱离时间≤2s

8. 大型油罐在线检测机器人

检测原理：漏磁、涡流、超声复合；检测通道数≥24；最大检测厚度≥19mm；定位精度：±2mm；续航时间≥100h

三、千万吨级炼油装置

1. 重整装置用氢气增压机（离心式）

主要参数：轴功率≥30 000kW；处理量≥53 000m^3/h；满足300×10^{4}t/a重整装置配套要求

2. 重整装置用往复式压缩机

主要参数：活塞力为1 250～1 500kN；满足60×10^{4}t/a及以上重整装置配套要求

3. 加氢反应器

主要参数：设计压力≥19MPa；满足260×10^{4}t/a及以上悬浮床、浆态床渣油加氢装置配套要求

4. 高压螺纹锁紧式换热器

主要参数：最大设计压力≥20MPa；最大设计温度≥400℃；设备直径≥1 700mm

四、百万吨级乙烯装置

1. 乙烯裂解装置机组（包括：裂解气压缩机、丙烯压缩机、乙烯压缩机）

主要参数：等效多变效率≥80%；满足150×10^{4}t/a及以上乙烯生产能力配套要求

2. 聚乙烯挤压造粒机组

主要参数：配套装置产能≥35×10^{4}t/a；设计输入功率≥12 000kW；转子直径≥450mm；齿轮泵设计排量≥55L/r；切粒模板孔数≥5 300（直径：2.6mm）

3. 聚丙烯挤压造粒机组

主要参数：配套装置产能≥35×10^{4}t/a；设计输入功率≥13 000kW；螺杆直径≥350mm；齿轮泵设计排量≥55L/r；切粒模板孔数≥2 400(直径:2.6mm)

4. 道路相变自调温材料混炼挤出造粒成套生产装备

主要参数：生产能力≥5×10^{4}t/a；主驱动电动机功率：一阶（双螺杆）≥2 600kW，二阶（单螺杆）≥1 000kW；螺杆直径：一阶（双螺杆）≥320mm，二阶（单螺杆）≥400mm

五、百万吨级精对苯二甲酸装置

1. 空气压缩机组

主要参数：配套装置产能≥120×10^{4}t/a

2. 精对苯二甲酸加压过滤成套装备

主要参数：生产能力≥300×10^{4}t/a；出口最大干基物料量≥77 000kg/h；产品对甲基苯甲酸含量≤150×10^{-6}

3. 粗对苯二甲酸加压过滤成套装备

主要参数：生产能力≥300×10^{4}t/a；系统进水≤139kg/h；滤液含固率≤0.2

4. 精对苯二甲酸干燥机

主要参数：生产能力≥180×10^{4}t/a；直径≥4m

六、煤化工成套装备

1. 加压循环流化床煤气化炉

主要参数：煤处理量≥2 500t/d；工作压力：1.3～1.6MPa；工作温度：95～1 150℃

2. 粉煤热解回转反应炉

主要参数：处理能力≥60×10^{4}t/a；进料量（干燥煤）≥63t/h；物料料径：0～30mm

(续)

3. 水煤浆气化废锅-激冷流程气化炉
主要参数：碳转化率≥98%；单炉投煤量≥1 500t/d；蒸汽产量≥0.7～0.9t/1 000m³(CO+H₂)；蒸汽压力：4.0～9.0MPa

4. 煤制甲醇合成气深冷分离制液化天然气装置
主要参数：处理能力≥36×10⁴m³/h；配套100×10⁴t/a级甲醇合成装置

5. 纯氧非催化转化煤制气装置
主要参数：最大压力≥2.8MPa；最高转化温度≥1 300℃；配套40×10⁴t/a级乙二醇合成装置

七、其他石油化工装备

1. 大型空分装置用空压机
主要参数：整机多变效率≥88%；流量≥520 000m³/h；压比≥6

2. 固定式液氢储罐
主要参数：容积≥300m³；储重比≥16%；静态日蒸发率≤0.3%

3. 运输用液氢储罐
主要参数：液氢槽罐≥40m³；静态日蒸发率≤0.8%

八、大型石油化工装备核心系统和关键零部件

1. 自动化钻机关键零部件

（1）二层台机械手
主要参数：扶持钻具范围：73～248mm；工作半径≥3 000mm

（2）动力猫道
主要参数：输送管柱最大长度≥9 000mm；输送管柱最大重量≥3 000kg

2. 天然气净化装置高压多级离心泵
主要参数：流量≥280m³/h；扬程≥900m

3. 磁力泵
主要参数：工作压力范围：15～33MPa；工作温度范围：-120～300℃；额定功率：1～132kW

4. 液化天然气大口径低温球阀
主要参数：工作压力≥15MPa；最低工作温度≤-196℃；口径≥1 400mm

5. 旋塞阀
适用介质：天然气、LPG、轻烃、芳香烃、矿物油等；口径/压力:16"～36"/Class600～Class900，1"～8"/Class1 500～Class2 500；适用温度：-46～345℃

6. 一体化水煤浆烧嘴
主要参数：单个烧嘴处理量≥2 500t/d；无故障寿命≥200d；点火、烘炉、运行多功能一体化；带工艺介质自保护和强制循环冷却

船舶与海洋工程重大技术装备推广应用导向目录

2022年6月，中国船舶工业行业协会发布了《重大技术装备推广应用导向目录——船舶与海洋工程领域（2022年版）》见表1。

表1　重大技术装备推广应用导向目录——船舶与海洋工程领域（2022年版）

一、船舶

1. 大中型邮轮

主要参数：吨位≥50 000总吨(GT)；最大航速≥20节；载客量≥1 000人

2. 液化天然气运输船

主要参数：最大运输能力≥75 000m³；最大航速≥15节；货舱日蒸发率≤0.14%；满足国际海事组织(IMO)船舶能效设计指数(EEDI)第三阶段要求

3. 滚装船

（1）大型滚装船

主要参数：车道米≥7 800m；甲板最大均布载荷≥4.0t/m²；满足国际海事组织(IMO)船舶能效设计指数(EEDI)第三阶段要求；适用于重型车辆运输

（2）极地滚装船

主要参数：车道米≥5 800m；甲板最大均布载荷≥4.0t/m²；满足冰区等级PC6级及以上要求

4. 重型极地破冰船

主要参数：破冰能力≥2.5m(覆盖有0.3m厚积雪冰层)；破冰速度≥2节；续航能力≥20 000nmile；满足冰区等级PC2级及以上要求

5. 潜水器支持保障母船

主要参数：船长≥100m；最大作业排水量≥10 000t；载荷下潜收放能力≥400t；DP2级及以上动力定位

6. 液化天然气燃料加注船

主要参数：最大加注能力≥1 600m³/h；最大存储能力≥18 000m³；货舱日蒸发率≤0.18%

7. 纯电动船舶

主要参数：续航能力≥80km；总功率≥300kW；电池总容量≥2MW·h

8. 高耐波性地效翼船

主要参数：起降抗浪性≥3级海况；巡航速度≥200km/h；航程≥1 000km；有效载荷系数≥0.3；巡航升阻比≥14

二、海洋工程装备

1. 浮式生产储卸油装置(FPSO)

主要参数：最大作业水深≥2 200m；最大产油量≥24 000m³/d；最大产气量≥600×10⁴m³/d；原油存储量≥160万桶

2. 液化天然气浮式存储再气化船(LNG-FSRU)

主要参数：储存舱容量≥170 000m³；最大气化能力≥500mmscfd(百万标准立方英尺)；气化外输压力≥5MPa；满足国际海事组织(IMO)船舶能效设计指数(EEDI)第三阶段要求

3. 极地作业半潜式钻井平台

主要参数：环境温度≤-20℃；作业水深：500~1 200m；钻井深度≥8 000m

4. 深远海网箱式养殖平台

主要参数：网箱有效养殖水体≥30 000m³；主体结构设计寿命≥20年；配备自动投饵、成鱼起捕等养殖设施设备；配备养殖设施设备、养殖水质、海域水文气象等监测及远程监控系统

5. 大型渔业养殖工船

主要参数：单船养殖水体≥50 000m³；船体结构设计寿命≥20年；设计航速≥10节；配备自动投饵、成鱼起捕等养殖设施设备；配备养殖设施设备、养殖水质、海域水文气象等监测及远程监控系统

6. 超大功率海洋液压打桩锤

主要参数：最大打击能量≥3 500kJ；最大打击频率≥16次/min；最大打击速度≥6m/s

7. 海上风电变径嵌岩桩钻机

主要参数：刀盘开挖直径≥5.5m；嵌岩钻孔深度≥80m；破岩强度≥250MPa

8. 海底挖沟铺缆机

主要参数：工作水深≥200m；喷射式挖沟深度≥3m；挖沟宽度≥300mm

（续）

三、海洋油气钻采装备

1. 水下钻机

主要参数：额定载荷≥2 250kN；工作水深≥3 000m；钻探深度≥600m

2. 深水海洋钻探系统

主要参数：工作水深≥1 500m；钻探深度≥9 000m；最大钩载≥9 000kN

3. 海洋钻井隔水管

主要参数：工作水深≥500m；额定载荷≥1 250kips（1kips≈4.448kN）；节流压井管线额定压力≥15 000psi（1psi≈6.895kPa）

4. 隔水管用挠性接头

主要参数：耐井筒压力≥2 000psi；最大偏转角度：±10°

5. 水下伸缩节

主要参数：工作水深≥500m；伸缩节冲程≥50ft(1ft=304.8mm)；阻流压井边管承压≥10 000psi；盘根数量≥2个

6. 钻柱升沉补偿系统

主要参数：补偿载荷≥2 700kN；最大静载≥4 500kN；最大补偿行程≥7.6m

7. 海底液压动力系统

主要参数：最大作业水深≥3 000m；额定工作压力≥15 000psi（1psi≈6.895kPa）；排量可调

8. 生产井测井仪

主要参数：具备伽马、电阻率、中子、密度、阵列声波等测井评价能力；最高工作温度≥177℃；耐压≥15 000psi

9. 无线随钻测量仪

主要参数：连续工作时间≥50h；最高工作温度≥150℃；最大耐压≥25 000psi；传输速率范围：0～40bit/s

10. 水下采油树

主要参数：设计寿命≥20年；工作水深≥500m；额定工作压力≥10 000psi

11. 水下防喷器系统

主要参数：设计寿命≥20年；工作水深≥500m；额定工作压力≥10 000psi；额定液压操作压力≥5 000psi

12. 水下井口装置

主要参数：工作水深≥500m；压力等级≥15 000psi；设计寿命≥25年

13. 水下采油用立管柔性接头

主要参数：挠性接头偏转角度≥10°；最大旋转角度25°；设计寿命≥30年

14. 水下增压系统

主要参数：设计寿命≥20年；轴功率≥500kW；电压等级≥6kV

15. 水下生产系统脐带缆

主要参数：钢管最大内压≥10 000psi；工作电压≥2.7kV；功能单元数量≥12

16. 水下连接器

主要参数：设计寿命≥20年；压力等级≥5 000psi；最大工作压力≥3 000psi；通径：18-3/4in

四、船舶与海洋工程装备核心系统和关键零部件

1. 船用高速柴油机

主要参数：标定功率≥4MW；标定转速：1 800r/min；标况燃油消耗率(UIC标准条件)≤195g/(kW·h)

2. 船用中速发动机

（1）中速气体机/双燃料机

主要参数：

缸径为160～180mm；单缸功率≥100kW；发动机有效热效率≥42%；燃气消耗率≤8 800kJ/(kW·h)

缸径为230mm；单缸功率≥200kW；平均有效压力≥1.8MPa；发动机有效热效率≥42%；燃气消耗率≤8 800kJ/(kW·h)

缸径为320mm；单缸功率≥405kW；平均有效压力≥2.0MPa；发动机有效热效率≥43%；燃气消耗率≤8 350kJ/(kW·h)

（续）

（2）中速柴油机

主要参数：

缸径为320mm；单缸功率≥500kW；平均有效压力≥2.3MPa；发动机有效热效率≥44%；燃油消耗率≤180g/（kW·h）

缸径为390mm；单缸功率≥850kW；平均有效压力≥2.5MPa；发动机有效热效率≥46%；燃油消耗率≤185g/（kW·h）

3.船用低速发动机

（1）低速柴油机

主要参数：

缸径为340mm；单缸功率≥900kW；平均有效压力≥2.25MPa；发动机有效热效率≥48%；燃油消耗率≤175g/（kW·h）

缸径为520mm；单缸功率≥1.9MW；平均有效压力≥2.25MPa；发动机有效热效率≥51%；燃油消耗率≤165g/（kW·h）

（2）低速双燃料机

主要参数：缸径为400mm；单缸功率≥950kW；平均有效压力≥1.8MPa；燃油模式下，有效热效率≥45%，燃油消耗率≤185g/（kW·h）；燃气模式下，有效热效率≥48%，燃气消耗率≤7 420kJ/（kW·h）

4.船舶／海上平台用液化天然气供气系统

（1）低压液化天然气供应系统

主要参数：燃气供气压力为6～25bar（1bar=0.1MPa）；燃气供气温度：0～60℃；燃气供应流量≥500kg/h

（2）高压液化天然气供应系统

主要参数：燃气供气压力为300～380bar；燃气供气温度：35～55℃；燃气供应流量≥500kg/h

5.船舶用涡轮增压器

主要参数：增压比≥5.8；空气流量≥5kg/s；压气机效率≥82%

6.大型可调桨推进系统

主要参数：桨毂直径≥1 450mm；螺旋桨最大推力≥1 400kN；额定功率／转速比≥99kW/（r/min）

7.全回转串列桨吊舱推进器

主要参数：功率等级≥1MW；电压：690V

8.吊舱电力推进装置

主要参数：额定推进功率≥3 000kW；公称推力≥350KN；回转速度≥2r/min

9.喷水推进装置

主要参数：最大持续功率≥10MW；功率密度≥5MW/m²；喷水推进泵效率≥90%；流道效率≥90%

10.超大锚绞机

主要参数：系统负载≥320kN×15m/min；电动液压驱动

11.自动化远程操控甲板装卸系统

主要参数：最大起升高度≥35m；最大起吊载荷≥25t；系统操作人员≤2人；系统响应时间≤20ms

12.动力定位系统

主要参数：四级海况及以上，定位标准偏差≤2m，艏向标准偏差≤1.5°；节能定位工作区域和操作区域可设，且船(或平台)95%CEP处于工作区域内

13.单点系泊多通道液体滑环

主要参数：最大适用水深≥1 500m；适用FPSO最大吨位≥20万t；滑环通道≥2；设计寿命25年

14.液压插销式双动环梁连续升降系统

主要参数：单桩额定升降载荷≥5 600t；单桩作业支持载荷≥9 200t；额定升降速度≥24m/h

15.大型浮式起重机

主要参数：最大起重量≥3 500t；工作幅度：47～110m；最大起升高度≥108m

16.海工平台原油发电机组

主要参数：额定功率≥5 500kW；转速≥750r/min；防护等级IP44

17.船岸大口径超低温流体装卸系统

主要参数：泄漏量≤12mL/min/cm；设计压力：1.89MPa；设计温度：-196～65℃；单台装卸能力≥6 000m³/h；设计能承受最大风速70m/s，最大工作风速22m/s

（续）

18.潜液泵系统

主要参数：流量≥1 000m³/h；扬程≥130m；水力元件效率≥78%

19.海上平台用高转速压缩机

主要参数：流量≥4 800m³/h；活塞力≥12t；额定转速≥990r/min

20.浮式生产储卸油装置舾输系统

主要参数：软管绞车通径为DN200～600；收放管速度为0～18m/min；大缆绞车工作拉力为100～200kN；收放缆速度为0～36m/min；电气系统具有本地和远程控制及监测功能

中国石油石化设备工业年鉴 2023

智能制造与绿色环保

记载 2022 年石油石化设备行业智能制造发展及环保成果

中国石油石化设备工业年鉴 2023

智能制造与绿色环保

5G赋能铸造生产现场操作
采油设备再制造中心落户华北荣盛
国内首例远程控制压裂作业获成功
中国石油工程作业智能支持中心上线运行
国内首套智能综合录井仪启用
四机赛瓦公司打造升级智能制造示范标杆
中油技服数字化转型智能化发展

5G赋能铸造生产现场操作

在兰石集团铸锻分公司配料车间，一架无人操作的桥式起重机正在平稳有序地向冶炼车间配送物料，对桥式起重机的操作都在地面操作间完成，这是该公司于2021年完成的"5G+无人桥式起重机"项目。配料车间环境存在较多粉尘，引入"无人桥式起重机"项目，不仅更好保障了员工的身体健康和生命安全，也让铸造加工生产从此转型迈向智能制造。

当前运行的无人桥式起重机，是兰石集团在制造板块试点进行桥式起重机智能改造。5G+无人桥式起重机技术采用5G网络通信系统，实现桥式起重机、管理系统与其他设备及控制系统无缝连接，确保系统稳定运行，实现在地面对置料场、桥式起重机作业情况进行全天候、全覆盖视频监控，为远程操作桥式起重机提供实时视频画面。

传统桥式起重机依靠驾驶人员手柄操作，通过地面进行指挥，效率较低。运用无人化智能桥式起重机控制系统，既可以提高运行效率、降低故障率和能源消耗，又可减轻员工的劳动强度，提高安全性，是智能化工厂发展的必然方向。

在地面操作室，环境干净整洁，电子大屏显示配料车间现场整体情景，3台计算机屏幕分别显示不同局部场景。在操作室里开桥式起重机，大大降低了现场环境中粉尘带来的污染。通过计算机屏幕观察现场场景，清晰度高、噪声低，工作环境舒适。

近年来，兰石集团加快先进制造技术与信息技术的高度融合应用，不断以实现高效率、优质量、低成本为目标持续推进智能制造。尤其在当前"强科技""强工业"战略的引导下，通过技术优化、成果转化等为支撑的智能制造，不断提升了企业的能源装备生产制造能力。

桥式起重机是装备制造企业最重要的设备之一，其工作效率直接影响生产进度。现阶段智能制造在铸造行业的应用仍处在探索阶段。兰石铸锻分公司率先开创智能制造新模式，已达到领先水平，下一步将实现无人桥式起重机在接收到任务信息后自动完成配料，实现24h无人作业，可极大提升生产效率，将进一步推进无人桥式起重机与"智能浇铸技术"和"5G+钢包智能扒渣技术"的有效链接。

采油设备再制造中心落户华北荣盛

2022年8月5日，华北油田采油设备再制造中心在华北荣盛公司揭牌。该中心的成立，不仅是对荣盛公司30多年来在采油设备设计优势、制造能力、品质保障等方面的肯定，也开启了荣盛公司绿色再制造发展的新篇章。

油田采油设备再制造业务，是以老旧设备为基础，采用先进适用的技术与工艺对其修复、优化改进，使设备性能和质量达到或超过原型新品，可以节省大量能源和材料并减少污染物排放，盘活闲置低效资产。抽油机是油田生产的主要设备，华北油田抽油机新度系数已远低于油田公司设备新度系数平均水平，超过3成的抽油机已进入超期服役阶段，抽油机的有序更替矛盾突出。

荣盛公司拥有丰富的采油设备设计制造经验，可规模生产游梁式抽油机、塔架抽油机、数字化抽油机等5大类70多个型号的产品，质量控制水平国内领先。公司拥有先进的机械加工、焊接、表面工程生产线，完善的检测实验设备，可以在全寿命周期评估基础上完成采油设备再制造。

揭牌仪式上，荣盛公司董事长表示，再制造中心的成立，契合荣盛"制造+服务"的发展战略，也符合油田公司精益管理、绿色发展的工作要求，荣盛公司将充分发挥在机械加工、技术研发、检验检测等方面的综合能力，结合油田公司设备运维中心综合协调能力和资源整合优势，本着"精诚合作、互利双赢"的原则，共同推进油田采油设备再制造业务朝着产业化、规模化、专业化方向发展，通过双方共同努力，将中心打造成为冀中地区一流的采油设备再制造产业基地。

华北油田公司总会计师指出，华北油田此次抽油机设备再制造业务委托给荣盛公司，是华北油田打造提质增效升级版与荣盛公司创新发展高度契合的一次双赢合作。对老旧设备实施再制造，恢复使用价值，对华北油田降本增效、荣盛公司未来发展都具有重大意义。荣盛公司应充分依托华北油田这个基础市场，继续发扬锐意进取、勇于登攀的荣盛精神，跟上时代的潮流，不断提升科技创新、智能控制、网络信息化水平，推进科技化、智能化、信息化发展。同时，精准对接市场需求，把再制造业务做大做强，为华北油田的发展再立新功，为荣盛的未来续写辉煌。

国内首例远程控制压裂作业获成功

2022年7月30日，由西部钻探井下作业公司实施的距离井场43km的国内首例远程压裂施工作业获得成功。远程压裂施工实现真正意义上工厂化压裂作业"无人值守、有人巡检"的目标，大幅提升施工质量和作业效率，减少了员工上井频次，降低交通风险及费用，创造更加安全的工作环境。

实施首例远程控制压裂的试验井——新疆智慧油田955393井，共计压裂两层，总液量达746.8m^3。压裂施工中，全程应用远程压裂施工作业技术。位于新疆克拉玛依的控制点西部钻探井下作业公司（储层改造研究中心）EISC远程支持中心距离井场43km。

远程压裂作业中，EISC远程支持中心顺利接收控制权。施工指挥、设计人员、泵控操作手、混砂操作手、仪表操作手在EISC中心实施远程控制。整个施工作业在各岗位有序配合下，加砂、泵液无差别地抵达目标油层，施工作业中测试应答良好，压裂液泵入位置精准，泵入顺利。在近5h的施工作业中，西部钻探井下作业公司储层改造研究中心压裂六队累计加砂90.29m^3、泵入液量723m^3，经测试各项参数均达到设计指标，标志着国内首例远程压裂施工作业获得成功。

近年来，随着5G和卫星技术的发展，远程控制技术为数智化压裂打开了一片新天地，让远程控制压裂的设想有了落地的技术基础。西部钻探井下作业公司经过一年半的技术攻关和厂区测试，攻克了本地远程数据不同步、数据交互延迟、压裂工业控制组网和安全防护等难题，保证了关键部位传感器的灵敏度和稳定性，奠定了远程控制压裂的技术支撑基础。

远程压裂施工作业技术的研发能够大幅提升压裂现场自动化、智能化水平。通过专网链路连接现场指挥中枢，对全压裂现场的设备进行集中控制，实现超远程压裂施工和多个工作面的压裂作业，改变了操作工在压裂现场设备本体上操作的工作模式，使其与高压设备彻底隔离，降低了作业风险。同时，工程作业技术人员在EISC远程支持中心，集中对压裂设备进行远程控制，提高了作业效率，降低了作业成本。

中国石油工程作业智能支持中心上线运行

2022年8月30日，中国石油工程作业智能支持中心（EISC）揭牌仪式在北京举行，标志着中国石油集团公司工程技术业务数字化转型、智能化发展迈出坚实一步。中国石油集团公司董事长和集团公司总经理共同为中国石油工程作业智能支持中心（EISC）揭牌。

近年来，中国石油集团公司围绕数字化转型、智能化发展进行顶层设计、前瞻布局。工程技术业务认真落实集团公司科技与信息化创新大会精神，紧紧围绕"业务发展、管理变革、技术赋能"三大主线，大力推进数字化转型、智能化发展，为"数字中国石油""智慧中国石油"建设提供有力保障。

中国石油集团公司总经理在揭牌仪式上指出，工程作业智能支持中心要发挥关键作用，更好支撑集团公司保障国家能源安全。要加快打造具有全球竞争力的"智能技服"，以高水平数字化转型支撑集团公司高质量发展。工程技术业务要持续对标国际一流水平，基于中国石油的海量数据优势，通过5G、人工智能、大数据分析等新技术，增强智能化生产、网络化协同、个性化服务等新能力，开创新商业模式、新生产方式和新产业生态，努力打造数字经济新优势。中国石油集团油田技术服务公司汇报了中国石油工程作业智能支持中心建设进展情况，并展示了三级 EISC 应用场景。

国内首套智能综合录井仪启用

2022 年 9 月 29 日，由中国石油集团渤海钻探工程公司（简称渤海钻探）研发的集团公司首套智能综合录井仪——德玛 3.0 智能综合录井仪正式启用。自此，一个集成现场作业大数据中心和共享平台的"井场智慧大脑"接过传统录井接力棒，用智能录井实现"找油眼睛"到"勘探大脑"的转变。

德玛 3.0 智能综合录井仪是渤海钻探德玛品牌第三代智能产品，具有功能布局人性化、技术组合全面化、数据融合共享智能化等特点。该录井仪集成了多井对比、综合解释、井眼轨迹跟踪等 15 种工程应用模块，整合 8 种小型分析化验设备数据，覆盖钻井、泥浆、定向井、固井等多专业 256 道采集数据，推进工程地质一体化的深度融合；可实现无线化安装和数据采集，并可"一机多井"采集信号；15s 快速色谱分析和光谱 $10×10^{-6}$ 的最小检测精度，有效解决薄层和快速钻进油气难发现、远程控制效果不突出、设备运维成本高、劳动强度大等诸多难题。

遵循中国石油数字化转型智能化发展要求，渤海钻探瞄准国际先进水平，围绕工程地质一体化重点业务，强化井场多专业、多技术、多平台纵向集成，推动智能化综合录井仪研制，确保井场全要素、钻探全过程全面感知和全面管控，实现生产协同优化、风险快速响应、决策精准高效、整体效益最大化。

德玛 3.0 智能综合录井仪的成功研制，提升了录井行业数智化发展水平，满足了超深井施工、快速钻井工艺、智能钻机应用等钻探技术进步，以及页岩油气、水合物等非常规油气资源的开发需求，提升了录井技术和录井行业在油气勘探开发环节中的核心竞争力。

渤海钻探自 2006 年研制出首台德玛综合录井仪后，面向勘探开发、钻探现场和客户需求，不断推陈出新，先后自主研发德玛系列 40 余种产品，产品远销国内外市场。

四机赛瓦公司打造升级智能制造示范标杆

2022 年 11 月，中石化石油机械股份公司控股企业四机赛瓦石油钻采设备有限公司（简称四机赛瓦公司）入选 2022 年湖北省智能制造试点示范企业。2021 年，该公司入选首批湖北省上云标杆企业；"基于工业互联网的石油成套装备智能化平台"项目入选 2020 年湖北省基于互联网的制造业"双创"平台（企业）试点示范项目。入选企业可享受湖北省"数字经济 13 条"专项奖励资金；湖北省优先推荐上云标杆企业参与申报国家级数字化试点示范项目。

作为油气装备行业的先进企业，四机赛瓦公司积极推动智能化管理，使生产（设计）、制造、销售、服务等逐步信息化、智能化、数据化，使用 ERP、SDMS 等信息系统将企业生产经营全业务链数据进行整合，优化业务流程，提高效率，保障产品交付。公司实施数字化工艺制造一体化项目，系统提供生产过程实时数据展示与交互、可视化看板和报表工具，为管理层决策分析提供有力数据支撑和指导，助力企业降本提质增效。

"基于工业互联网的石油成套装备智能化平台"项目，实现装备定位、运行工况监控、指标分析、备件管理、运维检修管理等功能，形成油气装备工业互联网智能化平台，达到装备全生命周期管理的目的，为行业产业链智能化、网络化、数字化建设起到示范带动作用。

上云标杆企业，即通过云服务、云技术在企业生产经营和管理等主要领域、主要环节的有效应用，带动生态圈企业上云用云，共享云计算的便利，降低企业信息化建设应用成本，实现企业研发、创新、生产和管理水平大幅度提升，促进企业数字化转型升级。

中油技服数字化转型智能化发展

2022年11月，中国石油工程作业智能支持中心（EISC）投用以来，累计远程监控698口井、钻井远程技术支持145井次、压裂远程支持12口井、套变支持20口井、完钻重点井151口，10月份平均钻井速度环比提高21.8%。

中国石油集团油田技术服务公司（简称中油技服）持续探索深化数字化转型、智能化发展新路径，已建成国内油气业务首个最大全产业链融合的EISC系统。此举打造了工程技术领域信息孤岛治理和生产管理变革的典范，一场生产管理方式的新变革正悄然展开。

近年来，中油技服从加强"智能技服"顶层设计入手，与成员企业一起，按照"业务发展、管理变革、技术赋能三条主线，推动工程管控模式变革、打造智能化生产、网络化协同、个性化服务四种能力，构建钻井工程全生命周期智能支持平台"的要求，开展工程技术业务数字化转型、智能化发展，持续加强EISC体系建设。

中油技服以集团公司统筹布局为依托，持续整合、优化和升级企业现有系统功能，将数字和信息化与业务发展紧密结合，加快工程技术多系统向统一平台过渡和升级。中油技服设立专项资金，保障系统持续研发升级和正常运行。长城钻探公司为192支钻修井队配备EISC系统，在海外建设国际远程支持与决策平台，在乍得、尼日尔等国家和地区的多个项目建设基地监控中心，部署Drilling AnyWhere海外版。

实现数据高效共享。系统建成工程技术"数据湖"，现场数据由统一客户端采集，后方数据中心统一标准入"湖"、统一模板治理，满足甲乙各方统一接口共享使用。

地质工程实现一体化协同。GeoEast、IDAS等国产工业计算软件和已购置的国外工业计算软件在云平台发布，统筹管理，共享使用。跨地域、多专业专家，可同时对同一个地质体的同一口井远程会商，大幅提升软件资产效能。

实现前后方多专业高效协作。系统提供了专家管理模块和一键组会功能，针对不同区域、不同类别的工程难题，智能推荐匹配度高的在线专家，及时沟通提出相应措施。作业现场智能预警、作业参数智能优化、作业方案智能推送，开启了现场执行、后方支持的智能钻完井新模式，管理人员由经验管理向智能管理转变。

工作模式显著转变。在原有系统数据查看和统计的基础上，增加业务数据高效流转、数据深度挖掘、实时工况智能识别与KPI分析等业务应用，大幅提高工作效率。

截至2022年10月底，海洋工程公司2022年累计完成钻井进尺创近5年来最高水平。这离不开数据技术与业务管理的融合发展。

EISC系统推广应用的根本目的在于提高作业效率，助力增储上产。截至2022年10月底，中油技服成员企业完成二维地震采集、钻井进尺和压裂工作量同比分别增长15.3%、10.1%和17.8%。10月份，完钻重点井92口，平均钻井周期环比提速10.3%。其中，页岩气井和储气库井分别提速19%和29.4%。渤海湾、鄂尔多斯盆地、柴达木盆地、四川盆地等钻井提速效果显著。

提速的同时，EISC系统强大的后台技术支持功能，也带来了井筒质量的明显改善。2022年前10个月，公司完成重点井的井筒质量总体显著向好，井身质量合格率提高2.54%，固井质量提高8.23%。

井控风险位列集团公司安全生产八大风险之首，而能否及时发现溢流、及时正确关井是保证井控安全的关键。10月份，集团公司总部EISC梳理风险探井、超深井、高压井等井控重点井52口，组织监控人员采取"系统自动巡检+监控人员定时巡检"相结合的升级管控措施。同时，利用大数据智能报警系统对477口在线的五类重点井自动巡检，累计处理溢漏报警消息1.1万条；密切监视160口精细控压钻井和6口欠平衡钻井的压力控制情况，及时发现并指导现场处置溢流，为溢流发现及时率和关井及时率做到"两个100%"创造了重要条件。

以人为本、为基层减负是EISC系统设计的目标之一。EISC系统能实时监测钻井液总量、入口流量、出口流量，每日岗位资料填报量减少50%以上。另外，系统也为数字化钻井队建设提供了重要保障，川庆钻探公司80025队和70135队已完成智能生产组织、工程作业、井控等8个方面共24个工作点的数字化建设。

介绍 2022 年石油石化设备行业标准化工作情况

工程材料研究院成功发布一项产品国际标准
钻机配套标准化工作会议举行
石油钻采装备材料技术委员会成立
炼化设备管理标准化技术委员会召开团体标准立项审查会
压裂设备配套标准化工作会议召开
2022年第一批团体标准项目计划印发
石油工业标准化技术委员会与美国石油学会签署谅解备忘录
中国石油学会标准化工作委员会与美国石油学会签署谅解备忘录
团体标准化能力提升高级研修班举办

工程材料研究院成功发布一项产品国际标准

2022年11月3日，中国石油集团工程材料研究院有限公司（简称工程材料研究院）主导制定的产品国际标准ISO 24139-1：2022《管道输送系统用耐蚀合金内覆复合弯管和管件 第1部分：弯管》正式发布。至此，该院近年来在油气管材装备领域主导制修订的核心产品国际标准已达到8项。这些实用性先进性兼备、基础性前瞻性并举的标准，促进了我国油气管材和装备行业的高质量发展。

主导制修订国际标准是企业原创科技实力和全球协同能力的体现。为力求突破，工程材料研究院在国内率先成立石油管材国际标准攻关团队，积极承担ISO/TC67/SC2和SC5国内技术对口单位以及秘书处的管理工作，形成了一套较为完善的国际标准化工作规范、制度和流程体系，并培养了一支业务精、外语好、规则熟的复合型国际标准化人才队伍。目前，已有20多名工程技术人员注册了ISO国际标准专家，其中1人担任ISO/TC67/SC2副主席，显著提升了在国际标准制（修）订中的话语权和影响力。

在探索知识产权和标准化战略协同推进方面，工程材料研究院瞄准国家和集团公司重大工程需求，与冶金、制管、油田及施工等相关企业组成创新联合体，坚持以项目攻关为纽带，在石油管材和装备领域，相继攻克了一批关键技术和瓶颈问题。同时，该院以领域内技术重大突破为核心，提出了多项技术先进、指标合理、安全适用的国际标准项目，有效降低了石油管材和装备领域的国际贸易壁垒，增强了产业链的整体稳定性和综合竞争力。

2022年以来，工程材料研究院主导制修订的《石油天然气工业陶瓷内衬油管》等3项ISO标准成功发布，主导制定的ISO标准《复合管件》已完成草案编制，另有3项国际标准和国外先进标准制修订项目正式立项。

钻机配套标准化工作会议举行

2022年5月27日，中国石油和石油化工设备工业协会（简称中石协）标准化管理委员会组织召开了钻机配套标准化工作视频会议。中石协常务副会长袁雨豹出席会议并讲话。会议由中石协秘书长兼标准化管理委员会主任委员张冠军主持。

会议重点围绕是否有必要进行钻机配套标准化、如何做好钻机配套标准化等议题展开研讨。中石油油田技术服务有限公司、中石化石油工程技术服务有限公司、宝鸡石油机械有限责任公司、中石化四机石油机械有限公司、兰州兰石石油装备工程股份有限公司、四川宏华石油设备有限公司等单位的有关领导、专家和专业代表线上参加会议并发言。

会议认为，钻机配套标准化工作势在必行，无论对于钻机用户、主机制造企业及配套件企业，还是对于企业管理、行业发展都具有重要意义。参会各单位一致表示全力支持钻机配套标准化工作，积极参与制定中石协相应团体标准项目。

石油钻采装备材料技术委员会成立

2022年6月8日，中国材料与试验团体标准委员会石油石化工程及装备材料领域石油钻采装备材料技术委员会（CSTM/FC58/TC02）成立大会在宝鸡石油机械有限责任公司召开。

CSTM/FC58/TC02的成立旨在更好落实高水平科技自立自强部署，深入贯彻落实《国家标准化发展纲要》要求，致力于打造系统性、先进性、适用性、多元性、包容性和动态性的材料与试验技术标准及评价体系，加快我国石油钻采装备材料领域团体标准的制修订步伐，为材料产业高质量发展提供强有力的技术质量支撑。

工程材料研究院和宝鸡石油机械有限责任公司联合成立的石油装备材料联合研究中心揭牌仪式同日举行。石油装备材料联合研究中心着眼于"打造一体化合作共赢科技创新联合体，共同提升我国油气装备科技创新水平，端好能源装备饭碗"，保障国家能源安全。石油装备材料联合研究中心将坚持高站位谋划、高标准推进、高质量落实，致力于在长寿命经济型装备材料开发、高性能海洋装备材料及井下工具材料开发、油气输送装备技术、新能源产业发展技术、装备构件轻量化等领域，有力打造联合创新体的示范样板。近年来，工程材料研究院和宝鸡石油机械有限责任公司先后开展了"特殊耐蚀合金及膨胀套管应用性能评价及标准""石油钻采机械用钢体系研究""超深井钻机关键构件新材料新工艺研发及应用"等重大科研项目，取得了显著成效。

炼化设备管理标准化技术委员会召开团体标准立项审查会

2022年6月，中石协炼油与化工设备管理标准化技术委员会召开2022年第一批团体标准建议项目审查会，技术委员会主任委员、中国石化炼油事业部副总经理杨锋主持会议并讲话。

副主任委员周敏、中国石化化工事业部副总经理邱宏斌、中国海油炼化公司安全总监赵岩、中国石化集团总部高级专家王建军、中国石化集团总部高级专家何承厚、中国石化集团首席专家韩建宇、中国石油炼化公司装备管理处处长赵斌、国能集团化工产业管理部项目处副处长臧庆安，委员中国石化炼油事业部设备室经理任刚、中国石油炼化公司装备管理处副处长高俊峰，行业专家蔡隆展、朱晓明、刘小辉等参加审查会。

专家组听取了团体标准建议项目汇报，依据属于技术成熟项目、具有实践应用经验，与现行法律、法规、强制性标准协调一致，为企业急需、技术先进或填补行业空白，在管理模式、技术方法、工艺路线、体系建立等方面具有创新性，高于现行国家、行业相关标准等原则，逐一审查并提出修改意见和建议。经专家评议，《炼油与化工企业设备完整性管理体系要求》《炼油与化工企业设备完整性管理评价标准》《炼油与化工装置设备可靠性数据收集规则》等23项团体标准通过立项审查。待报送中石协标准化管理委员会批复后，各标准项目组将按照审查组专家的意见，有序开展团体标准的研究和编制工作。

本次审查会对炼油与化工设备管理团体标准建设及企业成熟标准实现有效转化具有重要意义，有助于推动建立基于全生命周期的设备管理标准体系，进一步规范企业管理行为和技术实践方法，促进炼化行业安全生产和高质量发展。

中国石化、中国石油、中国海油、国能集团和中国特检院等牵头单位及主要编制单位代表共40余人参加会议。

压裂设备配套标准化工作会议召开

2022年6月13日，中石协标准化管理委员会组织召开压裂设备配套标准化工作视频会议。中石协常务副会长张雨豹、中石协秘书长兼标准化管理委员会主任委员张冠军出席会议并讲话。

会议由中国石油化工集团有限公司科学技术部副总经理、中石协标准化管理委员会副主任委员何治亮主持。中国石油集团工程技术研究院副院长、中石协标准化管理委员会副主任委员刘广华和石油工业标准化研究所原所长、中石协标准化管理委员会副主任委员高圣平发言。

会议重点围绕是否有必要进行压裂配套标准化、如何做好压裂配套标准化等议题展开讨论。中国石油集团工程技术研究院、中国石化石油工程技术研究院、中海油研究总院、中石油川庆钻探有限公司、中国石化油田勘探开发事业部工程室、中石化石油工程公司特种作业管理部、中国石化石油工程技术研究院储层改造研究所、宝鸡石油机械有限责任公司、中石化四机石油机械有限公司、杰瑞石油装备技术有限公司、宏华电气有限责任公司等单位有关领导、专家线上线下参加会议并发言。

会议认为，压裂配套标准化工作势在必行，无论对于压裂施工单位、主机制造企业及配套企业，还是对于企业管理、行业发展都具有积极意义。参会单位表示将发挥各自优势、密切相互合作，全力支持压裂配套标准化工作，积极参与中石协相应的团体标准项目。

2022年第一批团体标准项目计划印发

根据中国石油和石油化工设备工业协会（简称中石协）《团体标准管理办法》有关规定，按照公开、公正、公平的原则，经面向会员广泛征集、专家评审、中石协标准化管理委员会审定，共确定《钻机配套标准化项目》等43项标准项目（见表1）为中石协2022年第一批团体标准计划项目，均为制订项目。

表1 中石协2022年第一批团体标准项目

序号	项目名称	完成时限	牵头单位
1	钻机配套标准化项目	24个月	中国石油天然气集团有限公司
2	压裂配套标准化项目	24个月	中国石油化工集团有限公司
3	插拔式井口快速连接装置	12个月	宝鸡石油机械有限责任公司
4	加氢站设备技术规范	12个月	中石化石油机械股份有限公司氢能装备分公司
5	供氢母站用金属隔膜压缩机安全使用技术规范	12个月	中石化石油机械股份有限公司氢能装备分公司
6	扭力冲击器	12个月	中石化江钻石油机械有限公司
7	石油天然气钻采设备水力振荡器技术与应用规范	12个月	中石化石油机械股份有限公司
8	在役大通径压裂管汇检验维修规范	12个月	荆州市世纪派创石油机械检测有限公司
9	钻井作业设备运行检查规范	12个月	荆州市世纪派创石油机械检测有限公司
10	集输管线用钛合金无缝管	12个月	中国石油集团工程材料研究院
11	海上油田潜油电泵井地面控制系统设计及应用规范	12个月	中海油研究总院有限责任公司
12	深水动态压井钻井泥浆密度动态调节装置规范	12个月	中海油研究总院有限责任公司
13	海上油气田开发项目节能设计指南	12个月	中海油研究总院有限责任公司

(续)

序号	项目名称	完成时限	牵头单位
14	喷熔型铝多孔表面高通量换热管	12个月	大庆石油化工机械厂有限公司
15	动力卡瓦	12个月	江苏如通石油机械股份有限公司
16	高温波纹膨胀节试验方法	12个月	中辽检测（辽宁）有限公司
17	随钻方位电阻率边界探测仪器	12个月	中石化经纬有限公司地质测控技术研究院
18	石油天然气钻采设备压裂防砂闸阀	12个月	江苏恒达机械制造有限公司
19	钢板制超大口径对焊管件	12个月	中石油华东设计院有限公司
20	液氢生产、储运和应用安全技术规范	12个月	中国寰球工程有限公司
21	炼油与化工企业设备完整性管理体系要求	6个月	中国特种设备检测研究院
22	炼油与化工企业设备完整性管理评价标准	18个月	中国特种设备检测研究院
23	炼油与化工装置设备可靠性数据收集规则	18个月	中国特种设备检测研究院
24	炼油与化工装置设备缺陷分类方法	18个月	中国石油化工股份有限公司
25	炼油与化工装置烟气轮机运行管理规范	6个月	中国石油集团渤海石油装备制造公司兰州石油化工装备分公司
26	炼化企业高危泵机械密封技术规范	6个月	中国石油化工股份有限公司
27	炼化企业离心压缩机干气密封技术规范	6个月	中国石油化工股份有限公司
28	炼油与化工装置离心式压缩机组在线监测系统技术规范	6个月	中国石油天然气股份有限公司
29	炼油与化工装置机泵在线监测系统技术规范	6个月	中国石油天然气股份有限公司
30	炼油与化工装置设备润滑管理技术规范	6个月	中海石油化学股份有限公司
31	炼油与化工装置机泵设备维修质量评价	18个月	中国特种设备检测研究院
32	炼油与化工设备腐蚀在线监测技术指南	18个月	中国石油炼油与化工分公司
33	炼油与化工装置定点测厚管理指南	18个月	中国石油天然气股份有限公司兰州石化分公司
34	低负荷生产条件下炼油装置防腐蚀导则	6个月	中石化安全工程研究院有限公司
35	炼油与化工装置停工全面腐蚀检查指南	6个月	中石化安全工程研究院有限公司
36	加氢装置高压空冷系统运行及管理技术规范	6个月	中石化安全工程研究院有限公司
37	炼油与化工装置细小接管完整性管理指南	18个月	中国特种设备检测研究院
38	炼油与化工装置安全仪表系统安全完整性等级（SIL）评估技术规范	18个月	中海油安全技术服务有限公司
39	炼油装置工艺防腐蚀精准加注技术规范	18个月	中国石油化工股份有限公司
40	炼油与化工装置全流程自动控制水平提升管理规范	18个月	中国石油化工股份有限公司
41	炼化企业故障强度评定标准	18个月	中韩（武汉）石油化工有限公司
42	炼化企业保运服务绩效评价标准	18个月	中国石油化工股份有限公司长岭分公司
43	炼化企业联锁可靠性设置规范	18个月	中国石油化工股份有限公司

石油工业标准化技术委员会与美国石油学会签署谅解备忘录

2022年8月，石油工业标准化技术委员会（以下简称油标委）与美国石油学会（API）签署谅解备忘录

（MOU），旨在通过双方在行业标准化领域的紧密合作，推动石油和天然气行业安全、环保与可持续发展。

油标委秘书长杜吉洲表示，油标委与API在标准制修订、学术交流等方面一直保持着良好的合作关系，互动频繁。MOU的签订将进一步加强双方的战略合作，加深学术交流、标准信息分享、培训等方面的合作。展望未来，双方将加强交流互访，更好地推动标准在能源转型与绿色低碳发展方面的支撑作用。

API全球行业服务部高级副总裁Anchal Liddar表示，"我们很高兴与油标委签署这份谅解备忘录，这将使我们两个组织达成战略合作，促进石油和天然气标准化方面工作的进展。双方将通过建立建设性和互利的工作关系，为共同的目标而努力。今天签署的这份文件，在推动标准化工作与行业专家的互访、合作和交流等方面，将发挥关键作用。去年，API发布了其气候行动框架，展示了行业如何在减少排放的同时提供安全可靠的能源。未来，API和油标委将在包括氢能、CCUS和地热等低碳领域有更大的合作空间。"

这份谅解备忘录将提供一个平台，以加强API与油标委在联合培训、行业技术标准沟通、专家会议活动等领域的交流。

中国石油学会标准化工作委员会与美国石油学会签署谅解备忘录

2022年9月，API与中国石油学会标准化工作委员会（以下简称石油团标委）签署谅解备忘录（MOU），旨在通过双方在行业标准化领域的紧密合作，推动石油和天然气行业安全、环保与可持续发展。签字仪式上，API全球行业服务部高级副总裁Anchal Liddar与石油团标委主任委员杜吉洲分别致辞，Anchal Liddar与石油团标委副主任委员何治亮分别代表API与石油团标委签署谅解备忘录。

API在石油团标委成立之初就与其保持着良好的互动，并受邀参加了石油团标委的成立大会。该谅解备忘录的签署，标志着API与石油团标委在团体标准领域建立了长期战略合作关系，双方将共同探索符合市场要求的标准化发展方向，在标准化信息交流、联合论坛、专家会议活动等方面展开密切合作。双方一致希望，以这份谅解备忘录为起点，以更加市场化的方式服务行业用户，推动标准在未来全球油气产业和低碳能源发展中的支撑引领作用。

API全球行业服务部标准与服务副总裁Alexa Burr，API北京代表处首席代表高洁，石油团标委秘书长汪威，石油团标委副秘书长张玉、付伟、毛云萍、惠泉、黄凌等参加本次签约仪式。

团体标准化能力提升高级研修班举办

2022年8月10—12日，中国石油和石油化工设备工业协会（简称中石协）团体标准化能力提升高级研修班在青岛举办。来自全国各地石油石化行业的40多名从事标准化工作的人员参加了研修班，该研修班得到中国石油大学（华东）的大力支持。

研修班邀请了业内资深标准化专家现场授课，授课内容包括：标准化文件的起草、《国家标准化发展纲要》解读、团体标准化发展历程、团体标准化良好行为评价、标准与知识产权问题、中石协标准化组织机构与程序讲解等。

李佳老师是中国标准化研究院副研究员，长期跟踪研究ISO导则1和ISO/IEC导则2，并实质参与多项国内外标准研制项目，是GB/T 1.1—2020、GB/T 20001的主要起草人，GB/T 1.2的第一起草人。

赵文慧老师是《国家标准化发展纲要》宣讲组成员、中国标准化研究院标准化理论战略研究所副研究员，是GB/T 1.1—2009和GB/T 20000.2—2009等国家标准的主要起草人之一。

孙娟老师是宝鸡石油机械有限责任公司企业技术专家、全国石油钻采设备和工具标准化技术委员会钻机标准化工作部秘书长、国际标准化组织 ISO/TC67/SC6 专家委员。

中石协为深入贯彻落实《国家标准化发展纲要》和《关于促进团体标准规范优质发展的意见》，增强行业从事标准化工作人员的业务能力，规范行业团体标准化工作，促进团体标准优质发展，将在全行业举办系列"团体标准化能力提升高级研修班"。参加研修班的学员包括石油石化装备行业从事团体标准化管理工作人员、参与标准编写的专业技术人员、企业标准化相关工作人员等，学员参加研修班学习并经考试合格，将获得中石协颁发的《团体标准化能力提升高级研修班结业证书》，该证书作为具备从事团体标准化管理和团体标准制修订相关工作能力的证明。

企业动态

记载2022年石油石化设备行业主要企业动态

行业概况

大事记

产业政策与规划

行业活动

行业重点工程

装备与产品应用

重大成果与技术

智能制造与绿色环保

标准化工作

企业动态

专题报告

检测机构概况

产业基地概况

中国石油石化设备工业年鉴 2023

企业动态

沈鼓集团混改工作取得重大突破
中国海油庆祝成立40周年
中国海油拟在A股上市
中国石化加快建设氢能装备制造基地
中国海油成立新能源分公司
中国海油在上交所主板上市
中国石油发力新能源装备制造
中集来福士海洋科技集团有限公司成立
宝石机械氢能技术与装备研究中心揭牌
济柴动力有限公司设立三个中心
国内多所石油高校成立新能源学院
中海油物装采购中心揭牌
东方电气集团控股宏华集团有限公司
中国石化发布实施氢能中长期发展战略
沈鼓集团举行建厂70周年重大装备成果发布会
中石化石油机械股份有限公司管理规格调整
兰石集团全力打造钻采装备新增长点
中油绿电新能源有限公司成立
斯伦贝谢更名为SLB　开启重大转型

沈鼓集团混改工作取得重大突破

沈阳鼓风机集团有限公司（简称沈鼓集团）混改工作取得重大突破。2022 年 1 月 5 日，沈鼓集团与由国投招商投资管理有限公司管理的先进制造产业投资基金战略合作签约仪式在沈阳举行。先进制造产业投资基金以增资扩股方式投资沈鼓集团，成为沈鼓集团的第二大股东。这次签约也标志着历时近三年的集团混改取得了决定性成果。国投招商投资管理有限公司董事长、辽宁省副省长、沈阳市委书记等领导出席签约仪式。

通过此次沈鼓集团混改，辽宁省沈阳市吸引中央政府投资基金支持东北地区振兴与发展，实现了三大目标：一是服务制造业强国战略，将沈鼓集团建设成为高端装备制造领域具备国际竞争能力的世界企业；二是激发沈鼓集团活力，通过传承与创新相结合，产品力与经济效益相结合，影响力与价值创造相结合，使沈鼓集团成为沈阳市优质的上市企业；三是优化公司治理体制与运行机制，将沈鼓集团此次混改打造成为国企混改示范工程和标杆案例。

沈鼓集团一直聚焦科技创新，打破国外垄断，有效解决了能源动力行业重大装备"卡脖子"问题。与此同时，沈鼓集团持续深化改革，增强核心竞争力和发展活力，助力企业迈上了新台阶。

实施混改之前，沈鼓集团已对企业改革进行了积极探索，在集团层面完成了"三项制度"改革，在子公司层面完成了部分子公司混改，为此次混改顺利进行奠定了良好基础。在"三项制度"改革中，沈鼓集团建立了"以岗定薪、因能差异、按绩取酬"的薪酬体系，打破原有的"铁饭碗""大锅饭"，使员工的思想从"为企业干"转向"为企业干就是为自己干"。在子公司混改中，坚持"一企一策"、因地制宜、差异化原则，对经营状况好但发展动力不足的子公司，引入民营资本和员工持股，搞活体制机制；对于严重亏损、不具备竞争优势的子公司，实行国有资本有序退出，由全资或控股变为参股，引入民营资本和员工持股，实现轻装上阵。

改革是实现持续发展的关键一环。具体来看，沈鼓集团的混合所有制改革主要有五大特点：

一是优化股权结构，彻底解决国有一股独大的股本结构。沈鼓集团通过增资扩股方式引入战略投资者并扩大员工持股范围，发挥各类资本在资源、技术、机制等方面的优势，取长补短、相互融合，沈鼓集团从体制上成为真正意义的混合所有制企业。

二是引入高度市场化积极股东，完善公司治理，建立结构合理的"四会一层"。先进制造产业投资基金二期拥有丰富的产业资源、企业管理与投资经验。国资股东与战略投资方及员工持股平台按股东出资比例建立权责对等、各司其职、各负其责、协调运转、有效制衡的法人治理结构和灵活高效的市场化经营机制。在公司章程中明确党委、股东大会、董事会、监事会及经理层职责，使董事会成员与经理层完全分离，落实董事会在重大决策、选人用人、薪酬分配等方面的职权，实现董事会决策的专业化、高效化，充分发挥各类股东的优势和作用。

三是经营层全部辞去市管干部身份，转变为职业经理人。公司董事长、总经理由提名制改为董事长由董事会选举、总经理由董事会聘任制度。将核心管理人员中"市管干部、国资委市场化选聘高管、集团党委管理高管"三种身份统一为董事会选聘和管理的职业经理人，实行契约化管理、市场化聘任和解聘，实现从董事长到全体高管由干部到经营人才的统一转变，解决公司班子身份不统一、不平衡问题。

四是建立长期激励和约束机制，突出主业，提高效率。优化沈鼓人才激励约束与员工激励约束的制度，通过实施员工持股及未来股权激励的办法，重点实施人才及员工对企业价值创造的奖励制度，使员工与企业的价值创造紧密相关，分享企业发展成果，提升获得感与价值感。

五是坚持党的领导，将技术创新作为企业可持续发展的牢固根基。沈鼓集团将坚持党的领导与党建工作总体要求在公司章程中明确，并将党组织的机构设置、职责分工、工作任务纳入企业的管理体制、管理制度和工作规范。同时，持续加大企业技术研发与创新体系建设，持续提升企业核心竞争力与国际市场话语权，以更加开放的视野引进和集聚各类人才，加快企业建设。

创新是引领发展的动力。作为高新技术先导型企业，沈鼓集团始终将企业技术进步、追求科技自立自强作为企业高质量发展和转型升级的战略支撑。主持或参与修订行业及企业标准累计 157 项，创建 20 档标准机壳数据库，新一代"6+1"空分压缩机样机研制成功，国产首台 120 万 t/a 和 140 万 t/a 乙烯"三机"相继出厂，国内首套 17 MPa 储气库用离心压缩机在用户现场顺利投运……沈鼓集团国产化攻关再添佳绩，技术支撑作用更加凸显。

不断突破，让沈鼓集团"大国重器"成色十足。2021 年，沈鼓集团完成新产品开发 330 种 /482 台，完成科研项目 147 项，获批市级以上科技项目 22 项，荣获市级以上科技奖励荣誉 44 项。完成工业总产值同比增长

8.9%，其中自营产值同比增长17.3%；营业收入同比增长11.1%；利润总额同比增长近一倍；产品订货同比增长9.5%；出口交货值同比增长47.4%；全员劳动生产率同比增长14.2%。

中国海油庆祝成立40周年

2022年是中国海洋石油集团有限公司（简称中国海油）成立40周年，也是海洋石油工程股份有限公司（简称海油工程）上市20周年。从中国海洋石油梦开启的地方登上历史舞台，到2021年建成"深海一号"大气田投产推动我国海洋石油开发能力全面进入"超深水时代"，在星途大海的漫漫征程中，海油工程完成国内95%以上海上油气工程建设，钢材加工量超过70个国家体育场鸟巢钢结构总重，铺设海底管道管缆总长6 000多km，超过我国从南到北最大距离，充分发挥了海洋油气工程建设国家队作用。

从1982年至今，中国海油走过了整整40年。40年风雨沧桑，40年砥砺奋进，40年阔步前行，40年峥嵘岁月，从莺歌海冒出油苗到圆梦"海上大庆"，从设计水深6.5 m的"海1井"到1 500 m水深的10万吨级半潜式生产储油平台"深海一号"，一代代海油人在蓝色国土上挥洒青春、劈波斩浪，实现了中国海上油气事业从浅水到深水、从陆地到海上、从国内到海外的历史性跨越。

40年来，中国海油与来自21个国家和地区的81家国际石油公司签订228个对外合作石油合同，累计引进外资超2 500亿元，海洋石油也成为中国吸引外资最多的行业之一。

中国海油拟在A股上市

2022年2月24日，中国海洋石油集团有限公司（简称中国海油）IPO上会，接受中国证券监督管理委员会发行审核委员会的审核。根据审核结果，公司人民币股份发行的申请已获通过，这意味着中国海油、中国石化、中国石油国内石油"三兄弟"将会师A股。

公告显示，此次中国海油在上交所主板上市，拟发行不超过26亿股，募资不超过350亿元，用于圭亚那Payara油田、流花11-1/4-1油田、圭亚那Liza油田等项目的开发建设，并补充流动资金。对于中国海油而言，如今在上交所上市可谓恰逢其时！一路狂飙的国际油价以及"十四五"开局能源的强劲需求，都在为中国海油A股上市铺就道路。

2001年2月，中国海油在纽约和香港两地成功挂牌上市，开始角逐国际资本舞台，迈出国际化战略坚定的一步。资料显示，中国海油已累计与来自21个国家的81家国际石油公司签订了200余个对外合作石油合同，海洋石油成为中国吸引外资最多的行业之一。遗憾的是，一个开放包容的国际社会，被美国莫须有的制裁打断。2021年年初以来，中国电信、中国移动、中国联通、中国海油等多家中国企业陆续被纽交所"摘牌"退市。

然而，中国资本市场俨然成为更具吸引力的市场，摘牌对公司而言几乎没有什么影响。一是油价高企为股价托底。受地缘局势及原油供需端错配等因素影响，国际油价进入上行通道。2022年2月24日，俄乌冲突升级，引发原油市场供给担忧，布伦特原油期货价格突破100美元/桶！二是国家顶层设计为企业护航。"十四五"期间，国内能源需求将持续增长，加大勘探开发力度，油气行业高质量发展是国家希冀的大事件。

2022年年初，中国海油公布了2022年经营策略和发展计划。2021年中国海油油气当量产量达到约5.7亿桶（约合7 776万t原油当量），2022年的净产量目标为6亿至6.1亿桶油当量，同比将增长5.3%～7.0%。按照规划，中国海油将继续加大勘探开发力度，计划资本支出900亿～1 000亿元，钻探海上勘探井227口，陆上非常规勘探井132口，采集三维地震数据约1.7万km^2，预计将有13个新项目投产。

就国内富煤贫油少气的资源现实而言，国家需要"三桶油"这样的能源企业确保国内能源长期安全，摆脱能源

"卡脖子"的窘境。2000年以来，伴随国内经济的腾飞，中国油气对外依存度持续攀升。2018年，中国超越日本成为全球最大天然气进口国。至此，中国同时成为了原油、天然气最大进口国。对于一个大国而言，这种进口依赖无疑是一根"软肋"。历史上石油供给曾3次被外国"卡脖子"的教训，深刻证实了这一点。

国家能源局多次明确强调，我国油气对外依存度要控制在合理水平。为了确保能源安全，我国应从科技攻关、体制改革、政策支持等方面切实加大勘探开发力度，保障提升国内原油产量。我们有理由相信，"三桶油"、延长石油等国内企业的通力协作，将撑起中国能源的脊梁。

中国石化加快建设氢能装备制造基地

2022年3月11日，中石化石油机械股份有限公司（简称石化机械）举行氢能装备分公司成立揭牌仪式，这标志着该公司氢能装备产业发展迈入快车道。

作为中国石化唯一的油气装备工具研发、制造与专业技术服务中心，石化机械坚持打造大国重器、支撑油气发展，担当国家战略科技力量，深度融入中国石化"一基两翼三新"产业格局，服务中国石化"打造第一氢能公司"部署，全力建设中国石化氢能装备研发、制造和服务基地，为保障国家能源安全做贡献。

氢能是理想的清洁能源，资源丰富，可通过多种途径获取，具有广阔的发展前景。石化机械充分发挥核心技术攻关、成套装备集成、运维保障服务等优势，注重整合内外部优势技术资源，面向制氢、加氢市场，大力开展氢能压缩机、加氢系统装备、制氢系统装备、氢能智能管控与安全系统等产品研发，着力把氢能装备的"饭碗"端在手上。

在核心技术攻关上，着眼科技自立自强，系统构建氢能装备研发体系，现已形成氢气压缩机、加氢机、顺序控制盘、站控系统等一批氢能装备产品。在生产基地建设上，依托石化机械现有中国石化压缩机国产化基地，高标准布置装配生产线和测试线，实现氢能装备生产过程的流程化、标准化、规模化。在集成方案确立上，实施"一站一策"，严格执行最新国家和中国石化相关标准，根据客户需求合理配置氢能装备系列产品，制定加氢站成套解决方案。

2021年11月，在中国石化首座自主建设的以氢能为主、集合多种能源为一体的综合加能站——湖北石油武汉群力综合加能站，石化机械提供了安全、规范、高效的加氢成套解决方案，实现了当年投入研制、当年产出成果的良好开局，得到武汉市和中国石化等有关方面的高度好评。

石化机械面向氢能装备产业发展，坚持"倾我所有、尽我所能"，持续突破核心技术、升级关键装备、优化成套方案、打造专业团队，为建设氢能强国贡献石化机械力量。

中国海油成立新能源分公司

2022年4月13日，中国海油正式成立中海石油（中国）有限公司北京新能源分公司（简称新能源分公司），中国海油董事长出席了在北京昌平未来科学城举行的揭牌仪式并致辞。

新能源分公司的主要业务为开展海陆风光发电、加大CCUS科技攻关、探索培育氢能等。中国海油董事长在致辞中表示，新能源分公司要进一步突出海洋优势，注重融合协同，加快发展海上风电，择优发展陆上风光，因地制宜发展氢能业务，加强CCUS技术研发，探索发展多能互补综合能源供应系统，努力实现中国海油"十四五"末新能源新产业收入占比达到10%的目标。他强调，中国海油组建新能源分公司、布局发展新能源业务，是进一步贯彻落实党中央"双碳"战略决策部署的重要举措，也是公司主动适应全球能源体系变革的迫切需求。公司要扎实做好顶层设计，加快核心技术攻关，持续强化基础管理，抓好人才队伍建设，努力开创中国海油"二次创业"新局面，为我国加快构建现代能源体系、保障国家能源安全贡献更大力量。

在中国海油2021年上半年财务业绩发布会上，中国海油董事长宣布了新的新能源投资发展规划："整个'十四五'期间，中国海油在可再生能源领域的投资达总投资的5%~10%。到2050年，中国海油的目标是至少50%的利润来自新能源。"

此前，中国海油设定到2025年每年在新能源项目上投入总投资的5%的目标，这一比例将在"十四五"后期增长到10%。为实现这一目标，中国海油2021年已组建新能源业务部门。2022年1月11日，中国海油披露的2022年经营策略和发展计划中提出，到2025年，目标获取海上风电资源500万~1 000万kW，装机150万kW；获取陆上风光资源500万kW，投产50万~100万kW。

为了突出海洋优势，积极布局海上风电、光伏、氢能等领域，中国海油集团公司旗下有4家新能源企业：

中海油融风能源有限公司，2019年5月30日成立，注册资金为20亿元，经营范围包括风力发电、太阳能发电项目的开发、建设及经营管理，从事清洁能源、新兴能源科技领域内的技术开发、技术转让、技术服务、技术咨询等。公司成立2年后，中国海油首个海上风电项目——江苏海上风电场实现全容量投产运行。

中海油能源发展股份有限公司清洁能源分公司，2021年1月1日起正式运行，重点培育以海上风电为核心的新能源产业，大力推动海上风电发展，探索分布式能源、地热能、氢能等清洁能源。

中海油（海南）新能源有限公司，2021年12月21日成立，以风电建设为重点，以光伏和气电融合并举，分布式能源为补充，发挥比较优势，建设具有中国海油特色的综合能源公司。

中海石油（中国）有限公司北京新能源分公司，2022年4月13日成立，主要开展海陆风光发电、进行CCUS科技攻关、培育氢能等业务。该公司将助力中国海油进一步突出海洋优势，加快新能源业务的发展，探索建立多能互补的综合能源供应系统。

2022年8月1日，中国海油新能源广东总部在中山市落地，该总部项目统筹广东、广西等区域新能源产业发展，主要聚焦海上风电、陆地光伏等项目开发运营。8月2日，中国海油新能源福建总部项目落地福州，将统筹管理中海油在福建的新能源业务，投资开发建设海上风电、光伏发电、氢能等绿色低碳能源项目。

中国海油在上交所主板上市

2022年4月21日，中国海油成功登陆上海证券交易所主板，股票代码为600938，发行股价10.80元，开盘后股价瞬间拉涨至15.55元，涨幅44%，达到主板新股上市首日最大涨幅限制。

中国海油作为全球最大的独立油气及生产集团之一，业务范围覆盖浅水、深水、超深水，在海洋油气领域占据绝对优势。自成立以来，中国海油参与众多世界级油气项目，资产遍布世界20多个国家和地区。

中国海油拥有国内第一大原油生产基地——渤海油田，2021年原油产量达3 013.2万t，南海万亿立方米大气区正在加快建设，南海东部油田油气年产量在2021年突破2 000万m^3油当量。2021年，中国海油国内原油增产量在全国总增量中占比达80%左右，成为我国新的油气产量增长极。

中国石油发力新能源装备制造

1. 中油技开——深度挖掘行业资源

中国石油技术开发公司（简称中油技开）积极探索新能源领域，2021年6月成立新能源市场营销工作组，通过广泛调研对国内外新能源行业发展情况进行摸底，对国内光伏和风电行业优秀资源厂家进行考察和调研，建立合作机制，有效积累了行业资源；对新能源在石油领域的应用进行深入研究,提出多能互补平台在传统油气开采中应用的技术模型,进行效益比对、推广验证;利用公司丰富的国际营销网络资源,针对国外新能源市场信息,在国家法律、行业政策、项目实施现状和未来国家规划等方面进行研究,为下一步海外市场开发奠定了基础。

2. 宝石机械——光伏发电、风电、储能齐发力

宝鸡石油机械有限责任公司(简称宝石机械)积极开展光伏发电业务,围绕新疆绿色能源产业化发展示范基地建设,结合装备研发制造基础,努力拓展风电、储能等新能源业务。

自 2017 年以来,宝石机械利用厂房屋面和停车场顶棚开展光伏发电,安装光伏板 84 345 m^2,累计发电 2 077.08 万 kW·h。2022 年计划新安装光伏板 14 万 m^2,建成 10MW 光伏电站,新增年发电量能力 1 200 万 kW·h,为实现节能降耗、绿色替代再发力。同时,积极参与集团公司新能源科技项目——先进储能与风光气电多能融合关键技术开发及规模化应用示范研究,着力攻关近海风电机组研发关键技术,培育公司海洋风电装备设计制造能力;系统调研氢能产业链装备路线,深入开展运氢、储氢等氢能技术和装备研发,积极稳妥开展新能源装备培育,优化拓展公司产品集群。

3. 宝鸡钢管——新能源管材制造进入新阶段

宝鸡石油钢管有限责任公司(简称宝鸡钢管)一方面加强绿色前沿储备技术攻关,打造应用于清洁低碳能源的管材产品,另一方面加快绿色制造转型发展,打造低耗节约型、环境友好型绿色制造工厂。正在实施的螺旋焊管生产线技术改造升级暨新能源管材制造项目建设进入新阶段。该项目建成后,可生产低碳微合金钢、耐蚀合金钢、双金属复合材料等多种材料的管材,具备厚壁、小径厚比、多种焊接方式等特点,可充分满足纯氢/掺氢天然气输送、二氧化碳输送等新能源用管材,深海油气、超低温 LNG 输送用管材以及陆地油气输送管材的需求。利用 11.9 万 m^2 厂房屋面资源,合作建成首个装机容量为 4MW 的分布式光伏电站,4 年来累计发电 1 300 多万 kW·h,实现二氧化碳减排 1 万余 t。

4. 济柴动力——不断完善"8+1"产业体系

2022 年,中国石油集团济柴动力有限公司(简称济柴动力)积极布局新能源业务,推进新能源装备制造基地建设,依托天然气压差发电技术及装备研究、电化学储能系统技术及应用、二氧化碳压缩机项目、加油机器人研制、天然气终端分布式能源发电、气化水运项目、富氢气体发动机及氨内燃机研制、加氢站压缩机技术研究 8 个技术研发平台和济柴智慧能源服务站的 1 个保障平台的"8+1"产业体系,持续推进发动机、压缩机配套产品装备的研发制造。二氧化碳压缩机项目完成流速、腐蚀、相态控制等关键技术研究。天然气压差发电技术及装备研究项目已确定示范场景,正开展详细设计,进行零部件预投,进一步推动企业新能源业务驶入"快车道"。

4 月 18 日,济柴动力正式推出济柴 750kW 燃气发电机组。该机组是济柴动力为满足瓦斯和沼气等气体发电市场需求、践行低碳发展理念而全新打造的绿色装备利器,填补了济柴动力该功率段产品空白,具有节能环保、动力强劲、安全可靠、经济实用、寿命更长等特点,将整体提升我国气体发动机装备水平。

5. 渤海装备——积极布局绿色低碳产业

中国石油集团渤海石油装备制造有限公司(简称渤海装备)积极布局光伏"赛道",加快生产用能替代。福建钢管公司光伏项目等三个光伏项目全部建成后,可利用建设面积 50 万 m^2 以上,装机容量 50MW 以上,年发电 5 000 万 kW·h 以上,减少碳排放 5 万 t 左右。另外,为冀东油田地热开发"量身订制"3 套大排量地热排采潜油电泵机组,6 套大排量、高扬程地热排采电泵在雄安新区地热开发重点项目中得到应用。公司自主开展输氢管线、阀门技术研发,成功研制出应用于国内第一条长距离富氢焦炉煤气管道(乌海 - 银川管道)的直缝埋弧焊钢管和弯头产品。

6. 工程材料研究院——新能源材料研发多点开花

中国石油集团工程材料研究院有限公司(简称工程材料研究院)积极开展输氢、储氢、储能材料、地热等新能源领域材料研究和工程应用实践。在管道输氢领域,工程材料研究院经过研究掌握了氢环境对高钢级管线钢性能影响规律,形成了天然气管道混氢输送适用性评估技术;在储氢容器领域,建立一套适合我国国情的氢气瓶性能指标体系,提出了各项指标的评价方法准则以及试验验证方法,推动了我国氢燃料电池中金属内胆的Ⅲ型瓶向更符合当前行业需求的塑料内胆的Ⅳ型瓶升级的应用进程;在储能材料领域,采用自主研发的超声辅助静电纺丝技术,研究制备了高离子电导率、高稳定性和良好力学性质的 MOF 基三维凝胶电解质,在固态电池和锂硫电池领域展现很好的应用前景;在地热资源领域,通过材料高温细观力学行为及宏观关键力学性能指标的研究,为管材选材性能指标提供数据基础,完成对新兴清洁能源——干热岩地热资源开发过程中高温环境工况下管材性能指标采集。

中集来福士海洋科技集团有限公司成立

2022年5月23日,中集来福士海洋工程(新加坡)有限公司(简称新加坡来福士)、深圳南方中集集装箱制造有限公司(简称南方中集)与烟台国丰投资控股集团有限公司(简称烟台国丰集团)正式签署合资合同,成立烟台中集来福士海洋科技集团有限公司(简称海洋科技集团)。公告信息显示,新成立的合资公司注册资本为50亿元,将重点发展高端海上油气生产装备、海上风电、海水淡化等海洋新业务。

中国国际海运集装箱(集团)股份有限公司(简称中集集团)是全球领先的物流及能源行业设备及解决方案供应商,主要从事集装箱、道路运输车辆、能源/化工/液态食品装备、海洋工程装备、空港装备的制造及服务业务。根据2021年度业绩报告,公司海洋工程业务保持国内海上油气顶尖装备制造能力。中集集团旗下公司中集来福士海洋工程有限公司(简称中集来福士)助力全球首座十万吨级深水半潜式生产储油平台"深海一号"能源站交付,建造全球最大双燃料冰级滚装船RORO 1#。"蓝鲸1号"超深水半潜式钻井平台完成我国首个深水自营大气田"凌水17-2"开发井的钻井工作。"蓝鲸1号"由中集来福士自主设计建造,有着"大国重器"之称。

中集集团的海工业务属于公司的拓展业务,占比并不大,多年来该板块长期处于亏损状态。财报数据显示,2021年,中集集团海洋工程业务的营业收入为54.40亿元,净亏损20.18亿元,而2020年同期净亏损19.43亿元。早在2021年6月30日,中集集团就与烟台国丰集团签署了《关于共同设立深海产业发展引领平台之战略合作协议》,双方拟整合优质资产,共同推进深海产业的发展。2021年12月16日,中集集团董事会审议通过,同意公司非全资子公司新加坡来福士、全资子公司南方中集与烟台国丰集团签署《关于共同设立烟台中集来福士海洋科技集团有限公司之合资经营合同》,签约各方共同出资注册成立海洋科技集团。中集集团在最新公告中表示,希望通过与烟台国丰集团合资,整合在烟台的海工相关资产。此次交易是依托各方的资源优势,不断提高产品质量,提高劳动生产率,增强公司产品竞争力,从而获得满意的社会效益和经济效益。对于其海工板块而言,此次交易可以带来增量现金,同时降低集团海工板块的资产负债率,更重要的是可以带来烟台市海洋产业发展的重要资源,深入推进中集集团海工业务的升级转型。

宝石机械氢能技术与装备研究中心揭牌

2022年5月26日,西安交大-中油国研氢能技术与装备研究中心揭牌仪式在宝石机械举行。宝石机械总经理在致辞中指出,立足当前,规划长远,宝石机械将构建清洁低碳、安全高效的能源体系,积极有序发展氢能源,充分发挥双方技术优势与产业优势,共同推进氢能技术交流合作,紧扣国家战略、顺应发展潮流,通过优势互补、产学互融,必将促进氢能技术及装备取得突破性进展,也必将为我国绿色低碳转型发展做出应有贡献。

中油国家油气钻井装备工程技术研究中心有限公司(简称中油国研)作为宝石机械科技体制改革后设立的全资子公司,是行业唯一的国家油气钻井装备工程技术研究中心,立足于国家能源战略发展需求,以突破行业共性、关键核心技术为目标,充分发挥科技创新"支撑当前、引领未来"的作用,以雄厚的实力、先进的技术,支撑和助推企业高质量发展。此次与西安交大携手合作,正是宝石机械紧扣国家战略,推动中国石油新能源战略落地、实现可持续发展的重大举措。揭牌仪式上,双方代表签订了国家重点研发计划"氢能技术"专项联合申报协议,联合开展两项国家课题立项,标志着研究中心工作正式启动。此次揭牌,标志着宝石机械在新能源领域迈出了坚实的一步,将为新能源装备的研制提供强大的技术支撑。

济柴动力有限公司设立三个中心

2022年5月28日，济柴动力有限公司召开会议，为三个中心举行揭牌仪式。其中，为了进一步开发山东省分布式能源市场，快速推进集团公司新能源业务发展，济柴动力与中国石油天然气股份有限公司天然气销售山东分公司共同成立"气电项目部"，以联合办公的形式，加速推动分布式能源项目落地见效；为丰富分布式能源领域的产品链条，推动燃气轮机在石油化工、工业园区、数据中心等终端用户项目中的应用，锻炼培养燃气轮机专业人才，助力企业加快实现绿色转型，济柴动力与中国航空燃气轮机有限公司合作成立了"燃气轮机市场服务中心"；济南市长清区在济柴动力设立"新能源产业孵化培育及制造基地"，该基地投入运行后，公司将依托现有发动机、压缩机技术及产能基础，形成新能源产品和成套解决方案，着力开展氢能动力装备的储备研发，在长清区政府的大力支持下，积极建设新能源孵化培育及制造基地，聚焦"8+1"新能源产业体系的打造，加快孵化培育一批新能源技术及装备，形成规模产业，助力地方经济发展。

济柴动力总经理指出，实现碳达峰碳中和，是党中央经过深思熟虑做出的重大战略决策，是我国对国际社会的庄严承诺，也是推动高质量发展的内在要求。作为中国石油天然气集团有限公司旗下唯一的动力装备研发制造服务企业，济柴动力认真贯彻落实集团公司党组清洁替代、战略接替、绿色转型的"三步走"总体部署，在上级部门、驻地政府和合作伙伴的关心支持下，启动建设新能源产业孵化培育及制造基地，全面推动绿色转型发展。2021年以来，济柴动力聚焦减碳、用碳、替碳、埋碳，坚持科技自立自强，在碳捕获利用与封存、天然气压差发电、电化学储能、分布式能源发电、气化水运、智能加油、氢能利用、氨能利用等领域，大力推进新能源装备研发和技术攻关，科技成果转化取得了阶段性成效，7款绿色高端产品将在2023年问世。面向未来，济柴动力将坚决贯彻落实"能源的饭碗必须端在自己手里"的重要指示要求，牢牢把握"十四五"窗口机遇期，依托新能源产业孵化培育及制造基地，深入推动技术创新、业务创新、商业模式创新，着力打造绿色高端的产品体系和清洁低碳的业务体系，在高科技、高效益和低排放领域培育新动能，推动企业实现更大规模、更有效益、更高质量、更有竞争力发展，为长清区加快建设新时代社会主义现代化山水魅力中心城区，为济南市努力开创新时代社会主义现代化强省会建设新局面，为中国石油建设基业长青的世界一流综合性国际能源公司积极贡献济柴力量。

会议现场展示了济柴动力有限公司新能源"8+1"产业体系，重点展示了L12V200天然气发动机、JC15CT天然气发动机、电化学储能柜及储能部件、冲击负载补偿装置、加油机器人样机，以及与中国航空燃气轮机有限公司合作推广的3款燃气轮机产品模型；同时以展板形式，介绍了天然气压差发电设备、CCUS压缩机、加氢站压缩机、富氢气体发动机、智慧能源服务站项目概况。其中，L12V200天然气发动机单机功率可达1 320kW，配套成兆瓦级燃气发电机组，可满足分布式能源、数据中心等领域对大功率气体发电机组的需求。该产品的研制成功，为我国清洁能源利用提供了新的装备。

国内多所石油高校成立新能源学院

2022年6月7日，西安石油大学隆重举行新能源学院成立揭牌仪式。至此，国内已有多所石油高校顺应转型趋势成立新能源学院，致力于培养更多复合型能源人才，为对能源行业感兴趣的学子提供了更为广阔的舞台和更为多样化的专业选择。

近年来，随着能源转型和"双碳"目标的提出，石油高校也顺应时代发展大势，纷纷成立新能源学院、建设新能源学科，昭示着石油高校进行自我完善升级的决心和信心。中国石油大学（北京）率先示范，于2018年成立新能源与材料学院，三年后又揭牌成立三个新的学院：碳中和未来技术学院、碳中和示范性能源学院、数智油气现代产业学院。中国石油大学（华东）于2019年开始打造古镇口科教园区，总投资约15亿元，重点布局建设新能源、新材料、高端化工、海洋等学科领域，并在"双碳"领域谋划专业布局，首批推出碳中和与能源系统管理、智慧油气工程、能源治理与法律等7个微专业项目，全面推动双碳人才培养。西南石油大学于2020年成立新能源与材料学院，东北石油大学也牵头完成一批新能源项目。

从近几年"三桶油"及国家电网等大型能源央企的招聘来看，新增了新能源相关的岗位。例如：风电工艺工程师，氢能工程师，新能源类、经济类及环境类科研岗位等。岗位招聘对新能源类专业、电气及自动化类专业、能源经济与环境政策类专业的需求有所增加。石油高校作为和行业联系紧密、特色鲜明的能源类高校，根据形势变化，增设新能源学院、碳中和学院，并赋能传统专业，是满足企业人才需求、适应能源产业人才结构转型的必然选择。除了增设新专业，石油高校还开设了绿色低碳通识课程，并在与"双碳"紧密相关的专业中增设新的专业方向和课程。同时，注重多学科交叉汇聚与多技术跨界融合，聚焦前沿领域，跨学科组建科研和人才培养团队。

中海油物装采购中心揭牌

中国海洋石油物装采购中心（简称物装采购中心）揭牌仪式于2022年6月22日在京举行。中国海油党组书记、董事长出席揭牌仪式并致辞，与物装采购中心领导班子、相关部门负责同志座谈，听取意见建议，部署重点工作。集团公司党组成员、副总经理周立伟出席揭牌仪式，参加座谈会并就相关工作提出要求。

中国海油董事长在致辞中指出，物装采购中心要牢记初心使命，围绕集团公司"1534"总体发展思路，坚持"全球视野、国际标准、海油特色、质量效益"工作要求，确保支持服务"三大工程""一个行动"等各项工作走深走实，为公司高质量发展贡献新价值。

他强调，要聚焦油气主责主业，始终秉持"以客户为中心"的发展理念，全力做好生产经营物资保障，加快推动公司供应链高质量发展，为打造一流产业竞争力贡献新价值；要聚焦高水平科技自立自强，扎实推进关键设备设施国产化替代，努力用我们自己的装备开发油气资源，为打造一流科技竞争力贡献新价值；要聚焦降本提质增效，持续扩大集采规模，不断增强市场议价能力和话语权，为打造一流成本竞争力贡献新价值。

就做好下一步重点工作，中国海油董事长提出了具体要求。要提高政治站位，深入学习坚决贯彻落实建设海洋强国、加快深海油气资源勘探开发指示精神，胸怀"国之大者"，主动融入公司发展大局，在推进"三大工程"中展现更大担当作为。要夯实基层基础，持续提升采购招投标规范化水平。要坚持问题导向，聚焦薄弱环节，建立健全制度体系，严格落实各项要求，加快构建采购招投标管理体系，不断夯实基层基础能力；要进一步提高集采规模，努力实现集采目标任务；要加强重点环节管控，持续审核优化供应商管理，加强专家动态管理、合同执行管控等，不断提升合规管理水平。要加快数字化转型，大力推进供应链数字平台建设。要把推动数字化转型作为提升管理能力水平的重要手段，加强数据治理，进一步整合相关信息资源，持续完善数据信息采集、整理等工作流程，全面提升数据管理能力，实现供应链管理规范化、现代化、数字化、智能化；要加强内部单位之间的沟通协调、合作交流和学习借鉴，共同推进公司设备、材料、物资的标准化、体系化、国产化建设。要加强队伍建设，着力培育专业化人才队伍。要把团结队伍、提升纪律、提高素质作为重点工作，以深化三项制度改革为契机，建立市场化任用、考核、激励机制，进一步激发队伍活力；要强化能力建设，及时开展专业知识宣传贯彻和培训；要学习规则、用好规则，依法办事，依规行事；要加强作风建设，践行"严实快新"作风；要提高工作能力，提高需求响应能力。要打造廉洁文化，深入推进党风廉政建设和反腐败斗争。要深入学习贯彻习近平总书记在中央政治局第四十次集体学习时的重要讲话精神和在十九届中央纪委六次全会上的重要讲话精神，保持清醒头脑，做到时刻自警、自醒、自重，牢牢守住拒腐防变底线。物装采购中心临时党委要履行好主体责任，派驻纪检组要履行好监督责任，同向发力，盯紧重点领域和关键环节，加强全方位、全覆盖、全过程监督，推动全面从严治党向纵深发展；要坚持开展特色廉洁教育，广大党员领导干部要坚决做到政治过硬、作风过硬、能力过硬，争做廉政建设的表率；要强化自我约束、自我监督。

东方电气集团控股宏华集团有限公司

2022年7月5日，中国东方电气集团有限公司所属宏华集团有限公司（简称东方宏华）召开干部大会，会上宣读了国务院国资委关于宏华集团有限公司部分股份无偿划转有关事项的批复，东方电气集团无偿受让中国航天科工集团所持有的宏华集团有限公司的股份。东方宏华正式成为东方电气集团控股企业。

东方电气集团党组书记、董事长指出，本次股权划转是服务国家发展大局，推动央企战略性重组与专业化整合的生动实践，推动了能源装备领域国有资本的集中，有利于提升资源配置效率、增强能源装备核心竞争力，有利于巩固国家能源安全供给能力，有利于进一步推动能源产业链、价值链融合发展。本次股权划转也是东方宏华实现高质量发展的重要契机，双方的战略性融合，必将实现1+1>2的效果，促进企业发展质量迈上新台阶。

他要求，东方宏华要立足新起点、整装再出发，本着为国家负责、为企业负责、为员工负责的使命，以新面貌踏上新征程，全力加快推动东方宏华再创辉煌。要牢固树立"领先战略"意识，不断增强竞争力、创新力、控制力、影响力、抗风险能力；要加快推进融合协同，强化"一盘棋"意识，加快融入东方电气集团，提升发展合力；要充分激发内生活力，以体制更合理、机制更灵活、管理更高效、激励更有效为目标，坚定不移推进深化改革；要依法合规严控风险，加强企业法治建设、风险防范、合规管理及内控管理；要持续加强党的建设，推进全面从严治党向纵深发展，着力营造风清气正的良好政治生态。

他强调，东方宏华的未来发展始终与广大干部职工紧密关联，需要通过大家齐心协力、共同奋斗得来。发展过程中可能有艰难险阻、可能有磨砺考验，但道路虽远、行则将至、做则必成。只要凝心聚力、砥砺奋进，牢固树立推进企业发展的责任感和使命感，坚定保持为企业发展奋进拼搏的昂扬斗志，团结一致合力推动企业向前迈进，坚决做到守纪律、讲规矩，始终保持良好的工作作风，一定能够在新的征程上再度谱写新的华章。

东方宏华党委书记、董事长表示，东方宏华迎来一次新的发展机遇，全体干部职工将树立"不等、不靠、不要"的责任感，坚持"宏华发展，舍我其谁"的奋斗精神，以新姿态、新干劲、新作为奋力开创东方宏华发展新局面。

奋楫扬帆正当时，砥砺前行谱新篇，东方宏华未来发展无限可期。东方电气集团将坚持以习近平新时代中国特色社会主义思想为指导，全面贯彻落实习近平总书记重要指示批示精神，落实国家能源安全新战略，勇担央企责任使命，凝心聚力携手擘画新宏图，奋勇争先昂首再谱新华章。

中国东方电气集团有限公司是中央管理的涉及国家安全和国民经济命脉的国有重要骨干企业，是全球最大的能源装备制造企业集团之一。东方电气集团以"绿色动力、驱动未来"为己任，加快推进绿色智造转型，形成了"六电并举、五业协同"的产业格局，致力于为客户提供能源装备、绿色低碳装备、高端智能装备于一体的综合能源解决方案，着力打造具有全球竞争力的一流电气集团。

宏华集团有限公司成立于2007年，前身为1997年改制的川油广汉宏华有限责任公司，2008年在香港联交所主板上市，是中国第一家上市的钻机制造商，2017年成为中国航天科工集团控股子企业。宏华集团专业从事油气勘探开发装备的研究、设计、制造，总装成套的大型设备制造及钻井工程服务，是中国最大的石油钻机成套出口企业和全球最大的陆地石油钻机制造商之一，是全球电驱压裂设备制造和服务的领军企业之一。

中国石化发布实施氢能中长期发展战略

2022年9月2日，中国石化发布实施氢能中长期发展战略，加快打造中国第一氢能公司，远期力争成为世界领先氢能公司的发展目标。公司将按照"加氢引领、绿氢示范、双轮驱动、助力减碳"的思路，聚焦氢能交通和绿氢炼化两大领域，大力发展氢能一体化业务，引领氢能产业链高质量发展。

根据中国石化氢能中长期发展战略，公司将以打造规模最大、科技领先、管理一流的中国第一氢能公司为目标，围绕氢能交通、绿氢炼化两大领域积极推进产业示范，从三个方面发展氢能业务。

加强产业培育，推动氢能产业高质量发展。中国石化将坚持"国家有布局、市场有需求、发展有效益、战略有协同"原则，按照"油气氢电服"一体化综合能源服务的思路，积极稳妥推进加氢站网络布局。规划到2025年，建成加氢能力12万t/a左右，全力满足消费终端加氢需求；在现有炼化、煤化工制氢基础上，大力发展可再生电力制氢，进一步扩大清洁绿色氢气生产利用规模，重点抓好绿电制绿氢重大示范项目布局建设，逐步在炼化领域替代化石原料制氢，推动工业领域深度脱碳；积极联合各方优势资源，推动建立全国性氢气生产、利用、加氢站网络及科技装备等产业链数据库，建立信息共享机制，为我国氢能产业发展提供基础数据支撑，带动全产业链高质量发展。

强化创新引领，推动氢能产业高质量发展。中国石化将加大技术攻关力度，力争在高性能燃料电池催化等石化材料、质子交换膜电解水制氢、加氢站关键设备国产化等领域实现更大突破，为实现氢能产业链自主可控作出更大贡献。积极参与产业标准体系制定，推动技术创新与标准融合发展，为氢能产业稳健发展提供保障。同时，中国石化将聚焦产业链薄弱环节，构筑以骨干企业为牵引、高校院所联合攻关的创新联合体，积极引导搭建国家级创新平台，着力构建高效协作创新网络，共同推动氢能技术与装备国产化进程。

深化战略合作，推进产业链供应链创新链协同发展。近年来，围绕氢能和燃料电池汽车产业，中国石化与国内主要能源企业深化互利合作，战略投资上海重塑、中鼎恒盛、海德利森、国富氢能、上海舜华、中科富海等产业链头部企业，与法液空签署合作备忘录，与康明斯签署合作意向书并成立合资公司生产质子交换膜电解水制氢装置，取得了很好的合作成果。2022年7月14日，中国石化成功举办"氢能应用现代产业链建设推进会暨高质量发展论坛"，并与河南机场集团、宝武清洁能源公司、一汽解放、中国氢能联盟、中国船级社、上海交大氢科学中心、武汉绿动氢能技术公司等8家单位签署氢能产业链建设合作协议，共同谋划携手打造氢能应用现代产业链，推动氢能产业高质量发展。

下一步，中国石化将以更加开放的态度，联合各政府产业基金、金融机构以及产业链上下游重点企业，共同发起设立氢能产业创新发展平台，支撑构建产业链完整、分工协作、共同发展的新兴产业生态体系。中国石化将与产业链相关企业携手共进、砥砺前行，共同做氢能产业高质量发展的参与者、实践者、推动者，共同激发氢能发展的"链式反应"，释放能源革命的强大力量。

沈鼓集团举行建厂70周年重大装备成果发布会

2022年11月2日，沈阳鼓风机集团股份有限公司（简称沈鼓集团）建厂70周年重大装备成果发布会在沈阳举行，来自国家部委、行业协会及地方政府的有关领导、行业客户、工程设计院、科研院所代表等出席盛会，共同祝贺沈鼓集团70年发展所取得的丰硕成果。

发布会主题为"增强核心装备自主可控，助力能源化工行业绿色、低碳发展"，回顾沈鼓集团70年发展成果，汇报新形势下重大技术装备低碳、绿色发展的新举措，集中展示和推介了沈鼓集团全新研发的具有典型性、领先性的包括大型烯烃装置用压缩机组、SACC（6+1）系列大型空气压缩机组、空气储能系统解决方案等在内的15项重大装备新品。沈鼓集团落实"时不我待推进科技自立自强，只争朝夕突破'卡脖子'问题"的总体要求，迈出了向更高目标挺进的铿锵步伐。

沈鼓集团党委书记、董事长兼CEO致欢迎词，他回顾了沈鼓集团70年的发展历程，向长期以来支持沈鼓集团的各级领导、行业协会、广大客户和合作伙伴等表示感谢，并描绘了沈鼓集团未来发展的美好蓝图。他表示，站在新的历史起点，全体沈鼓人将与广大客户、合作伙伴同心创业，踔厉奋发，勇毅前行，为保障我国能源化工行业低碳、绿色发展和核心装备安全自主可控继续当先锋、打头阵，为全面建设社会主义现代化国家贡献沈鼓力量！

沈鼓集团发布的15项重大装备新品是：大型烯烃装置用压缩机组、SV系列多级悬臂组装式工艺气压缩机组、SACC（6+1）系列大型空气压缩机组、大型齿轮一体式空气压缩机组、空气储能系统解决方案、40 MPa等级单缸双段式天然气离心压缩机组、大型FLNG装置用混合冷剂压缩机组、大功率向心/轴流式膨胀发电机组、多轴齿轮增速型二氧化碳机组、SWA系列轴流压缩机组、EVA用超高压压缩机组、迷宫压缩机组、CAP1400屏蔽电机主泵、6W10/100型撬装式往复式空压机、面向"双碳"目标的流体机械系统高效节能技术。

中石化石油机械股份有限公司管理规格调整

2022年11月2日，中国石化集团公司党组以视频会议形式宣布对中石化石油机械股份有限公司（简称石化机械）领导班子管理规格调整的决定。集团公司人力资源管理领域首席专家、党组组织部副部长、人力资源部副总经理、党组编制办副主任张仕江出席会议并讲话，石化油服董事长、党委书记陈锡坤主持会议，集团公司党组组织部领导人员管理室副主任赵婷婷宣读任职文件。

中国石化集团公司党组研究决定，石化机械领导班子管理规格由大二型调整为大一型，党组研究决定：谢永金任石化机械董事长、党委书记（按大一型企业正职管理），仍任集团公司石油石化装备领域首席专家；王峻乔任石化机械副董事长、总经理、党委副书记（按大一型企业正职管理）；杨斌任石化机械财务总监、党委委员（按大一型企业副职管理）；刘强任石化机械副总经理、党委委员（按大一型企业副职管理）；王新平任石化机械党委副书记、纪委书记、工会主席、监事会主席（按大一型企业副职管理）。

谢永金代表石化机械领导班子发言表示，石化机械将不负集团公司党组的期望和重托，认真贯彻落实党组决策部署，深入实施"培育单项冠军，推进两个转型，打造百亿企业"战略，坚定不移推进公司发展全面上台阶，打造产业强、科技强、人才强、管理强的综合竞争优势，着力推动石化机械以更强实力迈向美好未来。一是讲政治强党建，进一步提振干事创业精气神。认真学习好、宣传好、贯彻好党的二十大精神，严格落实全面从严治党要求，扎实推进"牢记嘱托、再立新功、再创佳绩，学习贯彻二十大精神"主题行动，认真履行党委书记第一责任人职责，一天当作两天干，确保圆满完成全年各项目标任务。二是促改革谋创新，进一步打造升级发展强引擎。突出重点抓好深化改革三年行动任务落实落地，不断把企业改革向纵深推进，进一步发挥改革提效率、增活力的重要作用。聚焦服务集团公司、担当国家战略科技力量，打造原创技术策源地，建设世界领先企业。三是拓市场严管理，进一步夯实高质量发展基础。带头扛好"打造大国重器，服务油气开发"的使命担当，坚持在为客户创造价值的过程中赢得市场机遇。坚持从严管理、精细管理、精益管理，推动"三基"工作与精益管理有机结合，把石化机械打造成为规范有序、运营高效、风险受控、持续发展、竞争力强的上市公司。

王峻乔在发言中表示，今后将继续和班子成员一道勠力同心，克难奋进，以更加优异的业绩，回报组织的重托与期望。一是加强政治建设，自觉做对党忠诚的表率。认真贯彻落实集团公司党组决策部署，聚集油气勘探开发和新能源主战场，努力推动技术进步和产品升级，矢志不渝打造能源装备领域的"大国重器"。二是勇于攻坚克难，自觉做务实创新的表率。保持开拓奋进的拼劲和艰苦创业的干劲，发扬敢闯敢试、勇于担当的精神，坚持不懈推进科技创新和管理变革，推进更高水平的东方页岩气革命，推动更高质量的"深地工程"，打造可信赖的战略科技力量。三是奉行民主团结，自觉做和谐发展的表率。讲政治、顾大局，以身作则、率先垂范，认真履职尽责，树立党员领导干部的良好形象，自觉维护班子团结，不断增强班子的凝聚力和战斗力，营造团结和谐、共谋发展的良好局面。

张仕江介绍了集团公司党组调整石化机械领导班子的基本考虑，党组作出的调整决定，充分体现了党组对石化机械的关爱和支持，对领导班子带领干部员工取得发展成就的充分肯定，以及对企业未来发展寄予的厚望与重托。近年来，石化机械领导班子面临市场逐步萎缩、行业转型变革等多重压力，聚焦扭亏脱困保市，深入推进"双百行动"综合改革实践，依托"十三五"国家科技重大专项强化科技攻关，全力以赴稳增长、提效益、固根基、开新局，企业连续多年实现盈利，"十三五"期间荣获国家科技进步一、二等奖各1项，为推动重大技术装备实现自主化作出了积极贡献，企业整体规模效益、形象地位实现持续提升。一要善于观大势、谋全局，以更高眼界站位谋划高质量发展新篇章。强化战略思维，准确把握大局大势；强化进取意识，持续提升发展质量；强化服务理念，切实增强保障能力，坚定不移带领企业转型升级、提质增效，奋力闯出高质量发展的新路子，加快打造具有较强竞争力的技术先导型油气装备制造服务公司。二要敢于担重任、善作为，以更优治理效能开拓高质量发展新境界。在安全发展上聚力用劲，在创新驱动上聚力用劲，在深化改革上聚力用劲，以敢担当、善担当的实际行动，牢牢把握工作主动权，力争取得全方位进步提升，全面提升企业治理水平和经济贡献能力。三要持续强引领、作表率，以更实作风举措构筑高质量发展新优势。全面系统深入学习党的二十大精神，务实创新融合抓好党建工作，凝心汇智聚力推动事业发展，领导班子要当好"火车头"、立好"风向标"，以昂扬状态、奋进姿态引领干部员工，努力在新起点新征程上开拓奋进、创业兴业。

兰石集团全力打造钻采装备新增长点

兰州兰石石油装备工程有限公司（简称兰石集团装备公司）抢抓市场发展机遇，实施海陆并进、精准施策的销售策略，努力扩大产品目标客户，全力打造钻采装备新的增长点。在稳固陆地钻机市场基础上，兰石集团装备公司主攻海工市场并取得新的突破，相继中标了惠州26-1项目、渤中29-6项目、陆丰12-3项目。该公司2022年海工市场累计取得订单额比上年全年订单额翻了一番，标志着兰石集团装备公司在海工市场的开拓实现了历史性突破，呈现出规模和效益同步增长的良好态势。

兰石集团装备公司中标的渤中29-6项目为新型自动化钻井设备，是我国首个按照智能制造模式运行的海洋油气装备制造项目。该钻机为当前国内自动化、智能化程度最高的海洋模块钻机系统，能够在钻台面少人、无人的情况下完成钻井作业，在海洋模块钻机上创造了多项国内第一。这个项目在钻机集成控制系统取得的多项技术突破，进一步增强了兰石集团装备公司在自动化、智能化钻机市场中的竞争力，为兰石集团海工装备业务发展奠定了坚实基础。

与兰石集团装备公司一样，兰州兰石重型装备股份有限公司（简称兰石集团重装公司）生产计划也排得满满当当。继2021年承制多台N08810材料冷氢化反应器之后，2022年首次承制内蒙古大全多晶硅项目2台N08120材料冷氢化反应器制造任务，实现了N08810国产化材料产品迭代升级。

兰石集团重装公司作为光伏多晶硅生产领域的核心装备及服务提供商，2022年上半年，继续取得了新疆中部合盛硅业20万t/a多晶硅项目、内蒙古大全新能源10万t高纯硅基材料和1 000t半导体硅基材料项目、宁夏晶体新能源材料一期12.5万t/a多晶硅项目、甘肃瓜州宝丰硅材料多晶硅上下游协同等项目订单，市场认可度进一步提高。

此外，该公司在氢能、核能方面也持续发力，部分产品正式进入市场化推广阶段。2022年夏季进军波浪能发电项目，并承担兆瓦级波浪能发电项目液压储能系统的设计制造。同时，兰石集团重装公司与兰州兰石能源装备国际工程有限公司配合，加大与巴基斯坦、乌兹别克斯坦、泰国等国家能源装备市场客户的业务合作力度，国际订单大幅增长。

2022年上半年，兰石集团重装公司取得核能、光伏多晶硅、氢能等新能源领域订单15.31亿元，同比增长165.61%。

兰石集团能源装备制造高质量发展不断迈上新台阶，离不开创新驱动。2022年以来，兰石集团通过兰石云App迭代升级，整合优化9大功能模块，实现了移动办公。通过研发工业应用App、开发智慧管理运营系统、建设智能工厂和数字化车间、产品业务服务上云等多种数字化创新应用，进一步提升生产经营效率。

兰石集团将打造形成一批广泛适用于离散型制造业的智能终端、软件系统、典型应用场景、整体解决方案和业务上云服务，加快推进数字产业化、产业数字化能力提升和对外复制、赋能的能力，打造制造业智能制造集聚区，推动区域制造业转型，与上下游企业加强产业协同和技术合作攻关，在开放合作中形成更强创新力、更高附加值的特色优势产业集群。

中油绿电新能源有限公司成立

2022年11月23日，中油绿电新能源有限公司成立，法定代表人为张濛，注册资本6 000万元，经营范围含新能源汽车电附件销售、充电桩销售、输配电及控制设备制造、电池制造、新能源汽车整车销售、光伏设备及元器件制造销售等。股东信息显示，该公司由中国石油天然气股份有限公司、上海启源芯动力科技有限公司、上海玖行能源科技有限公司共同持股。

这是中国石油集团在新能源方面做出的又一大动作。2022年11月16日，中国石油首个风电项目首台风机在吉林油田顺利开吊。该项目是吉林油田在建15万kW

自消纳风光电项目重要组成部分，共包括18台风电机组，装机总容量7.8万kW，预计年上网电量约26.043 37万MW·h，年等效满负荷3 395h。项目由中国石油工程建设公司负责施工，2022年8月初进入现场施工阶段。已完成了基础、承台等各施工环节，具备了吊装条件，且其他升压站、高压线路、通信系统等配套设施建设正按计划紧锣密鼓推进。项目建成并网发电后，吉林油田电力自消纳清洁替代将取得实质性进展。

吉林油田按照"创建融合新能源产业发展，扩大绿色低碳经济体量，再造油田阳光新产业，打造全新吉林油田模式"的共同愿景，正加速启动15万kW风光电、55万kW风电和130万kW风光电项目，全力推进各项目精准落地、加速前行，力争早日实现绿色低碳转型、高质量发展。

中国石油持续加强新能源顶层设计，加快推进油气与新能源业务协同发展，不仅在风电项目上积极布局，更在水面光伏发电项目上取得了亮眼成绩。

2022年11月24日，在中石油冀东油田高尚堡油区，中国石油最大的水面光伏发电项目冀东油田分布式自发自用光伏发电项目正在进行最后的冲刺阶段建设。冀东油田分布式自发自用光伏发电项目充分盘活油田自有土地资源，利用3个闲置平台和5个生产平台，总占地面积1 237.5亩（1亩≈667m^2），建设规模40.97MW，年均发电量5 413.3万kW·h。送出电线路并入陆上110kV变电站，绿电覆盖冀东油田陆上作业区高尚堡、柳赞、老爷庙地区。

该项目水上项目部分为高尚堡油区高77和高75平台闲置平台废弃水池，占地47.36万m^2，建设规模31.6MW，为中国石油最大水面光伏发电项目。该项目并网发电后，可年节约标煤1.66万t，减排二氧化碳4.59万t。截至目前，该油田光伏项目累计发电量已突破4 000万kW·h。

中国石油按照清洁替代、战略接替、绿色转型"三步走"总体部署，各油田单位开始纷纷建设新能源项目，统筹好油气供应安全和绿色低碳协调发展，加快推动新能源业务发展，促进企业绿色转型。

斯伦贝谢更名为SLB 开启重大转型

在全球能源转型趋势下，国际油服企业转型提速。2022年10月24日，国际顶级石油服务公司斯伦贝谢宣布，将公司名称更改为SLB。从Schlumberger到SLB，斯伦贝谢启用全新品牌形象，这在国际三大油服巨头中是第一个。引入全新的公司标志，启动了SLB从世界上最大的油田服务公司向全球技术公司的转型。

SLB公司首席执行官Olivier Le Peuch说，如今全球能源面临多重挑战，必须在能源经济性、安全性和可持续性之间取得平衡，SLB已经准备好应对挑战。

过去几年，SLB公司在低碳转型方面进行了一系列积极尝试。2020年，SLB启动了新能源业务，以探索低碳技术。2021年，SLB成为能源服务行业第一家承诺净零目标的公司。2022年，公司宣布推出端到端排放解决方案（SEES），以消除油气运营中温室气体甲烷的排放。

为了推动能源创新以实现公司转型，SLB将在以下4个领域为客户提供解决方案：

（1）新型能源体系。随着新型能源业务逐渐成为公司的战略驱动力，SLB将在包括碳解决方案、氢气、地热和地质能源、储能、关键矿物在内的五个领域进行技术开发。

（2）工业脱碳。减少工业碳排放对实现净零排放目标至关重要。

（3）规模数字化。数字化已成为推动能源行业持续增长的关键驱动因素。

（4）石油和天然气创新。在其数十年技术进步的基础上，公司将继续创新产品、服务和技术，使石油和天然气的勘探开发更为清洁、高效。

调整业务布局、进军新能源产业，早已是大势所趋。越来越多的公司考虑给自己换一个新的名字，开启新一段发展旅程。包括道达尔能源、卡塔尔能源等国际石油企业纷纷"改头换面"，启用全新的品牌名称和形象，成为时下一大"潮流"。

不仅公司形象和业务改变，甚至石油公司一把手也开始由专注清洁能源领域的领导人担任。壳牌公司在2022年9月份官宣"换帅"，来自壳牌清洁能源部门的负责人被任命为新的掌舵者，带领这家老牌石油巨头开启新一轮转型之路。2021年，壳牌已经将公司从Royal Dutch Shell plc更名为Shell plc。

全球气候危机背景下，大力开发清洁能源已成为国际社会的共识，全球新能源发展势头十分迅猛，光、风、地热、氢等种类丰富的能源类型，受到世界各主要经济体高度重视。在布局新能源业务方面，石油公司各显其能，频频开展了一系列大动作。

2022年，壳牌公司完成了对印度可再生能源平台Sprng Energy的收购，还决定建造欧洲最大的可再生氢工厂；bp集团宣布将在英国投资5 000万英镑建立新的电池研发中心，并宣布收购澳大利亚360亿美元绿氢大型项目——亚洲可再生能源中心（AREH）40.5%的股份，成为其最大股东；雪佛龙公司宣布收购生物柴油制造商可再生能源集团（REG），在替代能源领域加码下注。石油公司作为油服企业的业务来源，其发展战略的调整，给油服企业带来了很多全新的发展可能。

不仅是SLB，国际国内有很多油服企业也在积极开拓未来增长空间。

油气业务是油服公司赖以生存的基础，油服企业积极推动自身核心业务升级，在降低碳排放、提高能效、数字化转型等方面持续发力，促进油气能源走向清洁高效生产。例如，哈里伯顿公司推出4.0数字化战略，有助于油气公司打破数据壁垒，实现勘探、钻井、开发全流程数字化分析及管理，以降低勘探开发成本和风险，推动产能增长，减少碳排放量。

在低碳产业方面，油服巨头则大胆"破圈"，寻找新的效益增长点。贝克休斯公司在地热、风电、太阳能、氢能、CCUS等领域都已经有所涉猎。公司于2022年9月份宣布业务重组，只设"油田服务与设备""工业与能源技术"两大部门。其中，工业与能源技术部门将从事与气候变化相关业务，如碳捕获、氢和排放管理等。

在全球转型趋势之下，中国油服企业也纷纷转型、积极求变。中国石油集团工程股份有限公司（简称中油工程）将发展新能源新业务作为一把手工程，在CCUS、氢能制储运用等技术领域不断强化攻关。2021年，公司共计签约新能源新材料业务合同169项，玉门油田200MW光伏并网发电示范项目、海南省第一套CCUS项目、华北石化副产氢提纯项目等一批重点项目顺利投运。中石化石油工程技术服务股份公司（简称石化油服）大力拓展海上风电、光伏发电、地热及余热等新能源工程建设业务，承担了国内首个百万吨级CCUS工程项目，建成了中国石化迄今装机容量最大的胜利发电厂灰场光伏发电工程。2022年3月，石化油服成立能源技术研发中心，将在光伏、风电、CCS、UCG地下煤气化制氢、地下储氢等一系列业务领域展开拓展。中海油田服务股份有限公司（简称中海油服）将发展愿景由"建成国际一流油田服务公司"调整为"建成中国特色国际一流能源服务公司"，并组建中海油服一体化和新能源事业部。公司已开展海上风电安装和维护支持平台服务，在CCUS产业展开布局，并将持续加大绿色装备投入，狠抓绿色低碳技术攻关。

石油行业通过能源转型，成为推动全球能源变革的重要力量。油服企业正不断开拓业务布局，在变革时代，挖掘发展新机遇。未来，大型能源科技公司或将成为油服企业新的"名片"。

对石油石化设备行业发展情况的专题研究

中国石油石化设备工业年鉴 2023

专题报告

我国石油石化装备行业发展现状、问题及对策

我国石油石化装备行业发展现状、问题及对策

石化工业是国民经济的支柱产业。石油石化装备制造业是石化工业的支撑性产业，是关系到国民经济发展的基础性、战略性产业。石油石化装备发展水平既是一个国家或一个地区竞争力的体现，也是维护国家地区安全的重要保证，是体现国家综合国力和科技实力的重要标志之一。石油石化装备上下游产业链涉及的装备主要包括炼油装备、乙烯及深加工装备、芳烃装备、LNG储运装备等。

我国石油石化装备总体起步较晚，需要与时俱进、不断提高才能满足工业化社会不断变化的需求。石油石化装备的发展有利于推动区域经济发展和社会和平稳定，同时随着双碳目标的提出和节能减排意识的提高，对其技术创新要求也越来越高。近年来，受到欧美一些国家贸易保护主义和技术"卡脖子"等因素的影响，我国石油石化装备制造业的发展一度陷入困境，及时走出阴影，拉近和发达国家之间的距离，获得良好的发展环境，有赖于对行业发展现状、趋势、存在问题进行系统分析，针对问题，厘清思路，采取相应对策，加快产业结构转型升级，推动高质量发展。

1. 我国石油石化装备的发展现状

从总体上看，石油石化装备制造具有以下特点：

（1）自主创新能力不断加强，装备制造关键技术取得重大突破。截至"十三五"末，我国石油石化重大装备国产化率创新高，基本实现国产化。其中，油气勘探开发装备国产化率达92%，千万吨级炼油装备国产化率达94%，百万吨级乙烯装备国产化率达87%。石油勘探开发压裂机组、车载钻机、双抗石油地质专用管、炼化反应器、压缩机、换热器、分散型控制系统（DCS）等重大装备国产化均实现零的突破，有效降低了采购成本，缩短了制造周期。

（2）产业体系化建设不断加快，形成了基本完善的石油石化装备制造体系。在应用技术领域不断突破的基础上，已经形成了勘探开发、集输加工、炼油、石化等完善的制造体系，建成了多个产业制造基地。例如，建成了以成都、宝鸡、南阳为核心的钻采设备制造基地，以上海、江苏为核心的钻采配件制造基地，以西安、宝鸡、江汉为核心的地球物理勘探装备和钢管制造基地，以山东为核心的石油钻采专用柴油机制造基地，以江汉、四川为核心的石油钻头和采油设备制造基地，以大连、南通、张家港等为核心的炼油与化工设备基地。

（3）石油石化装备海外市场不断扩大。中国制造逐渐被国际认可，目前一些石油石化产品从工具、零配件发展到技术附加值更高的成套装备都受到国际市场的欢迎。我国的石油钻机、修井机、加氢反应器等高端装备大批量进入美国、中东等高端市场，标志着中国制造的石油石化装备的整体品牌已得到国际市场认可。

从细分行业设备类型上看，具有以下特点：

（1）炼油装备基本实现自主可控。我国炼油能力进一步增强，位居世界第二。我国炼油装备在规模、数量和质量等方面取得了重大进展，炼油装备国产化率达到95%，有效地支撑了炼油行业的发展。主风机、烟气轮机、富气压缩机、电液滑阀、旋风分离器等重油催化裂化装置的关键设备基本实现了国产化。为满足加氢精制、加氢裂化和重整的工艺需要，高压加氢反应器、螺纹锁紧环式高压换热器、高压空冷器、高压分离器、离心式和往复式压缩机相继成功开发。

我国加氢反应器设计制造技术水平已达到国际先进水平。2018年6月，由中石化洛阳公司设计，中国一重和中国二重为浙江石化分别制造的首批渣油加氢反应器制造出厂，直径5 800mm，最大壁厚352mm，是当年国内直径最大壁厚的2.25Cr Cr-1Mo-1/4V锻焊反应器；2019年，中国一重和中国二重建造的沸腾床渣油加氢反应器在镇海炼化安装就位，直径超5m、长度超70m、重量达2 400t，再次打破了加氢反应器建造记录；2020年6月，中国一重集团大连核电石化有限公司为浙江石化成功制出全球首台3 000t浆态床锻焊加氢反应器，该设备单重超3 000t、总长超70m、外径6.15m、壁厚0.32m，刷新了世界锻焊加氢反应器的制造记录。我国炼油装置中小型压缩机组国产化率接近100%，大型机组国产化率也达到80%以上，国内外机组的总体技术已经非常接近。

我国炼油装备基本上实现了自主可控，但仍有部分关键核心装备依赖从国外进口，成为制约我国炼油行业高质量绿色发展、危及产业链安全的重要问题。

（2）乙烯及深加工装备达到世界先进水平。乙烯工业是石油化工产业的核心。乙烯装置是石油化学工业的基础装置，是石油化学工业的核心。乙烯装置主要由裂解、压缩、分离、混合碳四、低温罐区等分装置组成，其生产的乙烯、丙烯、丁二烯等烯烃产品，以及经芳烃抽提的苯、甲苯、二甲苯等副产品，是石油化学工业生产的基础原料。

乙烯装置规模和年产量是衡量一个国家石油化工产业发展水平的重要标志。我国乙烯产业进入新一轮投资高峰

期，装置规模以百万 t/a 规模为主，最大规模 150 万 t。已投产或即将投产（在建的）的新增产能达到 1 000 多万 t。

我国具备了大型乙烯装置单机组国产化和 120 万 t 乙烯三机成套供货的能力，现有设计制造和服务能力均已达到世界先进水平，但 150 万吨级大型乙烯三机国内尚属空白。由杭州杭氧公司研制的两台设计压力为 12.8 MPa 的超大型低温乙烯冷箱（高压板翅式换热器），已完成最终水压为 16.7 MPa 的压力试验，表明我国高压板翅式换热器研发取得历史性突破，打破了国外企业在 10 MPa 及以上等级高压板翅式换热器产品的技术垄断。

（3）芳烃装备摆脱进口依赖。芳烃代表着国家的石油化工技术水平，自主芳烃成套技术是复杂的系统工程。芳烃产量和规模仅次于烯烃，用于树脂、纤维、橡胶合成以及众多国计民生领域的产业。对二甲苯（PX）是最大的芳烃产品，全球产量的 98% 是用于生产聚酯（PET）的原料。PX 生产装置通常附属于炼化企业，通称芳烃联合装置，以石脑油生产苯、甲苯、二甲苯（包括对二甲苯），包括重整、抽提、歧化、吸附、分离和异构化等一系列单元装置。

"十二五"期间，我国以 PX-PTA-PET- 聚酯纤维 / 树脂为主的芳烃产业链高速发展，一定程度上解决了产能不足的问题，但中石化（洛阳石化、九江石化、齐鲁石化、扬子石化、金陵石化、上海石化、镇海炼化、福建炼化、天津石化、茂名石化等）、中石油（乌鲁木齐石化、四川石化、辽阳石化等）、中海油（惠州炼化）以及私营企业（福佳大化、青岛丽东、宁波中金、恒逸石化等）的一系列重大项目中配套的芳烃联合装置，全部依赖美国 UOP 和法国 Axens 的技术。2013 年 12 月海南炼化 1# 芳烃项目第一代单线 60 万 t/a PX 装置成功推广应用，并且实现了"空中无排放、地上无泄漏、地下无渗漏"的绿色生产，标志着我国成为继美国和法国之后世界上第三个拥有全套现代化 PX 生产工艺技术的国家。

"十三五"期间，中石化作为世界上最大的 PX 供应商，于 2019 年 9 月在海南炼化 2# 芳烃项目上成功投产了更加先进的自主第二代单线百万吨级 PX 装置，并率先装备世界最大的国产化先进芳烃装备异构化进料换热器——30 000 m^2 级以上超大型缠绕管式换热器，在超大型芳烃装备单体规模上彻底超越了换热面积仅 10 000 m^2 级的超大型板壳式换热器。恒逸石化、恒力石化、荣盛浙石化、盛虹炼化等私营企业正紧跟国有企业脚步，在新建项目配套的超大型芳烃联合装置中，陆续采用国产化先进芳烃装备超大型缠绕管式换热器。

截至 2019 年年底，我国已具备 2 480 万 t/a 全球最大 PX 产能，占全球产能的 1/3，补齐我国 PX 产业链的短板。我国正由芳烃进口国向出口国转变，也同时开始逐步直至彻底摆脱对外国芳烃技术与芳烃装备的依赖。2021 年广东石化炼化一体化项目抽余液塔吊装成功，塔高 116 m，直径 13.8 m，重量达 4 606 t，再次刷新了塔器高度记录。

（4）LNG 储运装备实现国产化。近年来，我国天然气消费快速增长。2018 年，我国天然气表观消费量达到 2 803 亿 m^3，同比增长 17.5%；2019 年天然气表观消费量 3 067 亿 m^3，同比增长 9.4%。从国际趋势看，天然气在世界能源消费结构中的占比达 23%，未来仍具增长潜力；从国内形势看，油气体制改革正在加快推进，经济和社会稳步发展，将带动能源需求持续增长，天然气在我国能源革命中扮演着重要角色。我国天然气行业发展迎来了战略机遇。

天然气输运方式可分为管道输送天然气和液化天然气（LNG）输送两种类型。受管道输送天然气跨海域铺设管道难度大的限制，LNG 输送方式是目前跨海域天然气交易的主要运输方式，通过海上输运的 LNG 需要依靠海上 LNG 接收站进行中转储藏，LNG 接收站的建设力度也逐渐增大。自深圳大鹏湾投产建造了我国第一个 LNG 接收终端以来，截至 2020 年，国内建设并投入运行的 LNG 接收站达 22 座，接收能力达 7 742 万 t/a。2020 年，中海石油气电集团掌握了 20 万～27 万 m^3 超大容积 LNG 全容罐设计制造全套技术，填补了国内空白。

随着我国对天然气事业发展的不断重视，"十三五"期间，国家发展改革委已批准建设了新奥燃气、广汇能源等多家民营企业开展 LNG 接收站的建设，民营企业建设的 LNG 接收站总接收能力达 450 万 t/a。2019 年，我国顺利完成了作为国家"十三五"重点建设工程文 23 储气库项目核心部件的包含 12 台大型压缩机的 4 500 kW 压缩机组安装，投入使用后注气能力达到 1 800×$10^4 m^3$/d，采输气处理能力为 3 600×$10^4 m^3$/d，能有效保障华北地区的安全平稳供气。2022 年，文 23 储气库二期工程项目正式开工建设。该项目建成后，文 23 储气库储气能力可整体提升 20%。

石油天然气长输管线阀门方面，在国家西气东输工程项目的驱动下，国内制造企业先后实现了 NPS40、NPS48、NPS56、Class600、Class900 等规格和压力等级全焊接管线球阀的国产化，在中俄天然气管线和西气东输管线上成功应用，实现了全焊接大口径管线球阀全部国产化。

2. 我国石油石化装备行业存在的问题

（1）重大装备、核心基础零部件、基础工业软件仍存在"卡脖子"问题。近年来，我们在多个方面都取得了重大技术突破，但大多数石油石化装备制造技术仍落后于国际先进水平。石化装备产业链关键环节仍存在"卡脖子"问题，有较大的"断链"风险。例如，当前国内的 LDPE/EVA 装置管式 / 釜式超高压反应器、二次压缩机组、催化剂供料泵、控制阀等重大装备及核心基础零部件以及石化装置特种在线自动化仪器仪表仍依赖进口。另外，我国工业软件市场长期被欧美软件巨头严重垄断，国产工业软件较国际最高水平落后达 30 年，如国内 CAE 结构分析软件绝大多数依靠进口，自主研发的 CAE 软件小众且中间有断档。近年来，我国虽然加大了自主研发力度，但与国外主流软件相比，差距仍然巨大。

（2）部分产品寿命与可靠性差，产业链存在"短板"问题。石油石化装备产业链部分环节的核心零部件、关键材料或整机寿命可靠性差，存在"短链"问题。例如，国产乙烯冷箱在生产制造技术、机械结构、使用性能、运行状态、稳定性、安全性、使用寿命等方面与进口设备相比尚存在较大差距，暂不适合在国内全面使用和替代进口设备。国内已开发出45MPa级隔膜式氢气压缩机，但综合性能与国外还有一定差距。易损件寿命、可靠性也存在明显差距，高性能气阀、填料函等零部件仍需进口。

（3）产业集中度和专业化水平有待进一步提高。我国石油石化装备制造企业数量多，但大多规模小且区域布局分散，产业集中度低，导致企业间缺乏有效的分工与合作，重复建设现象异常突出，缺乏强有力的竞争能力。集中度低、专业化水平不高导致缺乏生产成套大型设备的能力。此外，我国石油石化装备最终用户与装备制造企业间普遍存在割裂现象，最终用户对工艺设计相对熟悉，对装备技术相对陌生，而装备制造部门则与此相反。另外，我国石油石化装备制造业本身也是割裂的，如鼓风机厂只生产鼓风机，水泵厂只造水泵，对成套技术的研究和应用投入严重不足，尤其是系统的可靠性研究极为缺乏，这些导致了我国国内石油石化装备制造业缺乏工程设计、成套设备制造和供货等综合实力。

（4）高端产品设计制造能力缺乏。以大型煤化工项目为例，国内项目的核心设备煤气化炉主要采用壳牌、GE等国外公司的产品，需要支付高昂的专利费和设备采购费。虽然近几年我国已自主研发了多种类型的气化炉，基本实现了气化炉的国产化，但生产气化炉的钢板却需要向国外采购。另外，各类苛刻工况阀门等配套部件（如高压氧气阀、氮气阀、高压煤浆泵等）仍需要进口。

3．我国石油石化装备行业的趋势目标

随着全球经济总体规模的不断增大，世界各地对石油、天然气等能源的需求越来越大，由此促进了石油石化行业发展速度的进一步加快，对石油石化装备的需求也逐渐增多。随着我国石油市场的逐渐开放，市场化的机制逐渐完善，给石油石化装备制造业提供了更大的发展和交流空间。此外，我国石油石化装备出口也呈现快速增长势头，很多装备在国外石油石化工程项目中已成功应用，并得到了国外客户的认可。近年来，国家出台了振兴装备制造业的政策措施，石油石化装备是其中重要内容，我国中石油、中石化等集团公司均鼓励相关制造企业采取多种方式进行联合、重组，并出台具体的发展措施，给石油石化装备带来了很好的发展机遇。因此，从整体上来看，国际国内的石油化工设备加工与制造业具有良好的发展前景。图1、图2分别为某机构对2019—2025年中国石油化工设备行业工业总产值及销售收入的预测情况。

按照工业和信息化部等六部门联合印发的《关于"十四五"推动石化化工行业高质量发展的指导意见》等文件的要求，"十四五"期间，我国石油石化装备制造业将坚持高质量、有效益、可持续发展方针，以结构调整和转型升级为主线，坚持创新驱动，注重节能环保，打造绿色制造体系；加快新一代信息技术与制造业深度融合；强化技术基础工作，加强质量管理提效；着力实现业务由外延扩张发展向内涵集约发展、由传统制造向服务型制造转变；坚持对外开放、持续深化国际合作；推动石油石化装备制造业向着"三高三化"，即高水平、高质量、高效率、智能化、服务化、绿色化方向稳步发展。

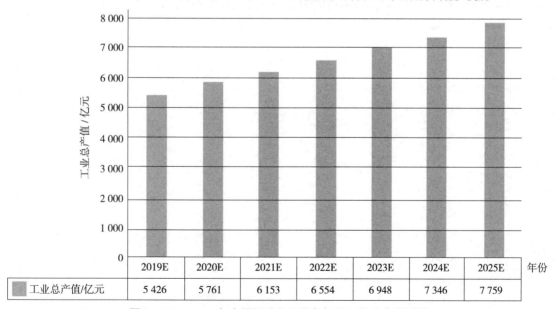

图1　2019—2025年中国石油化工设备行业工业总产值预测

注：数据来源于中研普华产业研究院的《2022—2027年石油化工设备产业深度调研及发展现状趋势预测报告》。

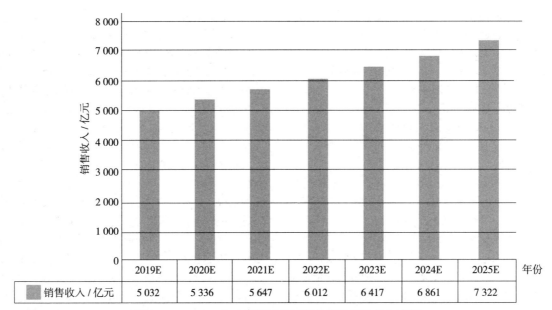

图2　2019—2025年中国石油化工设备行业销售收入预测

4．我国石油石化装备行业发展的对策建议

（1）依靠技术创新加快石油石化装备产业结构调整。通过调整产品结构，持续利用国内外先进技术和先进管理经验，开发适销对路的新产品，提高产品在国内外市场的竞争能力，对担负重要产品制造的大中型骨干企业，要用先进的生产工艺和技术装备实施改造，使这些企业的产品接近或达到国际先进水平。

（2）增强生产组织的专业化和规模化能力，提高产品附加值。学习国内外专业化手段，采用先进技术、先进工艺和装备及先进理念，为提高产品质量提供更有效的支撑，提高劳动生产率和经济效益，提高相关技术机构科研和技术开发能力，加强对主机厂的技术改造，重视关键配套产品同步发展，从而大幅提高工程成套能力。

（3）推进技术进步，提高管理水平。经济全球化对未来的世界经济甚至政治格局将产生越来越重要的影响。激烈的市场竞争，将使新技术的发展速度加快。企业要不断地研究开发适销对路、质量好、价格合理的新产品，这些产品既能满足用户工艺要求，又能降低设备投资费用，让用户放心和可信，让用户和企业都有利可图，并提供周到的售后服务。

[供稿单位：合肥通用机械研究院有限公司、中国特种设备检测研究院有限公司]

检测机构概况

介绍石油石化设备行业主要检测机构概况

中国石油石化设备工业年鉴 2023

检测机构概况

国家石油钻采炼化设备质量监督检验中心（上海科创）

国家油气钻采设备质量检验检测中心（世纪派创）

国家油气田井口设备质量检验检测中心（江汉所）

国家石油机械产品质量检验检测中心（江苏）

国家石油管材质量检验检测中心（工程材料院）

四川科特检测技术有限公司

北京康布尔石油技术发展有限公司

国家石油装备产品质量检验检测中心（山东）

国家石油钻采炼化设备质量监督检验中心
（上海科创）

国家石油钻采炼化设备质量监督检验中心的前身为兰州石油机械研究所石油钻采炼化设备实验室，具有30多年的历史。1987年"钻采设备试验室"被原机械工业部授予"机械工业部石油钻采设备质量监督检测中心"，"炼化设备试验室"被原机械工业部授予"机械工业部换热器产品质量监督检测中心"。1989年原国家技术监督局决定由"机械工业部石油钻采设备质量监督检测中心"和"机械工业部换热器产品质量监督检测中心"组成"国家石油钻采炼化设备质量监督检验中心"，作为第三方质量监督检验机构。

经过近30多年的发展，该机构已具备国内一流的测试能力，并培养了一批高水平专业测试人员。主要从事石油钻采炼化设备产品的质量监督检验、性能测试、产品质量争议仲裁检验和产品认证检验检测等工作。1999年通过了中国实验室国家认可委员会（CNAL）认可。2001年，机械工业部石油钻采设备质量监督检测中心、机械工业部换热器产品质量监督检测中心、国家石油钻采炼化设备质量监督检验中心一同注册为具有独立事业法人地位的检验检测机构。2014年2月，依据挂靠单位——甘肃蓝科石化高新装备股份有限公司（简称蓝科高新）第二届董事会第十六次会议通过的《关于设立机械工业上海蓝亚石化设备检测所有限公司的议案》，蓝科高新在上海金山区注册成立了机械工业上海蓝亚石化设备检测所有限公司（简称上海蓝亚），将原国家石油钻采炼化设备质量监督检验中心全部业务和资质合并进入新设立的上海蓝亚。2021年8月，因股东单位甘肃蓝科石化高新装备股份有限公司内部机构调整，上海蓝亚从蓝科高新中分离，经国家认证认可监督管理委员会（简称认监委）批准，将国家石油钻采炼化设备质量检验检测中心法人单位变更为上海蓝海科创检测有限公司（简称上海科创），国家石油钻采炼化设备质量监督检验中心全部业务和资质合并进入上海科创。同时，将在上海金山区干巷的钻采试验室、炼化试验室、强度实验室、理化实验室、失效分析实验室、低温设备实验室、原兰州检测所部分搬迁的试验设施、检验设备投入上海科创管理和运行。上海蓝海科创检测有限公司由上海市特种设备监督检验技术研究院和甘肃蓝科石化高新装备股份有限公司共同出资，于2015年5月21日在上海市金山区注册成立。

国家石油钻采炼化设备质量监督检验中心目前拥有固定资产原值3.5亿元，总建筑面积30 177m^2。主要业务范围覆盖石油钻采设备、炼油化工设备、真空绝热容器、特种设备（压力容器、压力管道）以及无损检测五大领域的专业检验检测工作。

石油钻采设备检验检测方面，共有3个试验平台，包括石油钻采设备动载试验平台、气密封水封试验平台和钻机模型试验平台。拥有国内外先进的测试仪器设备98台（套）。石油钻采设备动载试验平台配置有2 000kW、1 500kW、750kW的直流电动机各1台，2 000kW、1 500kW电涡流测功机各1台，最大能传递500 000N·m的转矩，额定试验压力为105MPa。气密封水封试验平台最高额定压力250MPa，试验全过程实现自动化控制和可视化监控，测试精度达到国内先进水平。实验室可以进行往复泵、工业离心泵、液力变矩器、石油钻机转盘、减速器、抽油机、抽油杆、抽油泵、电磁涡流刹车、石油钻机绞车、石油钻机传动滚子链、离合器等实验室性能检测工作，三抽设备（抽油机、抽油杆、抽油泵）国家监督抽查、钻修井设备安全评定及井口装置和采油树、节流压井管汇、井口装置和采油树用阀门特种设备的型式试验工作。

炼油化工设备检验检测方面，有7个测试平台和流体可视化分析（PIV）实验室。拥有国内外先进测试仪器设备337台（套）。换热器试验单元加热蒸汽量为10t/h，最大试验热负荷5MW，最大介质循环量为300m^3/h。能够进行水－水、油－水、汽－液冷凝、汽－液蒸发、气－水、气－气等不同测试工况的传热与流阻性能测试。试验台全部配置国内一流的测试及自控调节系统，测试数据和测试结果全部由工控机实时进行采集与处理，并自主开发了具有国内先进水平的换热器及传热元件性能测试数据处理软件，综合技术能力居全国领先水平。能够进行各种型式换热器及传热元件、空冷器及传热元件的传热与流阻性能测试及实验研究和换热设备质量检验等工作。

承压设备强度试验方面配置有210MPa耐压爆破试验系统和直径8m的地下爆破坑、105MPa气密封试验系统和8m×5m×5m的地下水池，配备200MPa内压疲劳试验系统、500kN材料疲劳试验机等先进测试仪器设备，测试数据实现计算机采集与处理。测试全过程实现自动化控制和可视化监控，综合技术能力居全国领先水平。能够进行承压设备水压爆破试验、气密封试验、耐压试验、内压疲劳试验、金属材料疲劳试验、承载设备应力测试等检验检测，以及蓄能器、长管拖车大容器无缝气瓶、无缝钢管等特种设备的型式试验。

真空绝热深冷设备检验检测方面，配置有便携式和台式氢质谱检漏仪、分子泵真空机组、便携式真空机组、全量程真空规管与真空计、多功能数据采集仪、气体质量流量计等具有国际先进水平的仪器设备39台（套），能够对固定式真空绝热深冷压力容器、冷冻液化气体汽车罐车、冷冻液化气体罐式集装箱、冷冻液化气体铁路罐车、焊接绝热气瓶、真空绝热低温管及管件的真空性能和绝热性能进行型式试验与检验检测。自主研发了导热系数测试装置、氧相容性测试装置，可进行膨胀珍珠岩性能测试、高真空多层绝热材料氧相容性测试，并担承采用应变强化技术制造的真空绝热深冷压力容器内容器的工艺验证性试验以及焊接绝热气瓶设计文件鉴定。

金属材料理化检验检测方面有力学性能实验室、化学分析实验室、腐蚀实验室、金相分析实验室。配备了国内外目前在金属材料检验检测领域先进的检测仪器设备73台（套），其中有ICP（原子发射光谱仪）、直读光谱仪、手持式荧光光谱分析仪、氧氮分析仪、可见分光光度计、碳硫分析仪、铁素体仪、超声波硬度计、倒置金相显微镜、立体金相显微镜、SEM扫描电镜、全自动显微硬度计、300kN和600kN计算机控制电子万能材料试验机、落锤冲击试验机、高低温冲击试验机、1 000kN三缸弯曲试验机、电化学工作站等。可进行金属材料化学成分、力学性能、金相分析、腐蚀性能等检验检测，其中湿硫化氢应力腐蚀研究居全国领先水平，为失效分析前期的检验检测工作提供有力的支持。

国家油气钻采设备质量检验检测中心（世纪派创）

国家油气钻采设备质量检验检测中心依托中国石化机械世纪派创石油机械检测有限公司（简称世纪派创）运行，拥有中国计量认证（CMA）、中国合格评定国家认可委员会（CNAS）、特种设备无损检测机构、API Q2等认定的资质证书，主营业务涵盖石油及天然气钻采设备质量检测、检测评估、质量监造及鉴定试验，材料及产品理化分析、无损检测等，是国内油气钻采设备检验检测领域项目最全的检验检测机构。

该中心现有职工180人，其中，获评教授级高工职称2人、副高级职称15人、中级职称30人，拥有计量、理化、无损检测等各类专业技术人员，持有无损检测人员资格证书160余张。实验室面积超10万 m^2，拥有固压设备实验室、高压管汇实验室、无损检测室、计量理化实验室、钻修井机整机性能实验室、柱塞泵总成实验室、产品实验室等7个实验室。拥有移动检测服务车（撬）、手持式蓝色激光3D扫描仪、激光跟踪仪、摆锤式冲击试验机、WYC智能精控压力检测装置等各类固定及移动式检测设备700余台（套）。通过CMA认可的产品及参数检测112项，为石油钻采设备及工具提供质量检验检测服务。产品类别涵盖钻修井设备、采油采气设备、固井工具、固压设备、井控装备、井下工具、钻机修井机总体等。

截止到2023年5月底，世纪派创已在全国累计开展5 800余口油气井近120万台（套）钻采配套设备定期安全检验检测服务，以零质量安全事故在石油行业树立了良好口碑。

国家油气田井口设备质量检验检测中心（江汉所）

国家油气田井口设备质量检验检测中心创建于1981年，隶属于中石油江汉机械研究所有限公司（简称江汉所），拥有中国计量认证（CMA）、中国合格评定国家认可委员会（CNAS）、国家特种设备检验检测（型式试验）核准机构、工信部工业（石油井口作业设备和工具）产品质量控制和技术评价实验室等认定的资质，为石油钻采设备行业提供产品及材料质量检验检测和质量评价技术服务，业务范围包括实验室检测、现场检测、产品质量评价、制造能力评估等。

该中心中心实验室面积1 900余 m^2，拥有检测设备380台（套），其中，PR2井口装备设计确认试验系统、相控阵检测系统、水压试验系统、气压试验系统、光谱仪等关键设备的技术性能达到国际先进水平。提供CMA及CNAS授权石油钻采装备行业42类产品质量检验服务，包括：井口井控设备、节流压井管汇和阀门、采油设备、钻修设备及工具、金属材料及制品等。

国家压力管道元件制造行政许可包括：压力管道元件型式试验：井口装置和采油树、节流压井管汇、井口装置和采油树用阀门。

国家石油机械产品质量检验检测中心（江苏）

国家石油机械产品质量检验检测中心（简称国家质检中心）是依托江苏省建湖县产品质量监督检验所为建设主体的综合性国家实验室，于2012年经原国家质检总局批准筹建，2015年2月建成，2016年7月获CNAS证书，2017年5月获CMA、CAL证书，2018年1月获批正式对外运营。

该中心现有人员24人，其中，在编10人、聘用人员14人，占地面积1.5万 m^2，拥有井口井控产品试验装置、阀门压力/燃烧/低温试验装置、扫描电镜、声发射检测仪、应力应变仪、三坐标测量仪等国际和国内一流水平的专业检测设备120多台（套），总价值5 000多万元。其中，防喷器操作性能试验装置、防喷器设计温度试验装置、阀门PR2级性能试验装置等达到国际和国内先进水平。中心能够开展金属材料力学性能、物理性能、化学分析、无损探伤等四大类基础项目、46个产品，共计160个参数的检测，包含了85%以上的石油机械产品性能检测。

国家石油管材质量检验检测中心（工程材料院）

国家石油管材质量检验检测中心依托中国石油集团工程材料研究院有限公司运行，是中国计量认证（CMA）、国家市场监管重点实验室（石油管及装备质量安全）、国家特种设备检验检测（型式试验）核准机构、工信部工业（石油石化工业管材）产品质量控制和技术评价实验室、中国合格评定国家认可委员会（CNAS）认可的检验检测主体，为石油管材及装备行业提供产品及材料质量检验检测和质量评价技术服务，业务范围包括实验室检测、现场检测、产品质量评价、检验检测技术培训及咨询等。

该中心实验室面积2万余 m^2，拥有检测设备580台（套），其中，大能量摆锤冲击试验机、复合加载试验系统、水压爆破试验系统、激光共聚焦显微系统、光谱仪、五轴坐标测量系统等关键设备的技术性能达到国际先进水平。

提供石油管材及装备行业59大类产品的质量检验业务，CMA及CNAS授权检测标准647项。包括：油气输送管及管件、油井管及管柱构件、非金属管及复合管、石油行业及工业通用产品等。

国家压力管道元件制造行政许可包括：压力管道元件鉴定评审：钢管及管件，非金属材料管及管件，复合管及管件；压力管道元件型式试验：压力管道用钢管；无缝管件、有缝管件；压力管道用非金属管与管件(聚乙烯(PE)管材与管件、金属增强型PE复合管材)；压力管道用防腐元件。

四川科特检测技术有限公司

四川科特检测技术有限公司（简称四川科特）是中国石油川庆钻探工程有限公司下属的二级单位，和安全环保质量监督检测研究院为"一套班子，两块牌子"。自2004成立以来，是川庆钻探工程有限公司下属专业从事安全、环保、质量技术检测评价及安全环保监督业务的专门机构，是全国石油行业唯一一家集安全、环保、质量技术检测、节能监测、职业卫生及安全环保监督业务为一体，具备第三方职能的研究及服务机构，也是中石油集团内部首家实施异体安全环保监督的专业机构。四川科特专注于石油安全、环保、质量、节能监督检测与评价等业务，拥有国家冠名机构4个、中国石油冠名机构4个；建成国家级实验室1个、专业实验室18个；获得检验检测机构资质认定证书、特种设备、API Q2、设备监理等38项专业认证资质；制（修）订各级标准239项，其中，国家标准25项、行业标准60项。

四川科特现有员工总人数1617人，其中，博士研究生5人、硕士研究生88人、本科生463人；教授级高级工程师及高级工程师70人；681人次持有美国石油协会API检测、美国腐蚀协会NACE-CP2、注册设备监理师、注册安全工程师、无损检测Ⅱ／Ⅲ级、压力管道和压力容器检验师、高级能源审计师等资质。

拥有工业和信息化部批准成立的工业产品质量控制和技术评价实验室以及集科研、生产于一体的专业实验室10余个，科研场地面积大于3 700m^2，设备总值4 000余万元。拥有检验检测、特种设备、API Q2等38项专业认证资质，其中，国际资质3项、国家级资质8项、行业级资质6项。

该公司研发的防喷器试验装置，获得中国石油科技进步奖一等奖，填补国内空白。540mm—140MPa新型防喷器试验装置可满足国内外新型大通径、高压力等级防喷器的型式试验要求，为防喷器行业标准的制（修）订提供了科学、真实的试验数据。按照国际标准，应用国内首创的高低温性能试验装置，可根据GB/T 20174、GB22513、API 16A、API 6A等要求开展防喷器、阀门整机高低温循环试验研究工作，该装置填补了国内空白。该装置能使低温环境达-70℃、高温介质达300℃，可满足28-140、54-70等系列国内外新型防喷器的设计温度验证要求。累计完成国内主要防喷器、井口装置、井下工具制造商委托检验产品100余台（套）。旋转防喷器／钻头性能验证试验装置，最大试验动压35MPa，转矩0～5 000N·m，转速0～300r/min，钻压50T，可开展旋转防喷器动压试验，对新开发钻头的断齿率、掉齿率及轴承寿命提供设计验证。内防喷工具试验装置满足标准对内防喷工具的性能试验要求，最大静压达105MPa，最大流量达60m^3/h，工作温度范围0～80℃，可开展钻具止回阀的冲蚀、循环试验，旋塞阀的外压试验，为内防喷工具的研制提供设计验证。拥有7 000米型和9 000米型模拟钻机、钢结构应变数据采集系统、机械故障模拟实验台架、动设备故障诊断系统、承压设备检测系统等设备，可开展石油钻采设备承载件工况模拟及承载能力测评、动设备故障诊断、承压设备能力测试等实验。拥有包括万能材料试验机、光谱仪、数字材料显微镜等多台设备，可开展金属材料理化性能检验、金相检验、残余应力测定以及石油机械产品失效分析等工作。

北京康布尔石油技术发展有限公司

北京康布尔石油技术发展有限公司（简称KEMBL）是中国石油集团工程技术研究院的全资子公司。2002年于北京注册成立，注册资本为2 980万元。2009年3月，KEMBL成立中国石油集团资质管理办公室资质评价中心。KEMBL现有员工89人，其中，博士、硕士及以上学历29人，高级工程师25人，工程师42人，国家注册设备监理师54人，高级设备监理师12人，国家注册安全工程师6人，具有无损检测Ⅲ级资质4人、无损检测Ⅱ级资质52人，AWS焊接检验师2人，国际焊接检验师7人。其中实验室和检验机构相关人员为70余人。

KEMBL 具备智能钻修井装备与检验检测技术研究、石油工程装备监测与评价技术研究、陆地和海上油气田设备监理检测、油气田在役设备第三方检验、评估和再认证的丰富经验和雄厚技术能力。公司专注于石油装备检验检测方法及仪器研发、油气装备全寿命周期检测检验，打造国内权威、国际有影响力的一流专业机构。

KEMBL 通过了 ISO 9001 质量管理体系、ISO 14001 环境管理体系和 ISO 45001 职业健康安全管理体系认证，2012 年获得 CNAS 认可，2016 年取得了中国计量认证（CMA）资质，具有中国设备监理协会（CAPEC）设备监理甲级资质、CNPC 资质评估机构和监造机构资质，是 IADC（国际钻井承包商）会员单位、DROPS（国际落物预防协会）会员单位。

检验检测业务主要包括：陆地和海上油气田设备监理、检测评估和第三方检验，油气田钻完井液及其添加剂检测，岩石力学检测和探管精度检测。其中，石油钻机修井机设备监理、资质评估和第三方检验为申请 CNAS 认可的检验项目，钻井和修井井架应力（承载能力）测试、石油机械产品及设备超声检测和磁粉检测、油井水泥检测、钢丝绳检测、岩石和探管检测等为申请 CNAS 认可的检测项目。

KEMBL 已获 CNAS 认可的检验对象 4 项，包括检验项目 15 个、检验标准（方法）36 个；获得 CMA 资质认定的检测能力 5 个项目（参数），检测业务活动全部围绕石油钻井和修井设备的磁粉检测和井架承载能力测试开展。

国家石油装备产品质量检验检测中心（山东）

国家石油装备产品质量检验检测中心（山东）依托于山东省东营市工业产品检验与计量检定中心成立，是中国计量认证（CMA）认定机构、中国合格评定国家认可委员会（CNAS）认可实验室，被认定为国家中小企业公共服务平台、山东省石油装备检测研发公共服务基地、山东省石油装备产业集群公共服务平台、山东省大型科学仪器设备资源共享平台及石油装备技术服务平台，是山东省石油装备标准化技术委员会秘书处单位，主要开展石油装备产品的检验检测、标准制定、质量风险监测和安全评价等工作。

该中心占地 5 万 m^2，拥有检测设备 440 台（套），包括井控设备试验台、全尺寸石油管材复合加载试验台、硫化氢腐蚀测试系统、上卸扣试验平台、阀门耐火寿命试验台、阀门逸散性试验设备、动静疲劳试验机、高频疲劳试验机、50000J 落锤式冲击试验机等一批先进的检测设备。提供石油钻采设备、石油专用管材、石油专用工具、阀门、金属材料、非金属材料及电器产品等的质量检验服务。能够实施 CMA 及 CNAS 授权检测项目 623 项，包括：石油钻采设备产品性能鉴定试验、型式试验和常规试验，石油专用管材、石油专用工具、阀门等产品的性能鉴定试验，各类金属材料及其制品的理化分析、防腐层及涂层评价、硫化氢腐蚀、各种模拟环境腐蚀试验，焊接工艺评定，失效分析，电线电缆、高低压成套设备、电动机、变压器、电力金具等电气产品的检测以及节能评价试验等。

中国石油石化设备工业年鉴 2023

产业基地概况

介绍石油石化设备行业主要产业基地概况

中国石油石化设备工业年鉴 2023

产业基地概况

宝鸡市石油装备产业基地
大庆石油石化装备制造基地
东营市石油装备制造基地
建湖县石油装备产业基地
荆州市石油石化装备产业基地
牡丹江石油装备产业基地

宝鸡市石油装备产业基地

宝鸡市是全国先进制造业百强市，工业基础雄厚、门类齐全。经过多年发展，宝鸡市现拥有宝石机械、宝鸡钢管等一批国内外知名的以研发、制造、集成、销售、服务等为主的油气装备制造企业，主要分布在石油钻采设备、油气专用管和油气田工程设备配件三个领域。

近年来，随着石油装备企业不断发展壮大，宝鸡市已形成20余家整机及关键零部件制造企业、百余户重点零部件配套企业的石油装备产业链，奠定了全国油气装备重要生产基地的地位。全市油气装备产业在深井及自动化、钻井泵、油气输送管、城市输水输热管、连续油管等领域的技术水平和市场占有率均居全国前列，同时拥有国家石油天然气工程技术研究中心、国家工程技术研究中心等机构，科研力量具有显著优势。

一是产品种类齐全。宝鸡油气装备产品品种多样，规格齐全，能满足陆上石油勘探开发需求。宝石机械公司主导产品包括陆地和海洋石油钻采装备、井控设备、特种车辆、电气控制设备等，产品涵盖50多个类别、1 000多个品种规格。宝鸡钢管公司产品覆盖油气输送管、油套管、连续管、管材防腐、焊接材料和钢管辅料等多个领域。赛孚石油、金钻石油、翌东石油等20余户企业的石油钻采设备、钻机配件、井控设备、注水泵等专业产品在市场竞争中占据一定份额。

二是科研力量雄厚。宝鸡拥有石油装备行业国家石油天然气工程技术研究中心、国家级工程技术研究中心，拥有2个省级企业技术中心、2个市级企业技术中心、1个博士后工作站，科研技术人员1 580多人。拥有授权专利1 200多项，制定各类标准132项，科研力量在全国石油装备产业中具有绝对优势。

三是品牌技术先进。宝石机械13大类52项产品获得美国石油学会（API）认证标志使用权，"宝石机械"被认定为中国驰名商标，并以唯一性和排他性被中国品牌研究院确定为"中国行业标志性品牌"，最新研发生产的7 000m"一键式"启动钻机、海洋钻井平台等产品实现了进口替代。宝石钢管拥有全国第一条螺旋埋弧焊管生产线、第一条高频焊热张力减径（SEW）油套管生产线、第一条螺旋预精焊生产线。主导产品先后荣获"国家免检产品""中国名牌产品""全国用户满意产品"等荣誉称号，企业的设备和技术能力在油气领域处于国内第一位，具有绝对的竞争优势。

大庆石油石化装备制造基地

大庆素有"天然百湖之城、绿色油化之都、北国温泉之乡"之称，是一座以石油、石化为支柱产业的著名工业城市，人均GDP达到1.62万美元。

大庆市现有规模以上石油石化化工装备企业120家，拥有大庆油田有限责任公司装备制造集团、石油石化机械厂、力神泵业、惠博普、普罗石油等一批骨干和龙头企业，包括抽油机、减速器、潜油电泵、射孔器材、真空加热炉、乙烯炼化装置、特种抽油杆、油气田专用高效分离器等一批国内技术一流、国际知名的特色产品。

现已建成高新区高端装备制造产业园、经济开发区石油装备制造产业园2个核心区，以及铁人园区油田集输设备、光明新城石化设备、王家围子人工举升设备制造3个特色产业基地，入驻规模以上企业100多家，约占规模以上企业总数的85%，产业集群集聚效应凸显。

深入推进协同创新和开放创新，不断提升装备产业核心竞争力。整合全市科研资源，与国内知名科研院所进行合作，建立公共技术创新平台，为石油石化装备产业发展提供科技创新支撑。充分利用现有优势资源，建立公共设备服务平台，鼓励具有先进机械加工设备的企业，开展对外合作与服务，实现优势资源互补共享。依托装备制造集团数字化车间，研究建立大庆市装备制造产业机械加工平台，为全市装备制造企业提供配套支持。开展"专精特新"企业培育行动，选取中小企业进行重点培育，推荐申报省级"专精特新"中小企业，全市高端装备行业拥有30

余家"专精特新"中小企业。强化标准支撑引领，进一步加强基础质量标准研制，引导和支持专业机构、骨干企业开展可靠性技术研究和联合攻关。组织开展2022年省质量标杆遴选工作，支持企业积极开展首台（套）装备自主研制创新，扩大市场示范应用。依托全市现有产业基础，围绕石油石化装备，发挥特色优势，重点发展石油石化成套设备，做强做大关键零部件。用好用活人才政策，广泛吸引国内外高端装备领军人才来全市发展。完善人才激励机制，采取表彰、奖励、持股、技术入股、提高薪酬等多种方式，吸引国内外制造业高层次人才落户。

东营市石油装备制造基地

东营市因油而生、因油而兴，在保障胜利油田开发建设过程中，石油装备产业逐步发展壮大，现已成为东营市特色优势产业。东营市2008年被中国石油和石油化工设备工业协会授予全国第一个"中国石油装备制造业基地"称号，2021年通过基地复审。2022年，全市115家石油装备规模以上企业实现产值202.8亿元。

一是产业集群集聚发展。东营市石油装备先后被评为国家中小企业特色产业集群、省战略新兴产业集群、省现代优势产业集群、省主导产业集群、省特色产业集群、省十强产业"雁阵形"产业集群，是省市重点支持发展的高端装备制造业。形成了以东营高新区、东营经济技术开发区、垦利开发区、河口开发区为主的集聚区，集中了全市90%的规模以上石油装备企业，产品涵盖勘探、钻完井、测井、采油、油气集输、海洋石油装备等6大链条，产品门类齐全，达到37个系列1 500多个品种，能够为油气开采工业提供全产业链的成套装备、配件及服务。

二是龙头骨干企业优势明显。培育了一批龙头骨干企业，营收过亿元企业达38家，科瑞集团、高原公司、胜机公司进入行业五十强，新大管业被认定为国家复合材料输油管道制造业单项冠军示范企业，恒业石油被认定为膜分离制氮设备制造业单项冠军培育企业，高原公司皮带抽油机被认定为制造业单项冠军产品，科瑞集团连续两年入选山东省制造业高端品牌培育企业品牌价值50强名单，威飞海洋公司等5家企业被评为山东省高端装备领军培育企业。骨干企业持续发力拳头产品，瞄准专业细分市场，坚定走专精特新之路，9家石油装备企业被认定为国家专精特新"小巨人"企业，其中4家企业列入重点支持名单，85家企业入选省级专精特新中小企业名单。

三是首台（套）技术装备研制能力强。拥有一批高层级创新研发平台，建设了全国唯一的采油装备工程技术研究中心，建有省级重点实验室1家、技术创新中心2家、省科技成果转化中试示范基地2个、工程实验室4家、工程技术研究中心5家、企业技术中心19家、工业设计中心8家。新产品、新技术研发能力较强，60个产品被认定为山东省首台（套）技术装备产品。威飞海洋公司联合中海油研究总院研制生产的国内首套浅水水下采油树系统在渤海成功应用，打破了西方技术垄断，是全国海洋油气开发关键核心装备国产化的重要跨越，公司成为全球第五家、国内首家可自主生产该装备的企业。胜机公司研发的智能化修井机实现修井作业由8人减至4人，是国内首个实现良好现场应用的智能修井设备，被中石化作为示范装备在胜利油田推广，整体技术达到国际先进水平。

四是政策支撑坚实有力。强化产业规划引领，编制石油装备产业专项规划，明确产业发展目标和方向、路径，指导产业高质量发展。实施产业链长制，市政府主要领导为"总链长"，一名副市长担任石油装备产业链"链长"，配备一个牵头部门、一个工作实施方案、一个创新平台、一支专家服务团队，形成完善的工作机制。设立专项发展资金，在企业技术改造、工业互联网平台、数字化车间建设等方面进行全方位支持。2020年以来，共奖补石油装备企业近2亿元，引导企业加快转型升级步伐。建设产业赋能平台，建有国家级石油装备质量监督检验中心、中国（东营）国际石油石化装备与技术展览会、"云帆"石油装备行业级工业互联网平台、易瑞国际油气能源装备B2B跨境电商平台等高质量平台，有效夯实石油装备产业发展基础。

建湖县石油装备产业基地

石油装备产业是江苏省建湖县最具活力和发展潜力的特色产业。2008年，建湖县被认定为中国石油装备制造业基地，是唯一的县级产业基地。全县拥有2 000多家机械加工企业，全过程配套协作，形成了建湖石油装备产业集群。2022年，93家规模以上企业实现销售73.65亿元，同比增长11.9%。2023年1—5月份，108家规模以上企业实现销售33.1亿元，同比增长19.1%，占全县规模以上企业的14.7%。

石油钻采方面，已形成从上游的锻钢、铸造到石油钻机、抽油机、采油树等完整的产业链条，涵盖高中压阀门、钻井设备、采油设备、井控装置、井口装置、钻修井工具及管具等近百个品种，正在向井下装置、海洋油气开采装备、油气复合开采装备、页岩气开采装备和钻探工程服务以及数字化、智能化等高端装备领域拓展。节流管汇、采油树、防喷器等产品国内市场占有率达70%，液压油管钳国内市场占有率达75%，远程控制装置市场占有率超30%。从生产设备看，全行业拥有车床、数控车床、数控加工中心、锻压机等各类设备36 000多台（套）。

品牌创建方面，拥有中国驰名商标2个、省著名商标和名牌产品24个，"特达"牌液压动力钳、"銮"牌套管头、"永军"牌钻井液管汇等3个产品被评为中国石油石化装备行业名牌产品。

研发平台方面，拥有省级以上高新技术企业51家、省级工程（技术、研究）中心22家、院士工作站4家、博士后科研站1家、省级以上两化融合示范（试点）企业6家、国际国内专利技术600多项。

智改数转方面。鸿达公司建成省级智能制造示范车间。旭东、华之益、福吉特等9家企业建成省级三星上云，鸿达、亿德隆、崇达等13家企业建成省级四星上云。规模以上企业智改数转覆盖率达50%以上。

鸿达压裂井口装置和采油树、琪航页岩气压裂井口装置等一批产品获得省首台（套）产品认定。崇达公司自主研发的用于页岩气开采和油气复合开采的固井压裂设备，实现了从常规油气开采设备向非常规油气开采设备的升级转换；旭东公司成功研制5000型电动压裂撬，可替代两台常规压裂车；鸿达公司自主研发的175MPa套管头、油管头、平板阀等超高压智能压裂测试流程装备已通过国家认证，填补了国内空白。全行业拥有国瑞液压齿轮泵、永维海洋钻井隔水套管等可替代进口产品16种，33个产品通过省级新产品新技术鉴定。鸿达公司获批国家专精特新"小巨人"企业，亿德隆、国瑞等8家企业获批省级专精特新中小企业。

该产业基地内70%以上企业具有石油行业一、二、三级网络资格，90%以上企业通过ISO 9000、ISO 10000体系认证，50%以上企业通过美国石油协会（API）认证。国内市场方面，为中石油配套的企业有31家，其中一级供应商22个、二级供应商9个；为中石化配套的企业有31家，其中一级供应商21个、二级供应商10个；为中海油配套的企业有19家，其中一级供应商13个、二级供应商6个。对外出口方面，产品主要出口俄罗斯、中东、美国等国家和地区。2023年1—3月份，全行业完成进出口额3 986.72万美元，同比增长17.6%。

配套功能不断完善，形成以高新区为主、建阳石油装备产业园等为辅的总体布局，打造功能互补、集约高效的服务载体，为企业发展提供优质平台。配套服务逐步完善，国家石油机械产品质量监督检验中心拥有各类检验检测设备120多台（套），能够开展力学性能、化学分析、无损探伤等四大类基础项目、46种产品的检测，覆盖85%的石油石化装备产品。盐海电镀中心拥有12个镀种、45条表面处理生产线，是江苏苏北地区规模最大、镀种最全、工艺最先进的电镀企业。

荆州市石油石化装备产业基地

荆州石油文化渊源深厚，自1969年国家在江汉地区开展"石油会战"以来，荆州就初步建成了石油石化产业综合服务基地，具有五十多年的发展历史，见证了新中国石油产业的高速发展，也形成了荆州石油产业的独特优势和重要地位。

从20世纪60年代开始，经过几十年的探索发展，荆州市石油石化装备制造产业一举跻身全国石油石化专业设备制造基地前列。洪湖市石化装备制造产业园被原国家质监总局确定为全国优质石化设备生产示范区，被湖北省科技厅认定为湖北省高新技术特色产业基地，2007年至2020年连续14年被湖北省经信厅评为省重点成长型产业集群，2021年被湖北省经信厅评为湖北省新型工业化产业示范基地。特别是2022年获批的国家火炬荆州油气钻采装备特色产业基地，对荆州油气钻采装备产业创新驱动、智能转型、高质量发展具有十分重要的现实意义和长远的战略意义，必将对全市进一步拓展科技创新平台，转变发展方式，优化经济结构，壮大经济实力，推动资源型城市转型起到十分重要的作用。

荆州市石油石化装备产业形成了以中石化四机石油机械有限公司为龙头的荆州区油气装备制造产业集群；以长江石化为龙头的洪湖市石化装备制造产业集群；以中石化机械钢管分公司为龙头的油气集输管材生产基地；以嘉华科技、湖北汉科、荆州华孚为骨干企业的油田化学及智慧油服产业集群。形成了"三集群一基地"的产业分布，其中，荆州区油气装备制造产业集群和洪湖市石化装备制造产业集群连续14年被列入省级重点成长型产业集群，中石化四机石油机械有限公司在中国石油和石化装备制造行业50强中位列第8位。

油气装备制造产业集群。2022年，荆州区共有规模以上石油装备制造企业28家，完成工业总产值125.3亿元，占全区工业总产值的比重为43.85%；产值过亿元骨干企业共有17家。重点企业四机公司完成工业总产值27.45亿元，同比增长20.52%；四机赛瓦完成工业总产值9.64亿元，同比增长5.21%；中油科昊完成工业总产值7.68亿元，同比增长29.06%。集群企业建有国家级企业技术中心1个（中石化四机石油机械有限公司）、省级企业技术中心2个（四机赛瓦石油钻采设备有限公司、湖北江汉建筑工程机械有限公司）、省级工程技术研究中心4个（湖北省石油钻采设备工程技术研究中心、湖北省石油钻完井装备工程技术研究中心、湖北省起重机械工程技术研究中心、湖北省油气增产装备工程技术研究中心）、省级企校联合创新中心8个（湖北省石油钻采设备企校联合创新中心、湖北省石油装备企校联合创新中心、湖北省建筑起重机械企校联合创新中心、湖北省智能油气钻采装备企校联合创新中心、湖北省油气勘探装备企校联合创新中心等）、省级专家工作站1个（湖北江汉建筑工程机械有限公司）。集群内企业研发生产的石油钻采压裂装备、固井装备、井下工具等特种装备的生产规模和技术居同行业首位；钻（修、固）井机、蝶（闸）阀、工程装备配件、高压柱塞泵等一批重大装备产品达到国际一流、国内领先水平。产品先后出口到美国、加拿大、俄罗斯、北非等近40个国家和地区。

石化装备制造产业集群。2022年，洪湖市共有规模以上石化装备制造企业44家，完成工业总产值66.45亿元，占全市工业总产值的比重为24%，实现工业税收18 567万元，占全市工业税收比重为18.91%。产值过亿元的骨干企业共有19家，税收过千万元企业3家、过百万元企业21家。重点企业远春石化完成工业总产值11.6亿元，同比增长44.23%，实现税收5 104万元，同比增长204.91%；长江石化完成工业总产值9.56亿元，同比增长12.22%，实现税收3 447万元，同比增长12.04%；昌发容器完成工业总产值6.46亿元，同比增长33.64%，实现税收2 277万元，同比增长200.85%。集群主导产品为一、二、三类压力容器，焦化行业的大、中型塔内件，年产量达250万t，产品覆盖全国29个省市自治区，产品品种200多个，占全国石化填料生产的1/4。实现了从乡镇企业向大型石化设备制造商的跨越，集群产品档次不断提升，实现了从抱耳环等冲压填料到三类压力容器、空冷器、换热器等高端产品的升级。

油田化学及智慧油服产业集群。荆州经济开发区共有石化装备及油田开采科技类规模以上企业12家，涉及油管作业机、仪器仪表、微生物采油助剂、钻井液、完井液等产品类别，代表企业有湖北汉科、嘉华科技、明德科技、三雄科技等。2022年，12家企业实现产值13.4亿元，税收5 000万元。企业的科技创新实力在不断增强，其中汉科、嘉华、三雄科技、创联石油、湖北油田化学产业技术研究院等企业多次在省科技进步奖、省科技成果奖、省技术发明奖、科技型中小企业创新奖等各类奖项上披金斩银，特别是嘉华科技的"一种用于页岩气开发钻井的油基钻井液"成果打破了国外的油基钻井液关键技术封锁，完成单井钻井液进口产品替代，产品成本降低了64%，荣获2020年第一届湖北专利奖金奖和湖北省高价值专利大赛金奖。汉科公司的相关技术曾获省科技进步奖一、二等奖，湖北油田化学产业技术研究院曾获省科技进步奖二等奖。

油气集输管材生产基地。油气集输管材产业主要以沙市钢管分公司为主，该公司是中国石化集团公司下属唯一一家专业焊管企业，是管线钢管国产化研制和新材料应用的引领者。产品从单一的螺旋焊管发展到高钢级直缝钢管、弯管、涂敷钢管和高频焊管等，具备了一站式供应的服务能力。产品主要应用于油气长输管道及城市天然气管网建设，少量用于结构用网等非油市场。钢管焊接、成形、检测、涂敷等关键技术均达到行业领先，获得中国合格评定国家认可委员会（CNAS）认证证书、中国特种设备制造许可证，还取得了沙特阿美、科威特KNPC、阿联酋KOC、巴西石油、伊朗国家石油公司、摩迪公司的认证，成为众多国外商家合格的供应商。

牡丹江石油装备产业基地

经过多年培育发展，牡丹江市现已成为国内石油钻具配套产品生产基地，具有较强的地区品牌效应和影响力。现有生产企业53家，年产值8.8亿元，实现税收6 600万元，吸纳就业2528人。产品涵盖钻井、采油、修井、打捞、固井、压力容器、仪器仪表等领域，年可加工20余万件（套），占国内油田市场份额10%左右，还远销美国、加拿大、俄罗斯、印度、北非等20多个国家和地区。石油工具公司等30家企业取得中石油入网许可资质，北方油田公司等15户企业拥有出口资质，80%以上的企业通过了ISO 9001：2000标准国际质量体系认证和美国石油学会（API）认证。北方双佳公司是国内石油井下工具行业前三强，是国家级重点专精特新"小巨人"企业；天合石油集团是中石油一级网络供应商，生产的钻杆、钻铤产品性能优于同类产品；鑫北方公司是国内唯一内防喷工具甲级资质生产单位，国家级专精特新"小巨人"企业。

国之重器挺起"中国脊梁"
——贵州高峰石油机械股份有限公司

贵州高峰石油机械股份有限公司（简称高峰公司）始建于1971年，原名国营高峰机械厂，现隶属于中国兵器装备集团公司。1977年被国家列入缓建企业，1992年更名为贵州高峰机械厂，2005年改制为国有独资公司，2009年转制为贵州高峰石油机械股份有限公司。

20世纪60年代初期，国家对国民经济进行调整，我国经济不断取得成效且全面好转。为了应对当时逐渐趋于紧张的国际形势，国家领导人提出建设三线的主张。党中央向全国人民发出了建设大三线的号召，在全国掀起了一场"建设大三线，人人做贡献，好人好马上三线"的热潮，国营高峰机械厂的筹建就是在这样的历史条件下开始的。1964年，国家批准成立"航空工业贵州地区建设筹备处"，这就是国营高峰机械厂的前身。早期出于战备目的，高峰机械厂生产试制过枪弹等军工产品。随着经济体制的改革，高峰机械厂从生产军品到"军转民"再到"民参军"。20世纪70年代中期，随着军队先进装备不断出现，对老式军工产品的需求量逐渐减少，高峰机械厂开始进入缓建时期。厂党委发动全厂职工，摒弃等、靠、要的思想，积极开发民用产品，以克服经济上的困难，减轻国家负担。

自谋出路，实现国产化替代

20世纪70年代中期，在无军品生产任务情况下，第一任厂长王仲甫同志牵头组建创业尖兵组，通过考察石油钻采行业需要，积极开发民用产品。经过两个多月日夜奋战，终于完成8套石油钻井工具的设计并试制成功。1983年，工厂开始进入石油钻井打捞工具的批量生产，并在20世纪末获得了自营进出口权。2005年，工

◎ 稳定器

◎ 套管清洁工具